何纯◎著

意义的建构与扩散
——新闻叙事学视域下舆论引导研究

CONSTRUCTION AND DIFFUSION OF MEANING:
A STUDY OF PUBLIC OPINION GUIDANCE FROM
THE PERSPECTIVE OF NEWS NARRATOLOGY

中国社会科学出版社

图书在版编目(CIP)数据

意义的建构与扩散:新闻叙事学视域下舆论引导研究/何纯著.
—北京:中国社会科学出版社,2017.6
ISBN 978-7-5203-0130-5

Ⅰ.①意… Ⅱ.①何… Ⅲ.①新闻写作—叙述学—研究
Ⅳ.①G212.2

中国版本图书馆 CIP 数据核字(2017)第 074454 号

出 版 人	赵剑英
选题策划	刘 艳
责任编辑	刘 艳
责任校对	陈 晨
责任印制	戴 宽

出　　版	中国社会科学出版社
社　　址	北京鼓楼西大街甲 158 号
邮　　编	100720
网　　址	http://www.csspw.cn
发 行 部	010-84083685
门 市 部	010-84029450
经　　销	新华书店及其他书店
印　　刷	北京明恒达印务有限公司
装　　订	廊坊市广阳区广增装订厂
版　　次	2017 年 6 月第 1 版
印　　次	2017 年 6 月第 1 次印刷
开　　本	710×1000　1/16
印　　张	21
插　　页	2
字　　数	279 千字
定　　价	99.00 元

凡购买中国社会科学出版社图书,如有质量问题请与本社营销中心联系调换
电话:010-84083683
版权所有　侵权必究

目　录

绪　论 ……………………………………………………（1）
　一　文献梳理 ……………………………………………（1）
　二　研究的前提与研究的意义 …………………………（8）
　　（一）研究的前提 ……………………………………（8）
　　（二）研究的意义 ……………………………………（15）
　三　研究的主要内容及方法 ……………………………（15）
　　（一）主要内容 ………………………………………（15）
　　（二）研究方法 ………………………………………（17）

第一章　新闻叙事与社会知识建构 ……………………（18）
　第一节　新闻叙事寓意与社会知识 ……………………（19）
　　一　意识形态视域下的社会知识 ……………………（20）
　　二　新闻叙事与社会认知框架 ………………………（23）
　　三　新闻叙事与社会知识体系 ………………………（30）
　第二节　新闻叙事话语与"世界图景" …………………（31）
　　一　新闻叙事话语与脑海图景 ………………………（31）
　　二　新闻叙事话语与拟态环境 ………………………（42）
　　三　新闻叙事话语中的社会知识环境 ………………（49）

· 1 ·

第三节　个案分析：新闻叙事功能与社会主义核心价值观 (51)
　　一　新闻叙事人的思想功能 (51)
　　二　社会主义核心价值观的价值理性 (52)
　　三　新闻叙事与社会主义核心价值观传播 (54)
　本章结语 (63)

第二章　新闻叙事与社会规范塑造 (65)
第一节　新闻叙事倾向的表述："用事实说话" (67)
　　一　新闻叙事的本源和对象 (67)
　　二　"用事实说话" (71)
　　三　新闻叙事的事实再现 (76)
第二节　新闻叙事倾向的话语呈现："从场面和情节中自然而然地流露" (92)
　　一　新闻叙事中的场面 (92)
　　二　新闻叙事中的情节 (103)
　　三　新闻叙事中的母题 (109)
第三节　舆论引导：新闻叙事倾向与社会规范塑造 (113)
　　一　新闻叙事倾向与舆论引导 (114)
　　二　新闻叙事倾向与社会规范 (121)
　　三　新闻叙事的叙事化与社会规范 (135)
　本章结语 (138)

第三章　新闻叙事与社会共识形成 (140)
第一节　社会共识的内涵及新闻传媒的作用 (141)
　　一　社会共识的界定 (142)
　　二　社会共识的种类及重要性 (144)
　　三　新闻传媒在凝聚社会共识中的作用 (147)

第二节　叙事态度、事实选择与社会共识 …………… (159)
　　一　叙事态度与事实选择在凝聚社会共识中的
　　　　意义 ……………………………………… (160)
　　二　叙事态度与事实选择如何凝聚社会共识 …… (162)
第三节　新闻话语与社会共识形成 ………………… (172)
　　一　话语与新闻话语 ……………………… (172)
　　二　新闻话语如何形成社会共识 ………… (173)
　　三　不同历史时期新闻叙事话语对社会共识的
　　　　形成 ……………………………………… (182)
本章结语 ……………………………………………… (191)

第四章　新闻叙事与生活方式引领 ……………… (193)
第一节　生活方式是社会、文化的表征 …………… (194)
　　一　生活方式的含义 ……………………… (195)
　　二　生活方式是特定社会条件发展的产物 …… (196)
　　三　生活方式是一定历史情境下文化发展的
　　　　外在形式 ………………………………… (199)
第二节　新闻叙事与"生活景观" …………………… (203)
　　一　媒介发展与我们的生活 ……………… (204)
　　二　媒体社会构造世界感 ………………… (207)
　　三　新闻叙事与生活方式 ………………… (212)
第三节　新闻叙事偏颇：消费主义对生活方式的
　　　　渲染 ……………………………………… (220)
　　一　消费主义简说 ………………………… (221)
　　二　消费时代新闻叙事的叙事偏颇 ……… (222)
第四节　新闻叙事引领文明健康科学的生活方式 …… (231)
　　一　何谓文明健康科学的生活方式 ……… (232)
　　二　如何引领（一）：凸显事实之价值 …… (234)

三　如何引领(二):倾注叙事之态度……………(238)
　本章结语………………………………………………(245)

第五章　新闻叙事与文化消费观念……………………(246)
　第一节　文化消费是文化认同与生活方式的
　　　　　当代结合……………………………………(247)
　　　一　文化消费的内涵、特点及功能………………(247)
　　　二　文化消费:一种"物化"的文化认同现象……(252)
　　　三　文化消费:生活方式的符号化………………(257)
　　　四　文化消费是文化认同与生活方式的价值观
　　　　　统一……………………………………………(259)
　第二节　新闻叙事对文化消费观念的建构……………(260)
　　　一　新闻叙事的文化意义与文化消费观念………(261)
　　　二　新闻叙事对文化消费观念建构之
　　　　　"叙什么事"……………………………………(264)
　　　三　新闻叙事对文化消费观念建构之
　　　　　"怎样叙事"……………………………………(269)
　第三节　新闻叙事引导文化消费的过程………………(282)
　　　一　新闻叙事引导文化消费的起点:文本与
　　　　　受众……………………………………………(283)
　　　二　新闻叙事引导文化消费的途径:观看与
　　　　　模仿……………………………………………(284)
　　　三　新闻叙事引导文化消费的终点:理解与
　　　　　接受……………………………………………(291)
　本章结语………………………………………………(296)

结语　融媒时代的新闻叙事与舆论引导………………(297)
　　　一　融媒时代的新闻叙事特征……………………(298)

（一）新闻叙事声音的受众观参与 …………………（298）
　（二）融媒时代新闻叙事的视听化 …………………（299）
　（三）新闻叙事接受的非理性倾向 …………………（301）
二　融媒时代新闻舆论场域的建构 ………………………（302）
三　新闻叙事策略与舆论引导 ……………………………（305）
　（一）协调精英话语与大众话语 ……………………（306）
　（二）重申传统文化道德价值观 ……………………（308）

参考文献 ……………………………………………………（311）

后记 …………………………………………………………（325）

绪　　论

关于"新闻叙事学视域下舆论引导研究"这一选题，主要是从新闻叙事学的视域内探讨新闻叙事对舆论引导的路径、形式与作用。就新闻叙事而言，主要在叙事声音、叙事语法、叙事话语、叙事修辞和叙事接受等范畴内探讨选择和再现事实的方式与方法，新闻叙事通过选择、再现、解释和评价等方式对事实赋予意义，是为意义的建构；就舆论引导而言，舆论引导必须落实到新闻报道中，亦即落实到叙事所形成的新闻话语中，作为话语，新闻叙事无疑是意义化的领域，并通过对话语的接受与理解，从而引导舆论，即为意义的扩散。

一　文献梳理

新闻叙事学研究是建立在叙事理论、符号理论以及话语理论等相关理论基础上的，当其大体确立之后，即成为本研究的基本理论支撑，而"舆论引导"应包括意识形态建构和生活方式引领两大方面。因而，与本研究相关的主要文献包括：

（一）新闻叙事学研究。对新闻叙事学的研究，21世纪来临时国内才刚刚起步，仅偶有单篇论文刊行，如范步淹的《新闻叙事学刍议》（2000）、黄挺的《学好新闻叙事学》（2003）等。

2003年，著者发表《关于新闻叙事学研究的构想》一文，初步搭建了一个新闻叙事学研究的整体框架、提出了研究的基本思路。齐爱军亦发表《关于新闻叙事学理论框架的思考》（2006）一文，给出了三个基本的理论界面，即新闻文本及话语结构特征研究、新闻叙事行为研究和新闻叙事策略研究，并由此认为新闻叙事研究应该是一种"认识论意义上的研究"[①]。2005年，曾庆香在其博士学位论文《试论新闻话语》（2003，中国社会科学院）的基础上改订出版了《新闻叙事学》，该著将新闻作为话语分析的对象，将符号学的方法与新闻研究结合起来，提供了一种科学方法论，其中，尤对新闻话语的意识形态建构作了重点探讨[②]。2006年，著者的《新闻叙事学》出版，该著从新闻叙事的叙事声音、叙事语法、叙事话语、叙事接受诸层面拓展了新闻叙事学研究的范畴，提出了一些富有新意的学术见解[③]。2014年，该著出版修订版，修订版运用了一些新的概念和新的表述。有学者的眼光更为开阔，研究视域亦渐次扩大：在可以说已经"众多"起来的相关研究中，王辰瑶的《嬗变的新闻——对中国新闻经典报道的叙述学解读（1949—2009）》（2009）一著别开生面，该著以经典性的新闻文本为研究对象，对其"叙述选择""叙述主题""叙述逻辑""叙述方式""叙述风格"等方面的"嬗变"进行分析，"立志要从1949年至今的新闻经典报道入手，把六十年的新闻报道活动视为一种社会和历史现象，并在此基础上分析新闻观念的内在变化，展示新闻与时代的紧密而又微妙的联系。"[④] 由此看来，其所尝试的是一种历时性的、意识形态取向

---

① 齐爱军：《关于新闻叙事学理论框架的思考》，《现代传播》2006年第4期。
② 陈力丹：《新闻叙事学·序》，中国广播电视出版社2005年版，第2页。
③ 季水河：《新闻叙事学·序》，岳麓书社2006年版，第2页。
④ 王辰瑶：《嬗变的新闻——对中国新闻经典报道的叙述学解读（1949—2009）》，中国传媒大学出版社2009年版，第3页。

的新闻文本叙述分析；李凌燕的《新闻叙事的主观性研究》（2013）则另辟蹊径，该著立足语言本体，从词汇、句法、篇章三个层面对新闻叙事的主观性进行研究，总结出新闻叙事体的"低主观度"特征，分析了新闻叙事主观性对新闻叙事体程式化、规范化语言风格的影响；此外，更有"随着叙事学与新闻学研究的进一步融合，部分学者开始转入电子媒介新闻叙事的研究，除发表了一些相关论文外，也在尝试建构专门的电子媒介新闻叙事学"[①]。近年来，不少学者对此兴趣益浓，国内权威专业期刊上有关新闻叙事学研究的论述时有可见，且研究对象已经覆盖到包括互联网和新媒体在内的所有现行媒介，以及包括文字、声音、图像在内的所有符号的新闻叙事文本。

（二）舆论学与舆论导向研究。2008年6月，时任党的总书记的胡锦涛在考察人民日报社时指出"舆论导向正确，利党利国利民；舆论导向错误，误党误国误民"，并指示新闻传播界"要把提高舆论引导能力放在突出位置"。2011年党的十七届六中全会通过的《中共中央关于深化文化体制改革推动社会主义文化大发展大繁荣若干重大问题的决定》也明确提出"加强和改进新闻舆论工作"。2016年2月，中共中央总书记、国家主席、中央军委主席习近平在北京主持召开党的新闻舆论工作座谈会并发表重要讲话。他强调，党的新闻舆论工作是党的一项重要工作，是治国理政、定国安邦的大事。他指出，新闻舆论工作各个方面、各个环节要坚持正确舆论导向。对这样的时代命题，新闻学界和业界积极响应并多有论述，已有大量的文献可征。如人民网和强国论坛的创始人蒋亚平就指出："当代中国有自己的舆论圈，涉及参与者、社会形态、传播方式、媒体形态以及政治、经济、文

[①] 华进：《云之话语，钟之逻辑：叙事学视域下的网络新闻研究》，博士学位论文，华中科技大学，2013年，第2页。

化、全球化等各种变量因子，这些因子间的动态关系，构成当代中国云谲波诡、跌宕起伏、气象万千的舆论图。在当代舆论的形成中，核心角色是政府和民众，其他诸如组织、媒体和意见领袖在舆论的形成中，处于从属地位。同时，又发挥着巨大的作用。"[1] 党和国家领导人有关舆论导向的指示以及众多的相关研究，极大地丰富了舆论学与舆论导向的内容。此前，刘建明《当代舆论学》（1990）论证了当代社会舆论产生、变化和发展趋势，研究了其主体和社会功能的一般范畴，探讨了舆论与社会生活、社会管理的关系。陈力丹《舆论学——舆论导向研究》（1999）建立了理论上较新、适合中国舆论特征的舆论学体系，并对各种引导方式进行了多学科的分析，为舆论导向的研究进一步打下了坚实的基础。郭光华的《舆论引导艺术论》（2000）对舆论引导实践作了较为全面的理性总结，并对诸种引导艺术作了厘清与探讨。正如作者所分析的，"舆论引导"与"舆论导向"是相关又相异的两个概念，"导向"侧重的是内容的静态定性，"引导"侧重的是社会网络中各种制衡关系里的动态博弈。作者还特别拈出"语境营构"这一核心概念，认为对于舆论引导而言，它是重中之重。有识于此，该著对"说话"语境中的客观性的叙事学研究，对社会语境反作用于传播过程的辩证思考等，便有了新的理论发现。丁伯铨等人所著《新闻舆论引导论》（2001）运用大量来自实践的材料，对新闻舆论引导的"本质""主体""原则""方法"包括"误区"进行了认真的分析研究和理论概括，对诸多新闻传媒所做的新闻舆论引导工作的成败得失进行了名曰"跟进"实则富有创见的思考。胡钰的《新闻与舆论》（2001）分别从新闻和舆论的本体规律研究入手，重点挖

---

[1] 《北大新闻学茶座（21）——蒋亚平谈〈人民网、强国论坛创办与当代舆论性质〉》，《国际新闻界》2012年第5期。

掘新闻效果的实现机制和舆论发散的传播规律，并在此基础上，对新闻舆论的引导意义和方法进行了一定的分析，该著还较早地关注到电子公告牌系统（buleltin board system，BBS）作为舆论的载体和互联网上的新闻舆论引导等新媒介的舆论问题。

（三）话语研究。话语是信息的载体，也是意识形态栖身的场所。其传统可以追溯到亚里士多德的《修辞学》。现代意义的话语研究则源于20世纪中叶的西方，主要以"话语分析"为基本形态。其代表人物福柯认为，"'真'是遵循某种规则的话语互动产生的被'当真'的陈述。这些规则不一定在场，不一定在文本中被描述或涉及，而是隐而不显的"。这对以"真实"为基本品格、以"作者的见解越隐蔽就越好"的新闻叙事便不无启迪，亦可视为其所开具的理论证明。国内外有关新闻传播学领域的话语研究大致有三个方面：一是也重点是将新闻话语作为公共话语的研究。其代表人物为荷兰学者梵·迪克，他的《作为话语的新闻》（2003）"提供了一种新的跨学科的报纸新闻理论。在话语分析理论发展的背景之下，本书认为新闻应该从作为一种公共话语形式角度来进行研究"（见中译本"作者前言"）。该著对新闻的话语分析方法超越了静态的文本研究，认为新闻必须立足于"理解、认知"才有可能发挥其效力，梵·迪克使用语用学框架把重点落在语言意义的生产过程中（意义通过命题间的逻辑结构被"说出"），即"语言的意义不只是文本的所指，更重要的是受众的解读"（陈力丹）。而费尔克拉夫《话语与社会变迁》（2003）理论显现出与梵·迪克的根本性差异，即他对文本所做的词汇学、语义学和语用学层面的所有分析，始终是为了揭示社会实践维度中的话语对主体的建构策略，而那个"说出"话语的"主持人、记者、访谈者、医生"等的主动性地位被忽略了。更确切地说，"说话者"也受到了关注，但那是将他们置于动态的话语关系之中，即在"记者/读者""主持人/接受采访者""医生/患者"等关系情境中，对"说话者""如何说"的分析还是为了探究具体的主体建构策略，以及话语实践中的权力对抗与抵制过程。二是对电视话语的专门性研究，包括电视谈话节目、电视纪录片的叙事结构等，如吴为章的《广播电视话语研究选集》（1997）。三是对其他媒介的话语研究，如胡春阳的《话语分析：传播研究的新路径》（2007）等。话语理论在新闻传播学领域的延伸，为本研究提供了重要的理论和方法支撑。

（四）生活方式研究。对生活方式的引导是舆论引导的重要方面，也是本著研究的重要内容。对生活方式的研究目前还只是也主要是社会学研究的内容。国内研究可以追溯到我国社会学研究奠基人之一的费孝通先生。他的经典之作《乡土中国》（1937）和《生育制度》（1947）都与生活方式相关。如作者所言：《乡土中国》里讲的"乡土中国"，并不是具体的中国社会的素描，而是包含在具体的中国基层传统社会里的一种特具的体系，支配着社会生活的各个方面。"搞清楚我所谓乡土社会这个概念，就可以帮助我们去理解具体的中国社会"①；而《生育制度》主要论述了家庭所担负的有关生育子女的若干理论问题。但该著所论述的也不只是生育问题，凡是与种族延续有关的包括配偶的选择、婚姻关系、家庭组织、父母的权力、世代的隔膜等一套活动体系都讨论到了，这无疑是生活方式的重要内容。正式的研究起步于于光远发表在《中国社会科学》的文章《社会主义建设与生活方式：价值观和人的成长》（1981），该文对"生活方式"作为学科研究对象有首倡之功。对生活方式研究用力较勤的学者是王雅林，他有《生活方式研究评述》（1995）一文，对生活方式研究的历程、理论、应用作了比较全面的梳理，他主编的《生活方式概论》（1989）主要论述生活方式范畴的含义、结

---

① 费孝通：《乡土中国》，生活·读书·新知三联书店1985年版，第3页。

构、社会变迁以及研究生活方式的理论和现实意义，阐述了生活方式各领域，如劳动生活方式、消费生活方式、交往生活方式、政治生活方式、家庭生活方式、闲暇生活方式等的特殊性问题，以及论述了社会主义初级阶段文明健康科学生活方式形成的途径和机制，作者还与时俱进地探讨了商品经济对于生活方式的影响及其在新型生活方式的形成中所起的重要作用。21世纪以来，方心清、王毅杰著有《现代生活方式前沿报告》（2006），该著基于中西方相关研究文献和问卷调查资料，探讨了现代化进程中我国城乡居民尤其是城市居民的家庭、消费、交往、休闲四方面的巨大变迁，有选择地描述了几类群体的生活方式状况。李霞著有《生活方式的变迁与选择》（2012），该著注重从中西社会及文化的角度，对东西方人的生活态度、生活观念、价值取向等方面进行了多维度的比较，对生活方式包括物质生活、文化生活等的特质和心态、观念的历史嬗变作出了描述，并对生活方式的未来前景作出了颇有根据的预期。国外的研究大多与"日常生活"的研究相关，如瑞典学者奥维·洛夫格伦和乔纳森·弗雷克曼的《美好生活：中产阶级的生活史》，该著展现了中产阶级、农民和工人阶级丰富的日常生活画面并对社会文化的复杂性、冲突与抵牾进行了深入的思考。其他有关"日常生活"的研究文献，下文略有涉及。

（五）文化消费与消费文化研究。文化消费是生活方式的重要表征，从而也是舆论引导的重要方面。约翰·斯道雷在《文化消费与日常生活》（2002）中将文化消费与日常生活理论融合起来，进行了批判性思考。相关的还有戴维·英格利斯的《文化与日常生活》（2010），该著把那些形塑我们的日常社会生活、同时又被日常社会生活所形塑的各种文化模式娴熟地糅合在一起并进行了分析和梳理。而消费文化大体说来是随着资本主义生产方式和生活方式的新变化而提出的，是同后工业社会等命题一道体现着当代人类社会本质特征的重要命题。国内金世和的《文化消费学》(1991)从经济学的角度界定了文化消费的相关内容，着重探讨了文化消费在社会和生产中的地位和作用。刘士林的《阐释与批判：当代文化消费中心异化与危机》(1999)将文化生产与文化消费作为一对范畴，对当代中国文化消费中产生的异化与危机问题作出了思考。戴元光等著《当代文化消费与先进文化发展》(2009)从调查"九五"期间城乡文化消费状况入手，揭示文化消费和先进文化发展的关系。而消费文化研究主要源于西方学界，鲍德里亚、费瑟斯通等著名学者都曾从消费文化入手，全面论述后现代社会的特征，以及消费文化对后现代社会的影响。国内学者周宪、陶东风、金元浦等在翻译介绍的基础上也多有本土化的理解与建树，其中周笑冰的《消费文化及其当代重构》(2010)解析了20世纪以来中国先进文化的研究与传播进程，并针对电视、影像、报纸、网络、广告等不同的文化消费领域，透视了文化产品的生产、传播、消费过程及其特点。蒋建国的《消费文化传播与媒体社会责任》(2011)通过对传媒消费主义的分析，指出在市场经济背景下，我国媒体应担当的责任与义务，为推动我国新时期的传媒文化和先进文化建设作出了策略性回应。

二 研究的前提与研究的意义

（一）研究的前提

本研究就新闻叙事与舆论引导的关系而言，主要探讨的是"如何""怎样"，至于"为何"，我们认为，"新闻叙事必然引导舆论"是本研究预在的前提，是在当下的语境中不证自明的问题，虽可以从略，但从逻辑自洽的角度考虑，亦有必要稍作陈述。

1. 舆论和舆论引导

（1）何谓舆论。关于什么是舆论，历来的说法是义出多门、莫衷一是。有说是"意见"的，有说是"信念与态度"的。关于舆论是信念与态度，早有一个古老的例证，在《国语·召公谏厉王弭谤》中有"国人莫敢言，道路以目"，"道路以目"即以目示意、心照不宣，形容人民对残暴统治的憎恶，也就是通过行为表明态度，的确也是一种舆论形态。我国最早明确表述"舆论是意见"这一观点的是梁启超，他说："夫舆论者何？多数人意见之公表于外者也。"为明确这个观点，他还进一步解释道："是故少数人所表意见，不成为舆论，虽多数人怀抱此意见而不公表之，仍不成舆论。"[①] 按梁启超说法，舆论就有这样几个要件，一要是多数人，二要公开发布，三就是意见。后人多从此说，大多数都是用"意见"包括"意见综合""一致意见""共同意见""倾向性意见""大体一致的意见"来定义舆论。但对于"舆论是意见"的定义，也有人认为这是"犯了同语反复的错误"，这种观点认为，舆论和意见本是同一概念，用"意见"来定义"舆论"，"实际上是用同一概念的不同说法来解释概念自身"[②]。而我们认为，其实这种"同语反复"恰恰证明了舆论就是意见这个占据多数的主张。更有力的证明是，为了避免在定义上争论不休，学者开始转向舆论应该包含的若干要素的探讨，其中"议题""公众"和"共同意见"是学者们提出的众多要素的交集，也就是说，不管如何定义舆论，"意见"始终是舆论研究的核心，也就是舆论的本体，舆论传播所着眼的也是意见的流动问题。

那意见又是什么？社会心理学家们明确地把意见定义为"对

---

① 梁启超：《梁启超选集》，上海人民出版社1984年版，第559页。
② 曾庆香：《对"舆论"定义的商榷》，《新闻与传播研究》2008年第4期。

某种态度、信念或者价值的言语表现"。二十四史之《梁书》有云："故前代选官，皆立选簿，应在贯鱼，自有铨次，胄籍升降，行能臧否。或素定怀抱，或得之舆论。"其中"舆论"就是言语表现，指的就是众人的意见或者评价；西人卢梭在《社会契约论》一书中认为："在全世界一切民族中，决定人民爱憎取舍的绝不是天性而是舆论。"此处的舆论也是言语表现，指的应该是公众的意见。

如此，按舆论的"三要素"作分析界定，则为舆论主体是"公众""人们"或"多数人"等，舆论客体是"问题""现象""事件"等，第三个要素是舆论主体对舆论客体的判断，即本体，这就是"言语表现"即意见包括观点、评价、看法等，深究则当然关乎信念与态度。

更深层的考虑是，公众等为什么会对且要对问题等进行言语表现？这是关系舆论之所以产生的根本性问题，而这个问题恰恰在许多有关舆论的陈述尤其是定义中被忽略了。言语无疑是思想的物质外壳，而"思想一旦离开利益，就一定会使自己出丑"（马克思语），即人的思想都是受到利益的制约的，这也就是说，一切的舆论都是关乎利益的言语表现，是公众关于利益的诉求、呼声、争论等，甚至可以说，离开了利益便没有舆论，而这个认识，对于舆论引导是至关重要的。

有识于此，我们将"舆论"定义为：舆论是公众基于利益对社会现象、社会问题所表现的意见、信念和态度。

（2）舆论可以引导。中国古代有"风起于青苹之末"的比喻（宋玉《风赋》），西方亦有"蝴蝶效应"的说法。舆论的生发，往往由某事引起，或起于某人、少数人对某事某物某问题某现象的判断与评价；在互联网多媒体自媒体时代，则往往始于某个发帖，一篇博文、一条微信之类。由于人同此心、心同此理，引发随声附和；或由于言人人殊，产生争辩而众声喧哗，从而形成大面积传播。而舆论的形成，往往须经过意见酝酿、意见表述、形成多数、达成共识这几个阶段。而且，只要是舆论，必有舆论主体、舆论客体和舆论本体，还有舆论环境。无论是从其构成要素着眼，还是从其各个阶段层次来看，这些要素或阶段都是具有可变性的，因而，舆论就是可以引导的。

试以舆论客体而言，"关于舆论的客体，通常是在变动过程中成为公众对象的。宏观的如社会变动、微观的如社会活动家的活动、新近发生的重大事件、流行的现象和观念、社会热点问题，等等。"[①] 这就明确地指出了舆论客体的"变动"性，而舆论客体的变化无疑能决定舆论的变化（认识客体的变化必然导致认识的变化），只要对舆论客体加以恰当的引导使其发生变化，舆论也就能得以改变。

再以舆论的阶段层次而言，意见酝酿、意见表述、形成多数这几个阶段，都是舆论的生发阶段。这些阶段层次不会是一成不变而是变动不居的。在这些阶段中，只要及时地对无论是舆论主体还是舆论客体加以反映与沟通，通过告知以事、晓之以理、示之以利，由于内容和形式不同、方式和手段有别，最终形成的舆论肯定是不一样的。

（3）舆论需要引导。先前提到的先秦典籍《国语》中"召公谏厉王弭谤"的故事是很有说服力的：

> 厉王虐，国人谤王。召公告曰："民不堪命矣！"王怒，得卫巫，使监谤者。以告，则杀之。国人莫敢言，道路以目。
>
> 王喜，告召公曰："吾能弭谤矣，乃不敢言。"召公曰："是障之也。防民之口，甚于防川；川壅而溃，伤人必多。

[①] 陈力丹：《舆论学——舆论导向研究》，中国广播电视出版社1999年版，第13页。

民亦如之。是故为川者决之使导，为民者宣之使言……民之有口也，犹土之有山川也，财用于是乎出；犹其有原隰之有衍沃也，衣食于是乎生。口之宣言也，善败于是乎兴。行善而备败，所以阜财用衣食者也。夫民虑之于心而宣之于口，成而行之，胡可壅也？若壅其口，其与能几何？"

王弗听，于是国人莫敢出言。三年，乃流王于彘。

召公的谏词，先说"防民之口"的害处，后说"决之使导""宣之使言"的好处："所以阜财用衣食者也"，即有利于治国安邦。召公正是从利益出发向"王"告知舆论是不可遮蔽更是需要引导的，而"王弗听"的结果便是"流王于彘"，是丧家亡国。

在经济还有媒介技术尚欠发达的往时，舆论需要引导，在经济、政治、社会、文化发生了巨大转变尤其是媒介技术快速发展的今天，在舆论的力量更甚于往昔，且因为舆论多样性、分散性、个体性而导致表达的无序性的今天，舆论就更需要引导了。在2016年2月19日召开的党的新闻舆论工作会议上，党的总书记习近平指出："随着形势发展，党的新闻舆论工作必须创新理念、内容、体裁、形式、方法、手段、业态、体制、机制，增强针对性和实效。要适应分众化、差异化传播趋势，加快构建舆论引导新格局。"在4月19日紧接着召开的网络安全和信息化工作座谈会上，习近平总书记在谈"第二个问题，讲讲建设网络良好生态，发挥网络引导舆论、反映民意的作用"时首先就强调："互联网是一个社会信息大平台，亿万网民在上面获得信息、交流信息，这会对他们的求知途径、思维方式、价值观念产生重要影响，特别是会对他们对国家、对社会、对工作、对人生的看法产生重要影响。"由于形势的发展特别是媒介技术的发展，舆论的主体变了，舆论的客体变了，舆论的环境更是发生了翻天覆地的变化。更何况，就国内而言，改革深化阶段的矛盾在社会舆论格局中有着突出的反映，深化转型中社会价值观存在着迷茫的状态，人们的利益诉求越来越多元多样；就国际而言，民族间国家间的文化和意识形态交流尤其是西方发达国家对我国的舆论渗透愈加频繁也愈加隐蔽……这一切，都呼唤着更为有效的舆论引导。

2. 新闻引导舆论

广泛地传布消息是形成舆论的必要手段，而新闻的传播是大众传播，新闻便与舆论具有天然的不可分割的关系。尤其是2016年2月党的新闻舆论工作会议的召开，更是将"新闻舆论"作为一个概念提出，以往常说的"新闻工作"变成了"新闻舆论工作"，新闻的舆论属性也被提升到了空前的高度。

我们所言称的"新闻"，不是如《红楼梦》中对"甄士隐同了疯道人飘飘而去"的事件所言之"当下哄动了街上的众人，当作新闻传说"中的"新闻"，这种新闻是本源意义上也是本质意义上的新闻，我们所言称的新闻，是在本源意义新闻的基础上，"由有特定的意识形态和文化价值观的有专业资格的人在特定的民族国家中的特定的新闻体制中的特定的新闻机构里做出来的"[1]，是经过筛选、加工等一系列流程生产的具有意识形态和商品双重属性的产品，生产这一产品的目的就是用来传布与扩散的，就其舆论的属性和功能而言，就是通过提供事实的信息引发舆论和引导舆论的。

新闻界的另一个称谓是"舆论界"，新闻传播在反映舆论和形成、引导舆论过程中作用巨大。社会舆论若仅仅是街谈巷议，或仅仅记载于文件决议，其力量是有限的。只有经过新闻媒体的广泛传播，唤起人们对某一社会问题的注意，才能把舆论凝聚起来，影响人们的思想和行动。显著的例子如每一次国务院常务会

---

[1] 赵月枝：《为什么今天我们对西方新闻客观性失望？——谨以此文纪念"改革开放"30周年》，《新闻大学》2008年夏季号。

议的议题和决定，也都由央视通过字幕和口播报道出来。

马克思认为，报刊活动的目的是"经常而深刻地影响舆论"，他还认为，报刊不仅"是社会舆论的产物，同样地，它也制造社会舆论"。舆论的形成，有两个相反相成的过程，一是来源于群众自发，二是来源于有目的引导。新闻引导舆论一般也有两种主要的情形：一是对社会上已经形成的舆论进行引导，新闻传媒通过报道新闻事实，尤其是报道社会舆论本身和相关的事实，对已有舆论施加影响，或强化或改变已有舆论；二是根据社会现状、根据主流意识形态的需求，主动地"制造舆论"，通过报道新闻事实，引起社会的普遍关注，成为社会公众舆论。这也意味着，舆论是新闻报道的重要内容，新闻报道是舆论引导的主要方式。

3. 新闻叙事建构新闻文本

"新闻引导舆论"是基于一个基本的事实前提的，即新闻传播是对新闻文本的传播，即所有的新闻都是以"文本"的形式呈现的，而离开了新闻叙事便没有新闻文本。不管媒介技术今天如何发达、今后如何发展，导致新闻文本的形态如何多样化，只要是新闻，就是对事实的叙述，就是新闻叙事所建构的文本。

文本指的是语言（符号）组织的实际运用形态，它是依据一定的语言衔接、语义连贯规则而构成的语言整体，是一个由表及里的多层次结构，是"言""象""意"的结合，是"外在形式"和"内在意蕴"的结合。文本内部的层次结构决定着文本效果，也表现出相应的意识形态主张。费斯克认为，文本（text）是指传播活动中必不可少的符号与符码所组成的某一表意结构，常常可以与"讯息（message）"交替使用，且是"意义生成与交换的核心"[①]。如此，新闻传播所传播的就是新闻文本。

[①] ［美］约翰·费斯克等编撰：《关键概念：传播与文化研究辞典》（第二版），李彬译注，新华出版社 2004 年版，第 291 页。

新闻是事实的报道。新闻是一种叙事文。新闻叙事就是对事实起表述作用，讲求的是话语与真相的吻合，也就是"用事实说话"。事实是本源，而说话则必然有着很强的主体意识，即目的性。新闻的本质决定着新闻叙事的基本原理，其核心是客观真实与目的性的高度统一。新闻文本就是通过"新闻叙事人出于某种目的在一定的语境中向受众叙述新闻事实"这一新闻叙事过程而构成的。

（二）研究的意义

新闻是叙事的。新闻就是运用多种符号系统和话语方式陈述事实并由此传播与交流信息、引导舆论。作为既是动机也是目的之一的新闻传媒的舆论导向，既表现为意识形态方面的建构，在当下市场经济和多元社会的语境中，还表现为对生活态度与生活方式的引导。

1. 理论意义：进一步充实新闻传播理论的内涵，拓宽新闻学研究的疆域，尤其是进一步丰富新闻学的新闻功能观和传播学的传播效果论等新闻传播理论体系中的核心内容。

2. 实践意义：在实践的层面，新闻传播者亦即新闻叙事人运用叙什么事和怎么叙事的方法和策略正确引导舆论，具有重要的现实指导作用。

三　研究的主要内容及方法

（一）主要内容

本选题拟解决的关键问题在于论证新闻叙事如何引导舆论。具体而言，即新闻叙事在内容（事实）的选择和话语的方式等方面是如何在意识形态和生活方式等层面上引导信仰、观念尤其是价值观的形成，从而在引导人们思想、培育社会风尚、引领社会生活、促进社会和谐以及推动经济发展等方面发挥重要作用。

新闻叙事对舆论的引导作用主要通过如下几个路径实现，对这几个路径的探索也就是本选题研究的主要内容。

（1）引导社会知识建构。新闻叙事是建构社会知识的一个重要途径。所谓建构社会知识，指的是将抽象的社会观念、社会政策和社会价值规范通过对具有新闻价值和传播价值的事实的陈述转化为具体的表象世界，成为人们脑海中的"世界图景"，从而也成为人们习以为常的生活模式及价值标准。

（2）引导社会规范塑造。新闻叙事在意义的生产过程中是有叙事倾向的，耳熟能详的说法就是"用事实说话"，相对于文学叙事而言，更强调"倾向从场面和情节中自然而然地流露"（恩格斯语），它表现为区分善恶、褒贬美丑、匡扶正义、激浊扬清，从而形成符合主流意识的规范化角色、规范化行为和规范化社会。

（3）引导社会共识形成。新闻叙事所建构的社会知识和所形成的社会规范被社会认可后，就变成了整个社会的"共识"，即形成了对社会的基本利益、价值及问题的看法，也便成为人们评判事物和指导行为的标准。

上述方面，便构成了意识形态层面舆论引导的主要内容。

（4）引导生活方式。生活方式是特定社会历史和文化背景下的产物，是为一定的价值观所支配的主体活动形式，也是文化的重要组成部分，它与生产方式共同构成社会的基本形态，体现着人们的物质生活和精神生活的统一，体现着社会发展的总效益和最高价值目标，因而文明健康科学的生活方式是一个社会发展良好的表征。当今，整个世界都在传媒的镜像里，新闻叙事构造与呈现怎样的"生活景观"，必将引导怎样的生活方式。然而，在西方消费主义的影响下，在当下的新闻报道中，有较多的对声色犬马眼球经济的追逐，有对商品消费的过度追捧，有对设想的消费主义美好生活方式的渲染等，这与正确的舆论导向是相悖的，也与我国的基本国情不相符合。因此，通过新闻叙事，揭示日常生活的本质和社会历史意义，引导当代社会健康文明的生活方式建构，亦应成为本选题研究的题中应有之义。

5. 引导文化消费。党的十七届六中全会决议明确提出"扩大文化消费"。消费已成为当代社会主要的存在状态，消费方式是生活方式的重要表现形态，而文化消费是文化认同与生活方式的当代结合。传媒是一个浓缩了现实生活的符号，大范围的传播可以决定性地赋予某种文化以优势，这就意味着真实的生活将在自觉地观看和不自觉地模仿中改变与丰富起来，从而通过叙什么事和怎样叙事达到引导文化消费的目的。

（二）研究方法

本选题的研究方法分两个层次：一是基本的方法，即思辨的和实证的方法；一是具体的方法，它表现为多个维度，如话语分析方法、阐释接受方法、符号学方法和心理分析方法等。根据本课题的研究重点，将突出运用话语分析和阐释接受这两种具体的方法。运用话语分析的方法主要在于探讨如何建构新闻叙事话语；运用阐释接受方法主要在于探讨如何实现新闻信息的有效传播从而正确地引导舆论。

第一章　新闻叙事与社会知识建构

制作新闻的方法和对外部新闻来源以及文献的依赖导致了记者们都带着意识形态去描绘这个世界。

——菲什曼（Joshua A. Fishman）

著名社会学家安东尼·吉登斯（Anthony Giddens）有言："如果不是铺天盖地而来的由'新闻'所传达的共享知识，现代性制度的全球性扩张本来是不可能的。"① 这句话表明，新闻是能够建构"共享"性的知识且是能够"铺天盖地"即广泛传播并带来显在效果的。罗伯特·帕克（Robert Ezra Park）曾在 News as a Form of Knowledge: a Chapter in the Sociology of Knowledge（《新闻作为知识的一种形式：知识社会学的一章》）一文中借鉴心理学家詹姆斯对于知晓型和理解型知识的两种解释，将新闻作为知晓型知识进行阐述，他认为这种知识主要来自个人的日常经历，惯常的使用或做法，甚至是一种直觉，无须经过正式、系统的调查即可获得，因为新闻涉及的往往是孤立的、当下的短期事件。同是社会学家的阿尔弗雷德·舒茨（Alfred Schutz）提出 so-

---

① ［英］安东尼·吉登斯：《现代性的后果》，田禾译，译林出版社2000年版，第67—68页。

cial world（社交世界）概念，阐释了新闻与社会知识的关系："在绝大多数情况下，新闻关怀的重心都落在共同世界，报道的是同时代人、人的行动以及其构成的各种社会集合体之行为，它是对当代集体生活的阐释。显然，同时代人分散各地、互不相识，却可以相互理解，形成群体精神，所凭恃的不过是人类创造的共同知识，即如语言、法律、制度、文化等对时代的诠释，而现代新闻只不过是这些诸多诠释中的一种。"① 新闻给予了我们通向社会知识的途径。现代传播技术的迅速发展与革新，使得新闻传媒在进行话语实践活动的过程中，把一个彼此隔阂的传统世界格局转变成一个知识与信息共享的"地球村"。

社会知识建构，指的是将抽象的社会观念、社会价值规范和社会政策通过对具有新闻价值和传播价值的事实的陈述转化为具体的表象世界，成为人们脑海中的"世界图景"，从而也成为人们习以为常的生活模式及价值标准。新闻叙事话语构建着社会知识体系，如大众对于国家制度、政策、决策的获悉和了解，大都通过新闻叙事话语而知晓，也就是说新闻叙事通过整合社会共同经验，建构起社会知识体系。

我们要做的是：结合新闻叙事的寓意、话语和功能这三个方面，从意识形态层面分析新闻叙事是如何进行社会知识的建构的，以及在这一过程之中，新闻话语又是如何塑造和影响受众的意识形态的。

第一节 新闻叙事寓意与社会知识

新闻是有寓意的叙事，呈现出意识形态的功能，意识形态与

---

① 卞冬磊：《社会世界的更新：新闻与现代性的发生》，《国际新闻界》2014年第2期。

社会知识又存在彼此建构的关系，即社会知识的传播是以国家意识形态为认知框架的，而新闻叙事又在这个框架之中构建起整个社会的知识体系。新闻叙事文本只有在呈现给受众的是整个事件所代表的社会领域的解释、和它所涵盖的社会事实的意义时，才能建立起社会知识结构，而这个结构和意识形态存在难以剥离的联系。

一　意识形态视域下的社会知识

新闻并非一个单纯意义上传播社会知识和价值理念的工具，它生产、呈现社会知识并使社会知识的塑造、构建潜移默化地植入整个社会的意识形态。因此，社会知识蕴含着意识形态属性，而以新闻叙事生产为建构机制。"叙述并非产生于一个社会政治、经济的真空里，新闻话语并不是一种纯净的、透明的话语，而是一种再现、建构的话语，因而，新闻话语中的事实，甚至对世界的叙述皆是由特定理念、立场所塑造。新闻报道中所谓的真实事件是一个经'选择'和'塑造'后的结果，是根据不同背景的意识形态所建构出来的。"[①] 意识形态蕴含在政治、经济、文化体系的社会主流意识之中，而新闻叙事在呈现新闻事实的过程中，也蕴含对于这些意识的总体倾向，形成社会知识和文化语境。

路易·皮埃尔·阿尔都塞（Louis Pierre Althusser）在《意识形态与意识形态机器》一文开篇即言："意识形态在此是指一种支配个人心理及社会集团心理的观念和表象的体系。"他还结合拉康的心理分析提出"意识形态的物质载体是教会、学校、各种宣传媒介、工会、党派"并把这些载体列为"意识形态国家机器"，其中大众媒体也成为一种意识形态机器。阿尔都塞对意识

---

① 曾庆香：《新闻叙事学》，中国广播电视出版社2005年版，第109页。

形态作出三种分类，即维护现存社会秩序的政治性意识形态，作为社会结构重要组成部分的社会性意识形态和逻辑性意识形态①。自阿尔都塞之后，意识形态理论开始转变发展。除了这些权威性的马克思主义学者的探索之外，一些非马克思主义学派也对"意识形态理论"作出了丰富而独特的贡献，并发生了意识形态的"知识社会学"转向，以韦伯、舍勒和曼海姆这一系学者为代表。他们试图排除意识形态的阶级性，用"知识社会学"的方法建立超越阶级和政党的意识形态理论。作为代表人物的曼海姆（Mannheim）在《意识形态与乌托邦》中试图淡化意识形态理论的阶级属性，融会贯通了马克思主义意识形态理论与舍勒的知识社会学理论。曼海姆从"知识社会学"的角度提出，意识形态就是在社会上占主导地位的思想观念和信仰体系。

美国社会学教授盖伊·塔奇曼（Gaye Tuchman）在其著作《做新闻》中指出，新闻所表达是中产阶级的话语，以社会知识学理论中对知识与意识形态的区别为借鉴，意识形态是歪曲事实，而知识是揭示真理。新闻即中产阶级意识形态的建构②。新闻所塑造的既然是中产阶级话语，也就是在寻求与构建社会主流的意识形态认同，马克思主义则正是社会主义国家的主流意识形态，且在中国必须坚持马克思主义思想的主导地位。她在该书中转述多萝西·E. 史密斯的观点："如果获知者的观点和概念不是由客观的知识所决定，而是由诸如阶级地位和……阶级利益之类的东西决定，那么就有这样的结论：知识必然意识形态化，而'知识'是一个必须不断被转化为'意识形态'的术语。"③

---

① ［法］路易·阿尔都塞：《意识形态和意识形态国家机器（续）》，李迅译，《当代电影》1987年第4期。
② ［美］盖伊·塔奇曼：《做新闻》，麻争旗等译，华夏出版社2008年版，第170页。
③ 同上。

曼海姆将意识形态理论进一步发展成知识社会学,强调知识与社会的关系。曼海姆认为"意识形态"对知识社会存在重要影响,即"反映了来自政治冲突的一个发现"——意识形态在政治职能运用中,会使群体陷入被动的无意识的思维与精神状态,并对此可以毫不察觉或潜移默化地受制于它①。徐桂权论述了意识形态视域与知识社会学的关系,认为"新闻作为社会知识"的解释,置于知识社会学视角之中,是对意识形态学的新一轮审视②。张赞国在著作《中国看世界的窗口:电视新闻、社会知识与国际景观》中认为,就中国目前的社会舆论环境和氛围,意识形态一直在面临着民间舆论场的解构,一味固守这种理论模式已经不适用于中国的现实环境,强调新闻的意识形态功能也无法应对舆论环境呈现出的各种现实问题。知识社会学所研究的领域侧重于社会思想意识与社会群体的层面,显然"新闻作为社会知识"的结构框架比意识形态视域更为宏大,不失为一种在新媒体时代延伸出来的研究取向,涵盖着对新环境下所面对的新闻功能的突破性思考。张赞国还指出:"知识社会学认为一个社会必须通过有效的传播方式而恰当地发挥功能。社会传播需要共享的文化或共同的民族认同,它们反过来取决于特定的知识在社群成员中的培养与传播。由于其可传播的性质,新闻提供了一种作为文化边界和社会架构的知识,从而维持着社会的关系整合;它必须根植于社会化的宏观实践,而非微观的个体偏好。……一个社会根本的世界观通过它的社会抄本——新闻——而进行再生产。新闻媒介作为知识拓展的机构,基于社会需要的知识而描绘出一系列社会的

---

① 欧阳英、程晓萱:《在知识、意识形态与政治之间——关于曼海姆知识社会学的深层次剖析》,《武汉大学学报》(哲学社会科学版)2009年第1期。
② 徐桂权:《新闻:从意识形态宣传到公共知识——知识社会学视野下的媒介研究及其理论意义》,《国际新闻界》2008年版第2期。

重要事务和当前的问题,并赋予它们自己和外在的世界动态的意义。"①

综上,可以厘清的关系脉络是,社会成员在意识形态的机制中潜移默化地服从社会宣扬的主流观念、价值和信仰,形成社会知识体系,而这个过程就是在传播中尤其是新闻传播中发生的。我们进而认为,新闻叙事则是新闻传播中的核心环节,承担着建构社会知识的重任。

二 新闻叙事与社会认知框架

在新闻叙事生产每一个环节都渗透着意识形态,再通过约定俗成的叙事框架巩固它,使得国家政策和举措能够作用于社会意识和实践并变得合法化、知识化,使受众在这个叙事生产和接受的过程中建构出自己所理解的"世界图景",甚至对意识形态的影响形成"集体无意识"。曼海姆指出,意识形态让"每个个人都在双重意义上被社会中正在成长的事实所预先限定:一方面,他发现了一个现存的环境,另一方面,他发现了在那个环境中已形成的思想模式和行为模式"②。意识形态就像一只看不见的手,它限定新闻叙事的框架,在日常的新闻生产中逐渐累积成一个基本稳定的社会认知体系,也就是使受众在这个框架中去理解周围环境,形成头脑中的图景。这个框架与新闻叙事又是相互影响、相互渗透的。

新闻叙事是新闻叙事者和叙事接受者纵向地将社会知识聚力于文本的呈现和再现之后达成双向领会的过程。托伊恩·A.梵·迪克(Teun A. Van Dejk)认为对新闻文本可以分为新闻制

---

① 徐桂权:《新闻:从意识形态宣传到公共知识——知识社会学视野下的媒介研究及其理论意义》,《国际新闻界》2008年第2期。
② [德]卡尔·曼海姆:《意识形态与乌托邦》,黎鸣、李书崇译,商务印书馆2000年版,第3页。

作和新闻理解两个层面的研究,即呈现与再现的互动关系。他认为,只有把新闻文本放在社会语境的大背景下来研究,才能把社会结构中的成员和组织都联系起来,才能使研究的层面联系到阶层、权力和意识形态。因此,他把话语过程的社会认知应用到新闻制作的理论框架中,而我们对于文本的理解又受到整个社会语境的制约,是社会认知的再现,也是重构。新闻在文本制作和理解上都是依赖社会语境达到传播目的的。概括来说,我们对于新闻叙事文本的建构是以大量的社会知识储备为基础的,新闻叙事者便是从这些社会知识的储备中的知识草图和框架,有选择地进行读取与阐释,在整个叙事过程中有效地构建意欲传达给叙事接受者的意义和模式;新闻叙事文本的理解又是对于这些知识草图的激活与记忆的再现。梵·迪克非常重视认知的社会性因素,他说:"在日常生活中人们通过话语在社会化、人与人之间、团体与团体之间的理解和互动这些大语境中进行知识和信念的习得活动。"① 他的这一论说虽然落脚于话语加工的层面,但对新闻叙事理论也是很适用的。新闻叙事者与叙事接受者达成互动、理解的基本要求是,他们之间必须享有共同的认知模式和意识形态视域,这才能在知识的呈现与再现过程中产生相同的解读。他还补充道:"这些社会认知形式不仅仅以知识或观念为先决条件,而且它的先决条件还包括界定社会团体和文化形态并为他们所共享的社会范式和价值体系。所以,可认为在话语理解时人们不仅仅是理解文本的意义和建构了句式的认知模式。他们还对这个文本、说话人和该句式形成了自己特定的观点。"② 他提到,意识形态是这种社会认知的具体形式之一,但只是放在一个宏观层面

---

① [荷]托伊恩·A. 梵·迪克:《作为话语的新闻》,曾庆香译,华夏出版社2003年版,第111页。
② 同上。

里的组成要素来谈及。既然叙事接受者对于意识形态具备相同的认知模式,同理,新闻叙事者才能在构建新闻文本的过程中确信叙事接受者会产生相似的解读,才能在对新闻理解的结果有"先见"的情况下进行对新闻叙事话语的"包装"。新闻叙事文本暗含的不同的意识形态会使人们产生不同的知识框架,这从中西方意识形态的分歧中便不难见出。

  以中美为例。作为一个发达国家,美国新闻以"政治与文化霸权主义"意识形态构建逻辑建构着新闻事实。2003年10月15日至16日,我国"神舟"五号载人航天飞行器成功发射与返回,这一重大事件引起全世界的轰动。中美两国最能代表官方意识形态的报纸《人民日报》和《纽约时报》分别对此事件进行了报道,分别通过新闻话语构建"'神舟'五号升天"的政治意义。

  《纽约时报》在2003年10月16日发表了一篇名为《中国的里程碑:龙已降临》(*Milestone for China: Dragon has Landed*)的长篇报道,从美国的意识形态立场出发,以影响美国民众对于事实的判断与认知:

> ……
>
> The goal may still be 50 years away, but the direction is clear. Technologically and militarily, China is determined to retrace the steps that made the United States the world's unmatched superpower. (译文:我们的目标可能还需要50年时间,但方向是明确的。在技术和军事上,中国决心沿着美国曾经成为超级大国的路,亦步亦趋。)
>
> ……
>
> Shenzhou 5 is just the most recent in a string a technological achievements that have in fact made China a regional power, if still not yet a true peer of the United States. China has had nuclear

weapons for nearly 40 years. It has had its own satellites in orbit since the early 1970's. It has intercontinental ballistic missiles that can reach America's heartland. (译文:"神舟"五号是中国一系列众多科技成就中最新的一项,这项成就事实上也使得中国成为了地区中坚,但是这仍不能同美国的任何一项成就媲美。中国已拥有核武器将近40年。从20世纪70年代初期,中国就拥有自己的在轨卫星,拥有可以直抵美国中心地带的洲际弹道导弹。)

……

But while the United States is fighting a global campaign against terrorism, China is posing a different challenge. It is taking pages from the American playbook, laboriously and expensively recreating the technology that it believes will sooner or later make it a first – world power. (译文:但,当美国在全球领域里与恐怖主义做斗争时,中国却制造了又一个不同的挑战。它模仿美国的做法,大力投资于再造科学技术,并且相信早晚要成为世界第一强国。)

新闻学者李希光就曾指出,美国主流媒体带有强烈偏见、采取"妖魔化"框架报道中国事务[1]。相反,《人民日报》对"神舟"五号的报道在叙事寓意的呈现上则明显不同:

伟大祖国的荣耀——祝贺我国首次载人航天飞行圆满成功

我国进行首次载人航天飞行取得圆满成功。中华民族探索太空的千年梦想实现了。喜讯传来,举国欢腾,举世瞩

---

[1] 李希光:《再论妖魔化中国》,《国际新闻界》1997年第10期。

目。"神舟"五号成功发射和安全着陆,标志着中国人民在攀登世界科技高峰的征程上又迈出具有重大历史意义的一步,是我国改革开放和社会主义现代化建设的又一伟大成就,是我国高技术发展的又一里程碑,是中国人民自强不息的又一非凡壮举,是我们伟大祖国的荣耀。在这一激动人心的历史时刻,中华儿女感到无比骄傲和自豪。我们向为我国航天事业作出突出贡献的广大科技工作者,向所有参加航天工程研制、建设和试验的同志们表示热烈的祝贺,向遨游太空的我国航天员表示诚挚的慰问,向几十年来为我国航天事业拼搏的所有科技人员和干部职工表示崇高的敬意。

……

发展航天事业,推动科技进步,对于加快我国改革开放和现代化建设具有重要意义。发展载人航天技术,不仅是民族智慧、经济实力、综合国力的重要体现,也有利于促进我国生产力的发展,提高我国的国际威望。发展的优势蕴藏于知识和科技之中,谁在知识和科技创新上占有优势,谁就能在发展上占有主导地位。科学技术是第一生产力。我们要大力实施科教兴国战略,把科技教育摆在优先发展的战略地位。大力发展我国科学技术,努力接近和赶上世界先进水平,为我国改革开放和社会主义现代化建设事业注入强大的动力。无垠的太空是人类永恒的财富。发展载人航天技术,是人类开发利用太空资源的有益探索。中国应该也能够为促进人类科技进步,推动和平发展作出应有的贡献。[①]

从热情洋溢充满修辞的话语中我们看到,"神舟"五号升天对于

---

① 人民日报评论部:《伟大祖国的荣耀——祝贺我国首次载人航天飞行圆满成功》,《人民日报号外》2003年10月16日。

我国"科技进步""改革开放和现代化建设"的政治意义与《纽约时报》的解读大相径庭。实际上，我们还可以更多地看到，中国的"新闻话语"，从改革开放以来直到今天，"四个现代化""发展就是硬道理""共同富裕""稳定压倒一切""和谐是社会之本""科学发展观""实现中华民族的伟大复兴""2020年人均GDP比2000年翻两番""绿色生态""反腐"，等等，无一不是在当代政治形势下迫切提出的务实要求，契合公众要求的价值取向和对物质生活的美好期待，"改革"成为执政者与公众的共识，在这种意识形态下新闻媒体都具有相同意义的建构与解读。

又如：

和谐社会需要正能量

什么样的社会称得上和谐？国家发展稳定，民族团结统一，社会诚信互助，青年有活力、有作为，老人有所依、有所乐……毋庸置疑，这样的社会不管放到哪个国家，肯定都称得上和谐的社会！

香港老人徐天侠女士从一次平常的内地旅行中，有感而发亲笔写了一封感谢信，内容朴实感人，信中释放出的正能量向我们描绘了一个生动的和谐社会。

和谐畅想，古已有之。《左传》曰："如乐之和，无所不谐。"《礼记》载"讲信修睦""天下为公"。孔子曰"和为贵"……这些先贤心中美好的理想，体现着中华民族自古以来的共同追求。

在党的十八大报告中，"和谐"作为核心价值观而被提出，说明了我国传统文化中"和谐"等理念和思想精华，完全可以为今天实现民族复兴、国家富强、社会安定、人民幸福发挥积极作用。

和谐社会需要正能量。

曾几何时,"黑的"作案、"的哥"宰客等局部地区的个例引爆了网络话题;"责任丧失""非主流"显示出一些人对"90后"的偏见;门难进、脸难看、事难办,成了一些政府部门的标签……

我们不得不承认,社会仍然有着不和谐的一面,但从徐天侠老人的感谢信中,我们看到的是一个个充满正能量的形象。"的哥"吴师傅的热情和诚实,"95后"新兵冯健康的敏锐和主动,特别是边检官兵的反应和处置,显得那么亲切自然,和风细雨地询问情况,周到细致地热情服务,果断快速地找回行李……在这些人身上,我们看到了建设和谐社会的希望。只有每个公民都散发出正能量,整个社会才能奏响和谐之音;只有每个中国人的梦想都如愿实现,中华民族伟大复兴的"中国梦"才能最终实现。①

从文本来看,"和谐社会"是我国政府主导意识形态下的社会主义建设的主旋律。它既是改革开放以来的政治导向,也是与时代相适应的符合社会形态发展的共同需求。社会秩序安定、以人为本、国家发展稳定、民族团结统一、社会诚信互助等构建起和谐社会语境下同种社会话语的形态,也成为新闻媒体合力构建的意识形态。因此,它深刻影响着中国民众的社会认知和思想观念。

在这种认知框架中,新闻叙事的日常话语都在反映着国家公共政治和社会文化生活的全景,同时发挥着议程设置功能,国际外交动态,党和国家制定的法规、政策、决策、举措,领导人的政务活动及社会成员的政治、经济、文化生活都成为新闻叙事常

---

① 陈劲松:《和谐社会需要正能量》,《人民日报海外版》2015年4月9日第8版。

规内容，有着特有的话语模式，而意识形态蕴含其中，从而建构为社会知识，影响受众的社会认知，达到舆论引导的目的。

三 新闻叙事与社会知识体系

曼海姆认为："知识社会学的社会变化条件主要表现为社会阶层的流变，这种流变可以表现为两个方面：一是横向流动，二是纵向流动。横向流动可能让人们接触到不同思维方式的思想，而纵向流动则更能使不同思维方式思想发生碰撞。"[①] 在这两者为前提的条件下，新闻便开始发生由"意识形态"到"社会知识"的转向。

中国城市的现代化进程打破了传统乡土社会凝滞化的社会思想结构，即使是农村也在接受着城市牵连的思想改变，社会阶层已经发生了深刻的"流变"。改革开放的推动也使得西方思潮纷纷涌入，与我们的传统观念与思潮不断地发生碰撞，影响着中国社会在政治、经济、文化、生活等方面全方位地转型。反之，社会各阶层坚持自身立场的思想观念无法得到协商，从而凝滞化，难以贯通。新闻反映着这些多方面的社会现实，人们根据它的内容去获知社会生活的信息。完全说新闻叙事文本呈现出了社会知识的全部状况，是不准确的，但是新闻在对社会生活现状的信息不断进行即时反映的过程中，构建了受众或公众对于它的理解、分析并成为行为的依据，成为社会性的"知识"，新闻的知识转向才得以凸显。也就是新闻叙事文本所告知的信息成为受众的议题，文本中呈现的多方意见构成多维的视角、使受众突破自身认知的局限，甚至在受到这些意见的影响中形成或改变对事物的认知态度。可以说，新闻发生"知识"的转向，有利于社会契约的建立和民主化进程的推进。因此，新闻叙事的社会寓意也产生了

[①] 杨生平：《知识社会学视野下的意识形态——曼海姆意识形态理论评析》，《东岳论丛》2010年第6期。

新的视野，即为这种社会知识化的转向而努力，培养受众的认知能力，构建社会的认知体系，使新闻文本提供知识化的视野而不仅仅是信息或意识形态的灌输机制。

在这个过程中，新闻叙事在日常操作中构建起一个基本稳固的社会知识体系，促进多元意见的商榷、整合，不断兼顾着这个社会横向和纵向之间的流动。从实质上来说，新闻叙事是在更新和完善社会知识体系。受众通过新闻叙事文本追溯社会事件的根源，获得事件背景信息，明晰国家相关政策、社会发展前景及他们日常生活的愿景，形成自身对于社会的基本认知结构。这个认知结构影响着他们对国家、社会、公民的总体看法。这是当代受众认知社会的主要途径与方法，因此他们的认知会受到新闻叙事的深刻影响，这也是新闻传播在人的"社会化"过程中重要作用的体现。如果新闻叙事文本的语境不同，或者相关事实或背景的呈现不是真实客观公正全面的，就会不利于受众的认知结构的建构与认知水平的提高。不同的新闻叙事文本会产生不同的内容偏差，受众在接收不同的事实脚本时就会有不同的认知判断，那么最后产生解码的差异化乃至行动的差异化。

如此，当代新闻叙事有必要提升为知识层面的社会实践，促进社会横向与纵向的思想碰撞、扩展及融合。因为社会现实本身的庞大与复杂性，受众在对阅读"碎片化"叙事文本之后难以梳理出一个总体的科学性的认知，需要一套公正理性的认知框架为参照，正是在这种意义下，新闻叙事文本承载了这个使命，并成为社会知识转向的载体，作为社会知识的副本来呈现这个社会。

第二节 新闻叙事话语与"世界图景"

一 新闻叙事话语与脑海图景

西方叙事学家通常将叙事学研究分为两个层面——故事和话

语。故事层面所探究的是叙事作品中的内容，即讲述了什么。话语层面探讨的则是如何讲故事，即形式与技巧层面的研究。所以就有言称，叙事学研究的就是叙事文本的"内容的形式和形式的内容"。直到法国叙事学家热拉尔·热奈特（Gerard Genette）对这种两分法提出了修正，即三分法——故事、叙事话语和叙事行为，而他只是把两分法中话语层面的研究细分为叙事话语和叙事行为，新提出的"叙事行为"探讨的是叙事者的叙述过程。但通常认为，叙事话语和叙事行为这两个层面的关系是难以剥离的，而且叙事者叙述的过程是读者无法了解的，因此大多情况下在叙事接受者看来是可以忽略的。于是学界较多认为，叙事行为研究无法成为一个单独的分析层面，而对它的研究实际上都还是基于叙事话语，并不具备研究的独立性。因此，我们在新闻叙事学的研究中沿用了两分法，但是考虑到新闻作为一种非虚构性的叙事类型（"新闻是新近发生的事实的报道"），为廓清"新闻事实"与"新闻故事"在概念上可能的混乱，将之界定为"新闻叙事语法"与"新闻叙事话语"两个层面[①]。新闻叙事语法研究事实与事实的组合，即新闻"说什么"，系"故事"层面；新闻叙事话语结合叙事学研究的方法，对新闻叙事文本技巧与形式，如时间、结构、语境、寓意、修辞等各方面展开分析，即新闻"怎么说"，即"话语"层面。

新闻叙事话语对于社会认知的建构有着至关重要的意义，也就是说作为一种知识类型的新闻是通过叙事话语的建构，让人们认识身心所处的这个世界并指导思想与行动的。新闻叙事就是把一个个社会事件由新闻叙事者通过文本生产、形成叙事话语传达给受众的过程。梵·迪克说："新闻不再被认为是或正确或偏见

[①] 何纯：《新闻叙事学》，岳麓书社2006年版，第14页。

的现实图景,而是被看作为日常建构凡俗世界的一种框架。"① 国内新闻学者黄旦在为塔奇曼《做新闻》撰写的《导读:新闻与社会现实》中认为:"新闻制作的框架把现实生活世界中的一个个片段,归整成自己经验和知识的规则,正是依赖于这样的框架,人们经验到的生活世界便有了条理和秩序,同时这些被整合条理化了的经验知识,又成为人们下一次理解现实生活世界的基础。……是框架,使一个偶发的事实变成了一次事件,事件又变成了一则新闻报道。由于新闻天然所具有的公共性特征,它随之又成为人们理解、认识世界必不可少的依据(框架)。借此,新闻框架不仅组织新闻生产,而且实际还起着组织生活现实,并赋予其秩序的作用。"② 新闻叙事就是用来反映并诠释社会现实的框架,但它并不完全隐射社会现实,而是社会现实的意识形态化的反映。这与欧文·戈夫曼(Erving Goffman)提出的"框架分析"研究有着异曲同工之处,戈夫曼将框架定义为人们用来认识和解释社会生活经验的一种认知结构,它"能够使它的使用者定位、感知、确定和命名那些看似无穷多的具体事实",并把研究分为三个角度:新闻生产、内容研究及效果研究③。以此为据,笔者亦从这三个方面来划分新闻叙事生产机制的各个影响要素,分析它们是如何通过新闻叙事(包括戈夫曼提出的"命名"等)构建认知图式并使接受者形成"脑海图景"。新闻生产和受众效果或多或少影响着话语的倾向,但落脚在新闻叙事话语的层面又以内容方面的因素为主。

---

① [荷]托伊恩·A. 梵·迪克:《作为话语的新闻》,曾庆香译,华夏出版社2003年版,第8页。
② [美]盖伊·塔奇曼:《做新闻》,麻争旗等译,华夏出版社2008年版,第2页。
③ 陈阳:《框架分析:一个亟待澄清的理论概念》,《国际新闻界》2007年第4期。

（一）新闻叙事生产者

1. 新闻来源

新闻来源主要指为记者提供新闻信息的人和单位，他们是新闻事件的参与者、目击者或知情人。新闻来源作为叙事源头，在讲述事件的过程中不免带上出于自身立场、利益相关的考量，亦不免带上认识的局限性，这就意味着，新闻叙事者接收的一般是来源于多方的甚至有可能是二手的经验事实。以日本导演黑泽明在作品《罗生门》①所提出的"罗生门现象"类比，即采用多方事件相关者的平行叙事手法来呈现一个事件的方方面面。在"罗生门"故事中，事件的每个当事人都参与到叙事行为之中，但每个人的叙述都是从"自我"出发的、并不能代表客观全貌的事实，甚至使事实"扑朔迷离"。同理，根据新闻来源不同的经验转述来构建新闻文本，新闻叙事者为求公正，只能把多方的立场和观点一并呈现，留给受众自己去判断。新闻叙事又是一种通过话语折射出来的观察或者阐释的间接经验，再宏大的叙事框架都只能是现实世界的一部分。真实环境是没有构图方式可"依葫芦画瓢"的，新闻来源提供的是"局部图景"，新闻叙事者在此基础上运用话语对真实环境再进行"脑海构图"，限制了受众看待世界的方式与视角。更值得注意的是，当新闻来源是具有发言／话语权的既得利益群体或个人，如果新闻叙事者与之达成某种契约，参与利益的共谋，在新闻叙事生产中就会倾向于这一来源的价值观和利益需求，新闻叙事话语因此呈现着这样一种社会关系链，也构建着社会关系链，暗含着某些社会地位和身份中的强势话语。

---

① 《罗生门》是由日本著名导演黑泽明执导的一部悬疑影片。该片根据日本作家芥川龙之介的短篇小说《筱竹丛中》改编而成。影片主要讲述了一起由武士被杀而引起的案件，以及案件发生后人们之间互相指控对方是凶手的种种事情经过。

2. 新闻工作者

新闻工作者进入新闻体制，会有意或无意地对所属新闻机构的政治立场寻求认同，抹去自身的差异化存在，他更多的是代表背后的体制在叙述新闻事件。一篇报道的采写与发布，既有记者、也有被记者所选择的采访对象和被选择的采访对象的陈述，还有编辑以及审定签发的媒体负责人等，也就是说，新闻叙事文本的作者是一个"社会集合体"。新闻叙事话语成为社会语境的产物，反映国家主流意识形态下的社会价值观念，国家利益和政治倾向建构和维持主流价值观。正如赵月枝所言"新闻是由有特定的意识形态和文化价值观的有专有资格的人在特定的民族国家中的特定的新闻体制中的特定的新闻机构里做出来的"，新闻叙事过程也是这个"社会集合体"共同设置公众议程的过程，并且附有强烈的国家意识形态属性。

（二）新闻叙事形式

1. 新闻叙事方式

从红色年代的延安整改文风开始，从理论到实践发展起来的新闻叙事话语，形成了今天常规的框架与表达方式。所谓"新华体、人民语"，这句话其实是互文的关系，即以新华社和《人民日报》为代表的主流媒体和主流意识形态所建构的叙事框架和叙事话语风格。新闻叙事话语在叙事框架中的语词组织、句式运用和情节构架，深刻影响着新闻事实的呈现，又主要受着叙事技巧和内容取舍两个方面的影响。

从叙事技巧层面看，新闻叙事话语有着约定性和约束性的叙述框架，并决定新闻报道整体上的谋篇布局。如运用"倒金字塔"结构，用导语的形式高度概述事件，以求信息的最快速传达和理解。这种既定框架自电报发明传送稿件以来得以通用至今，也满足了新闻时效性和达成快速理解的需求。有学者认为这种"倒金字塔"结构的运用符合人类"认知规律"——从宏观到微观，从概括到具体。倒金字塔式，正是依循这种认知规律把信息的重要性从上到下依次排列的一种碎片化的写作。① 导语高度概括事件，标题又是导语的浓缩，其他的都只是补充信息。新闻叙事者把事实分成一个个碎片或零件往一个既定的框架里组装，按照一定的框架、角度去报道这个事实，框架、角度变成了一种固定的模板，多见于我们的消息以及大量的人物报道。对于局部事实的选择或者加工，必然会舍弃掉整体环境中的其他局部事实，也就是说一个庞杂的社会事实在一个十分受限的模式内被组织成报道。这种将局部事实填塞于一个框架中，是常见的新闻叙事形态。这种文本结构能够运用至今有其深层的存在依据。同时，叙事修辞也影响着叙事接受者对于新闻事实的认知。修辞的运用带入了叙事主体对于事物的情感，相较于文学叙事而言，新闻为了寻求真实性和客观性，修辞使用虽然较为克制但也难免存在一些情感的处理。

从内容的取舍来看，新闻叙事视角和聚焦的运用力图拉近读者与新闻事实的距离，来增加新闻报道的可信性，并决定让受众看到什么，让受众在叙事框架内产生在叙事者预期内的认知，具有意识形态的诱导性。如托多罗夫（T. Todorov）所言，"我们从来不曾和原始的未经处理的事件或事实打交道，我们所接触的总是通过某种方式介绍的事件。对同一事物的两种不同的视角便产生两个不同的事实。事物的各个方面都由使之呈现于我们面前的视角所决定。"②

2. 新闻话语规范

语言学家盖伊·多伊彻（Guy Deutscher）在其著作《话/镜》里提出了"语言透镜论"，认为语言深刻影响人们的思维方式，

---

① 曾庆香：《新闻叙事学》，中国广播电视出版社2005年版，第68页。
② 茨维坦·托多罗夫：《文学作品分析》，载王泰来主编《叙事美学》，重庆出版社1987年版，第27页。

可以修饰、改变、塑造他们的观念与认知。"一种语言的影响，不在于你可以用它说什么，而在于它迫使你说什么。也就是，如果你用这种语言，你就必须用这种方式表达特定的信息，这种信息，影响了你的记忆和你的听众感知的印象，从而塑造了事件本身。"① 语言是被塑造的，而文化环境又是被语言塑造的，语言也不仅仅是一种表达方式，它本身就可以塑造"真实"。这也是作家乔治·奥威尔（George Orwell）在著名小说《一九八四》中隐射最危险的是新语言的原因。语言取决于词汇，而词汇规制思维。实际上，在官方塑造的话语规范系统里，对于某些词汇的打压和一些官方话语的构建都已完全以无意识的形式融入在新闻叙事中。武器胁迫的只是肉体，而话语胁迫的则是思维和认识。曾庆香有言："由于人的知识结构是对外部世界结构化的结果，因此，具体场合及其经常用到或出现的语言使用特征，也可以在大脑中结构化，如人们所知道在什么样的场合或与什么样的人应该说什么话，就是这一场合及其言语特征的认知化、知识化。"俗语也有"到什么山上唱什么歌""见人说人话，见鬼说鬼话"，讲的也是这个道理。具体来说，新闻叙事话语规范系统又可以分为当权者的话语规范和文化环境中刻板印象的规范，"正因为当权者的话语规范和刻板印象已成为全体人员的知识，使得全体人员达成共谋，并导致相信新闻话语是客观的、公正的、全面的，正如把知识视为某种自然而然的客观认识。"② 这种划分及其在社会知识建构中的效果是颇为切合实际的。

3. 主流意识形态视域下的社会文化语境

诺曼·费尔克拉夫（Norman Fairclough）认为，话语产生和

---

① 于西北：《你的世界主要靠说？》，凤凰网，http://book.ifeng.com/shuping/detail_2014_08/14/095147_0.shtml。

② 曾庆香：《新闻叙事学》，中国广播电视出版社2005年版，第104页。

解释过程在双重意义上受到社会制约。首先，它们受到可获得成员的资源的限制，而解释过程被有效地内化于社会结构、规范和习俗之中，包括话语秩序以及关于文本的生产、分配和消费的习惯做法之中，而且这些成员资源已经通过过去的社会实践和斗争被建构起来①。新闻叙事者在这种制约语境中决定什么样的资源得以利用，什么样的观点在文本中得到表述。语言的使用与社会的变动是密切相关的，无法避开一个社会内部的文化语境。根据梵·迪克《作为话语的新闻》一书中对社会语境视角的阐述，年龄、性别、社会地位、所属社会阶层和民族背景都是决定不同的语言使用形式的社会因素。新闻话语就是新闻媒体基于社会背景、在特定的政治文化语境下所运用的语言符号系统。例如我国，过去传统媒体在文本背后的文化语境上呈现的是单一性，但随着新媒体迅速发展，各种文化思潮不断地涌入及全球化语境的冲击，使新媒体在叙事中更多地呈现了公共空间的丰富性，但总体上还是反映着主流意识形态视域下的社会文化语境，维系着"和谐社会"和"以人为本"的核心观念。新闻记者本身也是社会成员，他的认知受着社会语境的影响。社会语境大多反映主流的社会意识，于是他们在新闻叙事过程中，对于词汇、语句、修辞也是在符合社会语境的标准内选择，而构成意识形态意义。社会认知过程与社会语境是密切联系的，因此新闻文本语境是在社会语境中产生的。

4. 新闻价值的评估

新闻传播活动是社会主体有目的、有利益追求、有价值取向的活动。"新闻的价值就是新闻对主体的效应。这里，新闻是价值客体，人（包括个体和群体）是价值主体，新闻的价值指的就

---

① ［英］诺曼·费尔克拉夫：《话语与社会变迁》，殷晓蓉译，华夏出版社2003年版，第74页。

是新闻的功能属性产生的实际作用和影响。因此，要想知道新闻对主体具有什么样的具体价值事项，首先得分析清楚新闻具有什么样的价值属性。"① 这也是说，新闻叙事包含了价值的判断，或者说"偏向性的陈述"。新闻叙事者在话语中蕴含的新闻价值判断影响着新闻叙事，新闻文本包含了新闻叙事者对于新闻价值的判断和对于事实的认知倾向。新闻叙事人必须采纳具备时新性、重要性、显著性、接近性包括有异有趣等新闻价值的事实，才能进行叙事、进行报道，如就异趣而言，"人咬狗才是新闻"表达的就是这个意思。一般而言，新闻价值大的新闻事件在媒体的议程设置中更具有显要性。

（三）新闻叙事效果

新闻叙事接受者的理解对于新闻叙事话语意义的发挥也参与了作用。沃尔特·李普曼（Walter Lippmann）认为，由于世界整体事实极其复杂与庞大，没有一个宏观又具体的模板可以提供给我们去观察、理解，也没有那么多条件去对付那么多难以捉摸、种类繁多的变幻莫测的综合体，于是我们只能选择一种视角和框架，用一个相对较为简单的模式。先了解局部概况，再细化全面地观察世界②。新闻理解也同样依赖于认知框架，也就是"依据一套规则来管理自己的社会生活经验。"③ 社会现实的背景混杂而无序，个人总是寻求社会认知的确定性，将混乱、迷茫的认知状态导向一个有秩序、简单化的结构模板，而框架就是个人总结认知经验和处理外部信息的一套规则和依据。但是，固定的认知模板又很容易形成刻板成见。

李普曼在《公众舆论》（*Public Opinion*，一译《舆论学》）

---

① 杨保军：《新闻理论研究引论》，中国人民大学出版社 2009 年版，第 91 页。
② [美] 沃尔特·李普曼：《公众舆论》，闫克文、江红译，上海人民出版社 2002 年版，第 11 页。
③ 同上书，第 67 页。

中提出存在于读者心中的刻板印象（固定成见）和认知倾向也决定了他们如何解读新闻，这种解读是以他们的固定成见和认知倾向为依托而产生的。成见和倾向都是一种既成的认识方式，限制了我们走向未知领域的空间，在我们还未经对于新事件的深入了解和判断，它已经强加给我们某些看法和感知。这种情况下，新闻叙事有时就造成传播学所认为的对于固定成见"结晶"或"强化"的效果。塔奇曼如是说："当人们接触每天源源不断的新闻时，其实也就被强制按入事先所设定的事件逻辑，并按着这样的逻辑误解每天的生活。自然，新闻生产本来就没有打算忤逆现有的社会一般价值，相反，是顺从原有的价值观念，并以此为基础设定自己的种种做法。媒体所生产出来的新闻，必然是对社会秩序、价值及其现状合法性的再一次确认。"[①] 这就完整地构成了新闻叙事话语的意义生态，促进人们在此基础上交流与互动，建构起一个"世界图景"。在每天源源不断的新闻叙事中，输出各种真实而新鲜的信息，为人们提供思想和行动依据，即"拟态环境"。不妨以纳粹时期希特勒的新闻宣传为例。在纳粹时期，新闻媒体的意识形态工作都是围绕着宣传纳粹党的方针政策、灌输希特勒的独裁思想进行的。希特勒对新闻媒体实现了最高程度的管控，所有媒体都统一口径，引导舆论高度统一。希特勒利用新闻发表诸多蛊惑人心的言论，宣扬德意志民族是优秀民族，把犹太民族描述成劣等生物，包装出一个种族优劣的理论，大肆鼓吹"犹太瘟疫"的谬论，煽动种族主义的复仇情绪。新闻报道充斥着希特勒语录和纳粹学说，营造出"个人神化"的政治局面，对民众进行"反犹太、反马克思主义、反布尔什维克主义"洗脑式的新闻宣传。在这样的宣传体制下，民众争先恐后参

[①] [美] 盖伊·塔奇曼：《做新闻》，麻争旗等译，华夏出版社2008年版，第5页。

与到共同犯罪系统中而不自知，甚至成为主要力量。

综合以上多个因素，新闻叙事通过各个因素的互动而构成话语体系的缔造，完成意识形态工作。请看报道：

中共中央明确在社会组织领导机关中设立党组

新华社电 中共中央政治局 5 月 29 日召开会议，审议通过《中国共产党党组工作条例（试行）》。中共中央总书记习近平主持会议。

会议指出，中国共产党发挥总揽全局、协调各方的领导核心作用，必须有坚强有力的组织制度保障。在国家机关、人民团体、经济组织、文化组织、社会组织和其他组织领导机关中设立党组，是确保党的理论和路线方针政策得到贯彻落实的重要途径，体现了我们党独特的政治优势、组织优势、制度优势。当前，贯彻落实全面建成小康社会、全面深化改革、全面依法治国、全面从严治党的战略布局，必须牢牢坚持党的领导，把党的建设放在更加突出位置，进一步完善党组制度，提高党组工作制度化、规范化、程序化水平。

会议认为，《条例》对党组的设立、职责、组织原则、议事决策等作出全面规范，对监督检查、责任追究提出明确要求，是党组工作方面一部基础主干党内法规，是党组设立和运行的总依据总遵循。《条例》的制定和实施对进一步规范党组工作、加强和改善党的领导、更好发挥党的领导核心作用、巩固党的执政地位、提高党的执政能力具有十分重要的意义。会议同意公开发布《条例》全文。

会议强调，各级党委要从全面从严治党、制度治党、依规治党的战略高度，充分认识加强和改进党组工作极端重要性和现实紧迫性，加强对《条例》实施的组织领导。要抓好

《条例》的宣传解读和学习培训，使各级党组织和广大党员干部特别是领导干部深刻理解《条例》精神，准确掌握《条例》主要内容，增强做好党组工作的能力。要加强督促落实，确保《条例》各项规定要求落到实处。①

这篇报道与日常的时政新闻有着极其相似的框架设置和表达方式。运用典型的倒金字塔结构，在修辞上也用了通常时政报道采用固定的的词汇与语句搭配，严格遵循官方新闻话语规范，如总揽全局、领导核心、坚强有力、确保、贯彻落实、重要途径、牢牢坚持、进一步完善、全面规范、明确要求、战略高度等；反复使用加强、改善、充分认识、提高、抓好、改善等动词，"政治优势、组织优势、制度优势"的名词排比以及三个"全面"的句式排比。在整个文本的语境中，都在强调执政道路上非常坚定的政治决心与明确的政治觉悟，塑造着一种绝对领导、科学领导的政治形象，体现治国方针上的高瞻远瞩和政治权威以及决策执行的政治魄力。

总之，新闻叙事话语的编码与解码，是意识形态的建构与接受过程。新闻叙事话语的倾向，必然造成对于世界的认知上存在不同程度与"真实环境"的偏差。新闻叙事文本中蕴藏着一双"无形的手"，通过对真实世界的剪裁，塑造着社会成员、群体乃至整个社会知识的形态。

二 新闻叙事话语与拟态环境

新闻媒体在对我们所关心的公共事务进行叙事构建中概括或反映大部分的社会知识与信息。但从受众角度来说，新闻媒体是受众获取知识的主要来源，可这种知识与信息的接受并非来自于

---

① 新华社：《中共中央明确在社会组织领导机关中设立党组》，人民网，http://politics.people.com.cn/n/2015/0530/c70731-27078843.html。

直接经验。李普曼由此提出"拟态环境"这一概念，他认为：作为超越我们直接经验认识广阔世界的窗户，新闻媒体决定了我们对这个世界的认知地图。舆论的反映并不算是针对环境的，而是针对新闻媒介创造的拟态环境。他进一步解释："新闻与真实并非同一回事，而且必须加以清楚地区分。新闻在于突出一个事件，而真相的作用则是揭露隐藏的事实，确立其相互关系，描绘出人们可以在其中采取行动的现实画面。只有当社会状况达到了可以辨认、可以检测的程度时，真相和新闻才会重叠。"[①] 同时，新闻叙事是有规矩、有限制、有劝诫、有要求的叙事，"语言通过各种技巧的编排，形成叙事话语，表达的是一种对外部世界加以设计、把握、支配和控制的权力意愿、并直接贯穿在叙事方式的设置中"[②]。这种强加性的意识在新闻叙事过程中是潜移默化的，而对于新闻接受者又是不自觉地融入其中的，从而促成他们对于真实环境与"拟态环境"的模糊区分，从而把"拟态环境"当作了"真实世界"来作出思想和行动的反应。

由于学术立场、研究旨归等的差异，产生了不同的学派，话语分析研究也是如此。英美学派和法德学派之间的分野在于前者专注于文本表达与社会语境的分析，后者投入到话语背后的意识形态和深刻的文化因素分析。针对意识形态和文化因素的分析我们已有所探析，接下来讨论的是社会语境这一维度。如梵·迪克所言，话语不仅仅是文本，还是互动的一种形式。要进一步厘清新闻叙事话语与"拟态环境"的关系，需对话语进行全面的分析。梵·迪克提出话语分析的主要目的是对我们称为话语的这种语言运用单位进行清晰的、系统的描写。话语分析分为两个视

---

① ［美］沃尔特·李普曼：《公众舆论》，闫克文、江红译，上海人民出版社2002年版，第283页。

② 何纯：《新闻叙事学》，岳麓书社2006年版，第18页。

角,梵·迪克简单地称之为文本视角和语境视角。简要来说,文本视角就是对各个层次的话语结构进行描述,包括词汇、句法和修辞、语义等。语境视角则把这些结构的描述和语境的各种特征如认知过程、再现、社会文化因素等联系起来加以考察,如社会背景、条件、局限、影响等。"用语言赋予言说客体本身以意识形态属性,揭示语义背后的政治、经济、文化和历史根源,进而传播言说主体的价值观。"①

梵·迪克运用话语分析方法来揭示隐藏在新闻文本背后的社会语义,他指出,新闻话语也是意识形态的话语,因为它必然表达和确认其生成者的社会和政治态度。进行新闻话语分析,有助于我们真正理解其对社会知识的建构意义。同样,文本的阐释和制作涉及解释和表达、知识的检索和使用,以及话语认知的其他方面的精神活动过程。因此,如同说话和言语行为仅仅是社会情境中真正的社会行为抽象的结果,话语意义也仅仅是这些认知阐释过程抽象的结果。所以要对话语进行全面有效的描述也必须对话语的产生和理解、社会文化情境中社会互动行为的认知过程进行描述。话语分析想弄清楚认知过程是如何确切地影响话语结构的产生和理解,话语结构又是如何影响社会情境和怎样受社会情境的影响的。借此进行理论延伸,对新闻叙事研究而言,就是具体分析新闻叙事语言内部与语言外部意义的生成。在以上各学者分析方法的基础之上,针对微观和宏观的分析展开论述,在这个建构过程中,新闻叙事话语塑造一种让人们信以为真的"拟态环境",并为人们提供思想和行为的坐标体系,也就是说,新闻话语通过什么样的方式重构社会事件。

---

① 刘辛未:《论电视新闻的叙事话语及意识形态建构》,载《新汉时代,与世界的沟通/战争与和平——第16届韩中教育文化论坛暨第4届世界汉语修辞学会年会论文集》,韩国首尔,2014年10月,第238页。

2013年社会热点新闻"祁阳12岁少女被奸生子"事件曾一度为多个媒体争相报道。从《湖南祁阳12岁女童遭强奸 生下孩子当证据》《12岁幼女称曾被三名老师强奸 生下孩子当证据》《12岁女孩当妈 元凶竟为74岁老人 曾被3名小学老师强奸》《幼女遭老师强奸产子 家属称七旬老人为替罪羊》等诸多媒体报道的这些标题来看，叙事文本很容易被读者理解成12岁幼女遭遇3名老师和一位70多岁老人的多次强奸，最后导致早孕，从而产生同情12岁幼女的不幸遭遇而集体讨伐不良教师和失德老人，形成舆论旋涡。但是，随着后来受害者对3位老师的道歉信公开并承认指证情节的虚构，这件事又让读者产生了不同的理解。从报道来看，这个事件在加工成新闻叙事文本的过程中，媒体已经在标题中加以暗示，新闻叙事人已经确定了文本认知的态势和向读者传达的倾向性。而读者在阅读文本之后，把这种叙事人预见的认知效果当作了对事实的反映，也就是说，他们对实际事态的了解并不代表一个客观、全面、真实的认知，甚至在这种"虚假"认知的基础上进行"合理"想象或推测事件过程和对社会环境的判断，然而他们自己却浑然不知，只是把虚假的报道作为了事实，把虚假的环境当作了真实的环境。从舆论内容来看，人们对整个事件叙述经过解码、根据叙述文本对事件行动情景产生想象和推理。这种认知经验是间接推断的，不是直观地介入读者的世界。正如李普曼所言，"人们推理出来的唯一事实证明，决定他们的思想感情和行动的因素是他们的拟态环境和他们内心里对于世界的认识。"①

梵·迪克论道："要对话语进行全面有效的描述也必须对话语的产生和理解、社会文化情境中社会互动行为的认知过程进行

---

① [美]沃尔特·李普曼：《公众舆论》，闫克文、江红译，上海人民出版社2002年版，第17页。

描述。参与话语意味着参与了阐释过程与社会互动。"语境视角的分析正是"想弄清楚认知过程是如何确切地影响着话语结构的产生和理解,话语结构又是如何影响社会情境和怎么样受社会情境影响的。"① 语境视角的分析则又使新闻话语文本的分析回到了社会层面。我们不妨再看一下报道《"剩女":尴尬的不婚族》(以下为节选的两段):

"剩男""剩女"(新语轩)

"剩女"是目前流行的又一个新词,无论在报纸还是在网站上,我们都不难看到。

"剩女"一词是仿拟人们常说的"圣女"而造的,"剩"与"圣"音相同。"剩女"是现代都市新出现的女性,她们绝大部分拥有高学历、高智商、高能力、高素质、高收入,长相也无可挑剔。作为现代城市女性的"剩女"因择偶要求太高,多半是高不成低不就自己把自己"剩"下了。

在"剩女"的基础上,人们进一步仿拟造出了"剩男"一词。

"剩男"多指那些年龄在30岁到45岁之间,仍处于单身状态的男士。"剩男"虽没有"剩女"那么引人注目,但也成了一种社会现象。

"剩女":尴尬的不婚族(婚姻看台)

生于20世纪70年代的她们,正好赶上了恢复高考和改

---

① [荷]托伊恩·A.梵·迪克:《作为话语的新闻》,曾庆香译,华夏出版社2003年版,第32页。

革开放的天时地利，这使得她们较之前出生的同性更有资格享受教育和竞争带来的好处，大多数或是学历高，或是事业心强，聪明能干，巾帼不让须眉。

生于20世纪70年代的她们是读着琼瑶小说长大的。书里面男女主角一相逢，便胜却人间无数，一旦爱上，那就是生死相许、矢志不渝，可现实里的爱情，天时、地利、人和里，好像总有一个环节出问题，一步错，步步错，飞流直下，最后满盘皆输，难以挽回，总是不符合她们的预期。

数据显示，2005年，北京30岁左右单身人数达到约50万人，其中女性超过六成；上海城市女性认同独身观念的有82.79%，在生于20世纪70年代的高学历女性群体中，这个比列达到89.94%。与此同时，男性独身的比例却下降，由10年前的36%下降至现在的34%。

不是她们不想结婚，也并不信奉独身主义，而是因为对自身价值的追求，无形中把自己的身价抬到一个很高的位置，寻常的男人不敢望其项背。人到了高处，灵魂总是寂寞，她们找不到旗鼓相当的对手，只能一个人跳着华丽的独舞，宁为玉碎，不为瓦全①。

再看权威媒体《人民日报》相关报道的标题：

《〈女人帮〉："剩女"的能量》
　　——2014年4月1日　载于《人民日报》
《剩男剩女能否"快乐回家"（人民时评)》
　　——2014年1月22日　载于《人民日报》

---

① 王博科：《"剩女"：尴尬的不婚族》,《人民日报海外版》2007年9月22日第7版。

《香港女性怕当"剩女"》

——2011年10月17日　载于《人民日报海外版》

《〈失恋33天〉为剩男剩女打造"情感指南"》

——2011年6月1日　载于《人民日报海外版》

〈中国首次发布报告：五重困扰威胁"剩男剩女"健康〉

——2011年2月11日　载于《人民日报海外版》

《"剩男剩女"热衷到中国相亲》

——2009年8月18日　载于《人民日报海外版》

《华裔"剩女"嫁人难》

——2009年1月15日　载于《人民日报海外版》

《"剩女"：尴尬的不婚族》

——2007年9月22日　载于《人民日报海外版》

《"剩男""剩女"》

——2006年12月7日　载于《人民日报海外版》

结合文本与语境分析，从这些报道中的标题取向来看，"大龄""三高""嫁人难""不婚族""相亲""困扰""威胁"等这些关键词已经成为新闻媒体贴给"剩女"群体的种种标签。尤其是《人民日报》在树立正确的社会价值观上做着积极的努力，在一个较长的时间内一直试图把话语权重新投回给"剩女"群体，但同时也强化了"剩女"群体的形象，塑造了高收入、高学历、高年龄单身女性的刻板印象。而这也只是片面反映大龄单身女性对于择偶标准的高标准、优于男性的工作能力使得她们未能获得婚姻伴侣。在这种主流价值观的裹挟下，媒体报道并没有试图扭转一种中国传统的根深蒂固的文化偏差，反而促使了主流意识形态对于"剩女"的性别歧视和对大龄单身女青年群体的边缘化。

《2010年中国人婚恋状况调查报告》显示，90%的男性持"女性应该在27岁以前步入婚姻"的看法。"剩女"一词本身的色彩附有中国传统的文化偏见,"剩"字更是涵盖了对高学历单身女性价值的贬低,是对封建传统观念"女子无才便是德"的文化认同——女性应该作为家庭的附属角色,而不能在能力、受教育程度上追求太多与男性同等的水平,更不能超越男性。因此,"剩女"一词本身是"男权建构下的话语",也产自男性话语的语境。如李普曼所说:"在非常嘈杂混乱的现实世界中,我们深知我们的文化已经对我们形成了固定的成见。"①

如上所述,新闻叙事话语所呈现的事实是有限的,也是有倾向性的。任何一种叙事都无法做到概览世界全貌。由于人们认知的局限与精力的有限不可避免地要求新闻叙事对一个个具体事件的报道进行高度的简化与不同程度的剪裁。因此,世界的复杂多样与宏观面貌的叙事呈现往往只能做到微观层面。正如马克思指出:"一个报纸记者也只能把他自己视为一个复杂机体的一个小小的器官,他在这个机体里可以自由地为自己选择一种职能。例如,一个人可以侧重于描写他从民众意见中获得的有关贫困状况的直接印象,另一个人作为历史学家则可以谈论这种状况产生的历史,沉着冷静的人可以谈论贫困状况本身,经济学家则可以谈论消灭贫困的办法,而且这样一个问题还可以从各方面来解决:有时较多地着眼于地方范围,有时较多地着眼于同整个国家的关系,等等。这样,在有机的报纸运动下,全部事实就被揭示出来。"②

三 新闻叙事话语中的社会知识环境

新闻叙事呈现的是"拟态环境",构建的是社会知识体系,那么在它背后的传播机制中塑造起来的社会知识环境就不可避免地被

---

① [美]沃尔特·李普曼:《公众舆论》,阎克文、江红译,上海人民出版社2002年版,第52页。
② 《马克思恩格斯全集》(第1卷),人民出版社1995年版,第358页。

蒙上了拟态化的性质，尽管新闻叙事强调对客观真实原则的恪守，作为现代人的受众无时无刻不在新闻世界中寻求认识自己和世界的途径，但社会认知的"拟态环境"似乎又成为了一个带有哲学意味的悖论——我们所渴望认识的"世界"在新闻叙事中却是一个"不纯粹"即并非原貌的世界。这是现代社会认知的本质，是由现代信息环境决定的。相较于传统社会，人们对世界的认知范围只是局限于自身周围的空间里，即使是街谈巷议，他们对于事实的求证条件反而更为便捷，整体认知的结构模型也相对小型。但现代传播技术的发展和"地球村"的实现，大大增加了这种求证成本，求证的需求和包容量也承载不了不断涌入生活的信息的海量性，不仅是受众，新闻在叙事过程中，也无法确认这么庞大的任务。新闻叙事努力地揭示这个"世界"，想要承认它所看到的"世界"，但受众对这个"世界"的真实性并没有十分的把握——是不是新闻叙事让我们相信它所描述的"世界"的样子。出于人的生性里探索外界的好奇心，新闻叙事似乎也无法解答这个悖论。因此它的使命便无法是"复原"世界，而是"塑造"世界，即社会知识体系。即使各种各样的新闻事件，新闻叙事者演绎出各不相同的社会事件形态，受众仍然渴望了解社会的真实的"图景"。他们彼此分隔着，但同时新闻叙事作为中介，被一种力量驱使着，这种力量让人们变得彼此相关，拥有相同的现代社会的背景信息和生活情境，只是它们的"图景"组成了一些不同社会领域和社会价值的"万花筒"般的"世界"，亦即社会知识体系。而新闻叙事话语的可靠性要求新闻叙事者心系作为说话对象的受众，因为新闻叙事不再仅仅作为意识形态的灌输机制，也不仅仅是反映海量的但彼此孤立的信息环境，而是社会知识理念的塑形，新闻叙事话语本身辖制着这个理念背后的社会思想意识与社会群体价值观。而且，新闻叙事接受者的社会认知结构和框架依然来源于新闻叙事所构建的社会知识体系，受制于新闻叙事话语的诠释框架与规范。

第三节　个案分析：新闻叙事功能与社会主义核心价值观

一　新闻叙事人的思想功能

热奈特把叙事人的功能分为叙述功能、管理功能、交际功能、证实功能及思想功能（也有译为"意识形态功能"）①。叙事是叙事人的艺术。离开了叙事人构不成叙事活动，那么叙事功能的发挥也就有赖于叙事人的自觉。

叙事文本是叙事人思想和意识的载体，因此叙事人功能也就发挥于叙事文本之中。借鉴热奈特对于叙事人功能的划分具体解析为：其一，叙述功能。新闻是叙事的，不存在不叙事的新闻，叙述功能是其他功能的前提条件，脱离了叙述，既没有叙事人，也构不成新闻。其二，组织功能。新闻叙事促进社会关系的整合和协调，维护社会秩序，动员社会各界力量。正如拉斯韦尔（Harold Dwight Lasswell）所言，新闻使公众获得通过其他渠道无法获得的信息，发挥着在复杂社会内协调各种活动的功能。其三，交流功能。新闻在每一个叙事文本中都在输送媒体和受众之间的信息与对话，新闻叙事的内容与受众的生活息息相关，受众也需要获知对于环境的信息作为对自身适应社会发展的行为参照。新闻叙事又无时不在反映他们的行为。其四，证实功能。新闻叙事者都试图证明文本中的观点或事件都具有权威性，以此说服受众接受自己的文本信息。其五，思想功能。热奈特对思想功能的解释："叙述者对故事的直接或间接的介入也可采取对情节作权威性解释的、更富说教性的形式。"他还强调，叙述者几乎

---

① ［法］热拉尔·热奈特：《叙事话语》，王文融译，中国社会科学出版社1990年版，第180—183页。

垄断了我们所说的思想功能的情况，以及该垄断的有意识性。新闻叙事的过程中一以贯之地自觉发挥了思想功能。热奈特还认为，他所归纳的五种功能之间并没有明确分离的界限，而是相互交融的关系，没有哪一种是不可或缺的，也没有哪一种是可以彻底缺席的。而与社会知识建构紧密相关的是思想功能，既如此，故本节以思想功能为代表，似可窥一斑而知全豹。

"新闻化"的叙事，是社会思潮、观念和价值的凝聚，还可以说，思想功能更是贯穿在其他四种功能中，最终将社会观念和价值标准都凝结于新闻叙事文本中，也就是以意识形态的灌输或干预来塑造社会共识，黏合各种社会思潮，促进社会的建设与发展。叙事文本本身就是社会观念和价值观的体现，它无时无刻不在呈现社会的变化也是观念的变化，是一个具有一定社会信仰、价值体系等意识形态观念掌控下的"社会集合体"发出的声音。

二 社会主义核心价值观的价值理性

当前，随着改革开放的有序推进和社会转型时期的到来，各种社会新思潮不断涌入，使得我国意识形态和价值观念也逐渐多元化。因此，培育社会共识和价值认同，避免因为社会意识过度分裂而导致社会失序也成为一个重要的议题。主流意识形态需要在话语领地中维持"主导"的话语权，整合其他思想，消解一些不利于社会秩序的对立思想，维护社会的稳定。因此，我国坚持以马克思主义科学思想为指导，构建"社会主义核心价值观"的社会认知、价值认同及道德规范。可以说，"社会主义核心价值观"是当代中国社会最主要的社会知识。

社会主义核心价值观基本内容：富强、民主、文明、和谐；自由、平等、公正、法治；爱国、敬业、诚信、友善。24个字从宏观到微观，自上而下高度凝练为三个层面：国家，社会，公民。国家层面的价值目标，是社会和公民层面为之努力的坐标，也落脚于人民群众对于社会、公民层面的实践。"三个层面相互支撑和承续，公民是社会的基础，社会是国家的根基。公民层面则是个人生活对于社会契约的履行和要求，社会层面则是介于国家与公民之间的核心，是国家制度化的良性运行所需要落实到行动的现实诉求，而国家层面又是在政治、经济、科学等各领域高瞻远瞩的规划。"①

"当代中国共产党的意识形态建构主要包括认知解释层面、价值信仰层面和目标策略层面的意识形态建构。何怀远把意识形态的内部要素分为认知—解释层面、价值—信仰层面、目标—策略层面。由不同意识形式共同构成的意识形态的有机整体，在认知解释层面、价值信仰层面和目标策略层面三个功能层面上统一运作，完整地体现着意识形态的价值和作用。"② 社会主义核心价值观作为一套宏观、有序的社会准绳和社会思想体系，对于社会各界都具备社会价值示范和意识形态主导的普适性的功能，构建社会认知，重塑社会价值观念与信仰。社会主义核心价值观承续了儒家传统文化的内涵，也是针对当下社会背景提出的，丰富了马克思主义思想体系，维持着特色社会主义的思想品质，凝聚社会力量，"找到全体社会成员在价值认同上的最大公约数"③。社会主义核心价值观融合马克思主义思想和中国传统政治文化，既有现代化的创新，又有中国传统的继承。社会主义价值观结合马克思主义的科学性与传统文化的教化作用，新闻通过叙事在构建它普世化和统摄性的现实实践意义。社会主义价值观是对"和谐""诚信""友善"等传统儒学观念的现代化并融汇西方"民主""平等"

---

① 吴潜涛：《深刻理解社会主义核心价值观的内涵和意义》，2013年5月，人民网（http://theory.people.com.cn/n/2013/0522/c40531-21565926.html）。

② 程洪宝：《当代中国共产党意识形态建构问题研究》，博士学位论文，中共中央党校，2013年，第5页。

③ 刘春荣：《培育和践行核心价值观的思考》，《光明日报》2013年11月23日第11版。

"自由"观的当代思想观念,也是我国在现代化发展道理上疾呼的"价值理性"。工具理性着眼于物质建设,促进中国的现代化,但过于看重工具理性的建设而忽视价值理性的秉承也导致了社会主义信仰危机和道德的滑坡,因此对着眼于精神层面的"价值理性"的缺失引起重视,推行一种普世道德观对于现代化过程中产生的人心异化是一种适宜的"价值理性",也调和着价值理性与工具理性的平衡发展,促进社会和谐机制的建立①。

三 新闻叙事与社会主义核心价值观传播

党的总书记、国家主席习近平曾指出,要利用各种时机和场合,形成有利于培育和弘扬社会主义核心价值观的生活情景和社会氛围,使其影响像空气一样无所不在、无时不有。那么,培育和践行社会主义核心价值观,在新闻传播层面,就要"贯穿到日常形势宣传、成就宣传、主题宣传、典型宣传、热点引导和舆论监督中,在重要版面、时段、推出专栏、专题,出版社要推出专项出版,运用新闻报道、言论评论、访谈节目、专题节目和各类出版物等形式传播社会主义核心价值观。联系群众身边事例,多运用大众化语言,在生动活泼的宣传报道中引导人们培育和践行社会主义核心价值观。"②

具体到新闻叙事,应把社会主义核心价值观由国家话语转化为平实的民间话语,引导公众深刻理解这些价值观念与自身为社会主体力量的关系,淡化公民在社会环境中个人理想与现实生活悬殊的心理落差及个人价值感的迷失,把话语空间进一步投向社会与公民之间。下文以社会主义核心价值观三个层面为落点,具

---

① 吕鹏:《儒学现代化的根本方向》,《孔子研究》2011年第5期。
② 中共中央办公厅印发:《关于培育和践行社会主义核心价值观的意见》,2013年12月23日,新华网,http://news.xinhuanet.com/politics/2013－12/23/c_118674689.htm。

体分析新闻叙事功能是如何贯彻到日常的新闻文本中的。

（一）国家层面

国家层面的政治诉求使得新闻叙事从来没有脱离官方话语体系，因此新闻叙事对于国家思想的建构，是在国家意志主导下建构的社会性意义，对国家制度、政策、观念的传达也在潜移默化地进行思想的灌输，从而构成社会知识场域。媒体并不是纯粹客观或者完全理性的践行着它对社会生产实践活动的监督协调，而是促进国家意识形态与公民价值信仰的调和。在国家新闻体制下，新闻生产是这样的一种生产——它是新闻叙事主体所处的立场和观点、新闻事件所代表的群体身份和利益等多方面约束和规范造成的结果。不同的国家新闻体制要求新闻叙事在既定的话语框架里进行。这是一套成形的规矩，因此新闻叙事具有它的政治服务功能。任何一种体制的维系与发展，都需要在日常的新闻叙事中灌注主流意识形态。媒体担当着体制发言人的角色，是体制向民间输送意识形态的工具或中介。新闻叙事文本的方式、内容和倾向在很大程度上是被为国家体制服务的意识形态所约束造成的，使得新闻叙事者就这样去描述社会，构建社会的整体面貌。如：自"中国梦"提出以来，新闻媒体运用议程设置功能，对"中国梦"不断进行多层次的意义建构。对于各种会议、学习活动的报道，透析着"中国梦"的深刻内涵、奋斗前景和总体布局，从而自上而下地把国家意志和观念渗透于民间，树立了一种普遍的社会知识，即"中国梦"的实现必须在中国社会主义体制下才能实现；而对于具体的人物或组织的实践活动的叙事，又向人们指明了实现的途径，这同样是知识的建构。再看一个案例：

习近平出席中日友好交流大会并发表重要讲话

本报北京 5 月 23 日电（记者杜尚泽）国家主席习近平

23日在人民大会堂出席中日友好交流大会并发表重要讲话，强调中日双方应该本着以史为鉴、面向未来的精神，在中日四个政治文件基础上，共促和平发展，共谋世代友好，共创两国发展的美好未来，为亚洲和世界和平作出贡献。

习近平强调，中日一衣带水，2000多年来，和平友好是两国人民心中的主旋律，两国人民互学互鉴，促进了各自发展，也为人类文明进步作出了重要贡献。近代以后，由于日本走上对外侵略扩张道路，中日两国经历了一段惨痛历史，给中国人民带来了深重灾难。两国老一代领导人以高度的政治智慧，作出重要政治决断，克服重重困难，实现了中日邦交正常化，并缔结了和平友好条约，开启了两国关系新纪元。中日两国一批有识之士曾为此积极奔走，做了大量工作。历史证明，中日友好事业对两国和两国人民有利，对亚洲和世界有利，值得我们倍加珍惜和精心维护，继续付出不懈努力。

习近平指出，"德不孤，必有邻"。只要中日两国人民真诚友好、以德为邻，就一定能实现世代友好。中国高度重视发展中日关系。我们愿同日方一道，在中日四个政治文件基础上，推进两国睦邻友好合作。

习近平强调，今年是中国人民抗日战争暨世界反法西斯战争胜利70周年。当年，日本军国主义犯下的侵略罪行不容掩盖，历史真相不容歪曲。对任何企图歪曲美化日本军国主义侵略历史的言行，中国人民和亚洲受害国人民不答应，相信有正义和良知的日本人民也不会答应。前事不忘，后事之师。牢记历史，是为了开创未来；不忘战争，是为了维护和平。日本人民也是那场战争的受害者。中日双方应该本着以史为鉴、面向未来的精神，共促和平发展，共谋世代友好，共创两国发展的美好未来，为亚洲和世界和平作出贡献。

习近平指出，中日友好的根基在民间，中日关系前途掌握在两国人民手里。中国政府支持两国民间交流，鼓励两国各界人士特别是年轻一代踊跃投身中日友好事业，期待两国青年坚定友好信念，积极采取行动，不断播撒友谊的种子，让中日友好长成大树、长成茂密的森林，让中日两国人民友好世世代代延续下去。

……①

这则新闻报道，通过国家主席习近平重要讲话中对于重新建立"中日和平关系"的强调，透露着我国在"牢记历史""面向未来"的前提下，致力于与日本重新建立起和平良好的邻国关系、促进彼此的繁荣发展的国家意识，为"中日关系"注入了新的内涵与意义。我们知道，我国向来秉持坚定不移走和平发展道路的主流思想价值观。"和谐"一直是我国在践行社会主义核心价值观的观念导向，无论对于国际关系还是社会内部的发展，我国坚定不移地推进改革开放和现代化建设，积极促进和谐社会的建设，并在社会各个层面促进此共识的形成，明确了这种社会共识在社会认知与价值构建中的重要地位。这则报道正是在这种主流意识形态的构建下有意于推进两国社会各阶层、各群体的知识，也是国家层面对社会主义核心价值观的积极践行。

（二）社会层面

新闻叙事通过表达群体诉求的方式进行社会层面的思想建构，是以国家层面的政治诉求为根基的。国家意识形态机器不断地向公众传达着国家与群体之间的利益关系，把群体与个人的利

---

① 《习近平出席中日友好交流大会并发表重要讲话》，《人民日报》2015年5月24日第1版。

益体现在国家实现繁荣进步的蓝图之中，建立从国家、社会到公民个体自上而下的联动机制。因此国家才会极力宣扬"以人为本""为人民服务"等政治承诺，并贯穿于新闻叙事话语中。从社会层面生产的新闻叙事文本，以民生新闻居多，凸显社会群体的参与，如志愿行动和维权行动等。维权新闻事实的陈述让公众知晓通过自身维权的有效途径与合法程序，有利于社会情绪的疏导，化解利益群体的冲突，维护公众的正当权益，维护社会内部的秩序稳定。又如中国政府提倡的"反腐倡廉"，也是反映公众诉求的结果。各种腐败官员"落马"连篇累牍于新闻报道中，网民甚至以"表哥""表叔""房叔"等戏称一些下马官员。新闻报道也密切关注党和政府的反腐动作与力度，在公众之间重新树立党和政府公信力，这也是党和政府对于民间网络反腐热潮的回应和重视。如：

国企反腐关键要完善内控机制

从今年3月初开始，2015年中纪委启动首轮专项巡视，对包括中石油、中海油、国家电网等在内的26家央企开展为期两个月的巡视。日前，此轮专项巡视工作已经结束。据不完全统计，在此轮巡视期间，26家央企中有近20名高管被查，其中不乏一汽集团董事长徐建一、中石油总经理廖永远、中石化总经理王天普等国企界的重量级人物。相信随着巡视结果的公布，会有更多的真相浮出水面。

被誉为"共和国长子"的国企，是中国特色社会主义的基石，在我国经济社会发展中占据着特殊的权重。然而，从查办案件和巡视情况看，国企在腐败利益链条上问题比较集中，是腐败"重灾区"，部分国企还出现了令人触目惊心的"塌方式腐败""系统性腐败"。

在今年初召开的十八届中央纪委五次全会上，习近平总书记特别强调，要着力完善国有企业监管制度，加强党对国有企业的领导，加强对国企领导班子的监督，搞好对国企的巡视，加大审计监督力度。中央纪委也将"加大对国有企业的巡视力度，探索分行业、分领域开展专项巡视，实现对中管国有重要骨干企业巡视全覆盖"作为2015年工作的主要任务之一。

和党政机关不同，国企廉政建设具有特殊性。一方面由于产权制度改革不到位，许多国企在建立现代企业制度方面做得并不彻底，亦官亦商的双重身份，更使得国企监管起来困难重重。另一方面，由于国企常常在一些行业和领域内处于优势地位，利润高企，再加上改制重组频繁，腐败空间较大，腐败现象也容易多发。

从十八大以来的一批国企大案要案看，目前对国企高管进行监督和曝光的，主要是外部监督机构和社会监督力量，特别是中纪委发挥了重要作用。这些大案要案的督办，固然发挥了重大的威慑作用，但正如"治标"只能管一时，要真正实现国企风气的好转，还要靠国企自身的治理体系和内控制度的完善。当前的国企内部监管体制不可否认存在着明显的制度性缺陷，尤其是对高管人员监督失灵。这种制度缺陷，在十八大以来强力反腐取得重大成效的今天，并没有得到根本性改善。

鉴于国企的特殊性，现行的国企内部监管体制完善应该双管齐下。一方面抓好党委主体责任这个"牛鼻子"，切实加强国企党委的领导力，落实纪委的监督责任。监督责任方面，中纪委通过派驻机构、加大垂直管理力度、实施分类专项巡视等做出了许多有益的探索。另一方面，依然需要全面深化国企改革，真正建立健全现代企业制度，充分发挥股东大会、董事会、监事会等机构的权限职责，严格资金管理和物资采购制度,加强信息化管理,公正公开,提高内部员工的监督便利度。只有真正建立完善的内控制度,并形成按规则办事的良好风气,国企反腐才能真正进入"治本"阶段。①

但总体而言,有学者认为,在议题设置和内容取向方面,媒体以国家层面的富强、民主、文明、和谐观念和公民层面的爱国、敬业、诚信、友善观念为核心的报道居多,相对而言较疏于社会层面,"以规避其争议性、冲突性可能带来的报道风险与政治风险"②。

(三)公民层面

社会主义核心价值观构建的第三个层面即公民意识的诉求,强调公民的主体性,培养公民的主体意识,把总体上的国家目标落实到公民个体的实践——内省于心,外化为行。公民意识诉求包含个人权利与自由的争取,公民道德的重建及社会责任的履行。中国社会在经济腾飞的过程中,物质财富得到一定的积累,但是"社会公德"与"社会责任感"的缺失也是社会各界热议的一个重要问题。在社会公德滑坡的背景下,从公民层面发出的"爱国、敬业、诚信、友善"的精神导向,旨在社会个体思想价值观的重建,具有强烈的道德伦理色彩和示范作用,强调集体利益大于个人利益、任劳任怨、兢兢业业、无私奉献及忠实、厚道、淳朴等。在新闻叙事文本中不断进行这种精神导向的描述和传递,消解不利体现"爱国、敬业、诚信、友善"的异端思想、价值和观念,营造人与人诚信友爱,社会安定有序的和谐氛围,

---

① 罗容海:《国企反腐关键要完善内控机制》,《光明日报》2015年5月21日第2版。
② 李朗、欧阳宏生:《民生新闻中的社会主义核心价值观表征——兼评"中国新闻奖"部分获奖作品》,《新闻战线》2014年第7期。

不仅是社会进步的追求和道德伦理的坚守,还是基本的社会价值认同,是公民与政府主动参与社会契约关系的基础。建立起普遍的公民思想观念,最终目的是为达成社会共识,推进社会各个层面工作的建设与改革,恢复良好的社会秩序,形成社会和谐风尚。如"社会主义荣辱观"中的"八荣八耻"对于马克思主义道德观的全面概括,就是在这种背景下针对政府诉求和公民意识诉求提出的社会新命题,是对社会主义核心价值观公民层面的呼应。又如每两年评选一次的全国道德模范,强调助人为乐、见义勇为、诚实守信、敬业奉献、孝老爱亲五种传统道德规范,呼应社会主义核心价值观中的公民道德建设。从活动组织开始,以央视为代表的主流媒体就全程介入,报道候选人的种种事迹,也就是新闻叙事通过塑造社会典型人物,利用典型事迹的力量激发社会各界的情感认同和价值认同,作为一种知识建构,以期成为人们习以为常的生活模式及价值标准。

以郭明义为例,他被新闻报道贴上"雷锋传人""活雷锋"等各种社会标签,迅速进入受众视野。再看媒体对郭明义陆续报道的各个标题:新华社的《刘云山强调:在全社会大力弘扬助人为乐的幸福观》、《解放军报》的《雷锋精神的时代传承》、中国共产党新闻网的《走近郭明义:为何坚持20年干"傻事"》《学郭明义,俯视功名和利禄》、《时代商报》的《郭明义:心态顶得上家财万贯》、新华网的《郭明义53次无偿献血感动民众 激起"爱心传承"》等。在新闻文本的多样化叙述中,呈现出他30年在一个平凡岗位上,以敬业守信、助人为乐、无私奉献等精神坚守的不凡事迹,如15年累计加班1.5万多小时,20年之内献血达到6万毫升,为希望工程、身边工友和灾区群众捐款12万元,资助180多名特困生等。这些具体的事实都聚焦在人物的日常生活和社会实践层面,将社会主义核心价值观与生活紧密联系起来。

· 61 ·

道德楷模　精神路标

本报北京9月22日电（记者刘文嘉）月圆时节，道德模范郭明义的名字，传遍了中华大地。9月19日至21日，本报和各中央媒体先后刊发了辽宁鞍钢齐大山铁采场公路管理员郭明义的先进事迹，这位新时期学习践行雷锋精神的优秀代表，感动了万千读者。

连日来，郭明义的先进事迹迅速传遍了各行各业。全国机冶建材工会、全国财贸轻纺烟草工会等专业协会先后召开会议，在行业内研讨学习郭明义同志的先进事迹。"他的先进事迹，集中体现了中国工人阶级的伟大品格。"财贸轻纺烟草工会副主席蔡瑞霞说，"郭明义把爱岗敬业作为人生追求，把无私奉献作为生命价值的体现，把践行党的全心全意为人民服务的根本宗旨作为神圣职责，是新时期产业工人的杰出代表。"行业内职工纷纷表示，要立足本职工作，把学习郭明义同志与改进工作作风结合起来，牢记宗旨，脚踏实地。

大爱无疆，感动学子，郭明义先进事迹也在各大高校中引起了强烈反响。即将毕业的北京理工大学信息学院博士谢尔曼说，郭明义的报道给他上了一堂职前教育课，"扎根基层28年的郭明义提醒了我，对待自己的岗位，应该少一份抱怨和畏难，多一份专注和责任，这样才能绘出灿烂的人生轨迹"。

中国人民大学哲学院副教授臧峰宇几日来一直在阅读《光明日报》的报道，作为高校公共课教师，他认为郭明义先进事迹是一堂既生动又有说服力的思想教育课："郭明义28年如一日的爱心之旅中，铸造了醒目的道德路标，确立了志向高远的生活理想。他将自我价值融入公共生活的行为，体现了个人与社会的辩证法，唤醒了大学生的道德勇气。他的幸福观念与人生选择，对当代大学生的成长具有深刻的启示。"

"郭明义把价值观做了鲜明的时代诠释。"清华大学青年教师李成旺在接受本报记者采访时这样总结，"在市场经济深入拓展、人们思想观念深刻变化、价值选择趋向多元的今天，郭明义为人们精神世界和道德生活的塑造提供了范本。"[①]

在报道中，我们不难发现，新闻叙事文本将人物的日常化生活情境中的奉献事迹，结合情感诉求，把郭明义的精神刻画为深刻的、立体的、典型化的精神标杆，更重要的是，在媒体议程设置的显要性和多篇报道的强调之下，"郭明义"作为一种社会意义和个人价值实现的公民精神的标签，能从中发掘和提炼出社会主义核心价值观对于公民层面在日常生活的意义和诠释。

可见，新闻叙事对社会主义核心价值观的宣扬，是通过将马克思主义和中国优秀传统文化结合起来的意义构建。以正面宣传为主，把国家、社会和公民三个层面的价值取向都融入日常的社会和日常的生活中，这就消解了官方意识形态因为垄断性和权威性与公民个体之间产生的距离感。这一套新闻叙事话语的构建是思想功能的体现，并形成了完整有序的叙事体系和话语规范。

本章结语

从意识形态的视域，我们探析了新闻叙事的寓意、话语和功能三个方面是如何建构社会知识的：综合运用框架分析、话语分

[①] 刘文嘉：《道德楷模　精神路标》，《光明日报》2010年9月23日第1版。

析和案例分析的方法，首先论证了新闻叙事是如何以文本呈现的意识形态意义，意识形态机制的差异对于受众认知结果的不同影响；其次阐述了新闻叙事将抽象的社会意识、社会政策和社会价值规范转化为具体的表象世界，为受众建立起一个认识世界的框架，在这个认知框架内受众依据新闻叙事文本形成"脑海图景"，即把新闻文本所呈现的世界当作了真实的世界，即"拟态环境"；最后以社会主义核心价值观的传播为例，分国家、社会、公民三个层面论述具体的新闻叙事过程如何引导社会观念和价值取向的形成，从而形成可以通过学习、实践而获取的社会知识。

第二章　新闻叙事与社会规范塑造

> 观念一旦因其显而易见的效用和力量流布开来之后，就完全可能在它的旅行过程当中被简化，被编码，被制度化。
> ——萨义德（Edward Wadie Said）

新闻叙事意义的建构，往往在新闻文本中表现为区分善恶、褒贬美丑、匡扶正义、激浊扬清，从而形成符合主流意识的规范化角色、规范化行为和规范化社会。这几个规范统称社会规范。新闻叙事对社会规范的塑造，是与叙事倾向紧密关联的，故论证"新闻叙事与社会规范塑造"这一问题，主要是从"新闻叙事倾向"着眼。

恩格斯在《致斐迪南·拉萨尔》（1859年5月18日）的信中说："主要的出场人物是一定阶级和倾向的代表，因而也是他们时代的一定思想的代表，他们的动机不是来自琐碎的个人欲望，而正是来自他们所处的历史潮流。"[1] 恩格斯认为文学作品当中，主要人物体现了其所处的时代和阶级的思想倾向，作者也正是通过塑造人物形象"流露"出其所支持或反对的思想，此即为文学倾向性的作用。恩格斯对文学创作如何表现"倾向"也有

---

[1] 《马克思恩格斯全集》（第4卷），人民出版社1995年版，第558页。

一个著名论断:"倾向应当从场面和情节中自然而然地流露出来,而无须特别把它指点出来。"① 而所谓"倾向",便是叙述者对所述故事的意见、态度与评价,是作者的主观意图与目的性即政治观念和社会观念的体现。

新闻是叙事的。新闻就是通过事实的报道传递信息,引导舆论,讲求的是真实客观,但不是没有倾向的,只是因其真实与客观的要求更加强调"愈隐蔽愈好"。在这个问题上,无产阶级领袖的意见是一致的——毛泽东在1925年亲笔撰写的《〈政治周报〉发刊词》中说:

> 我们反对敌人的方法,并不多用辩论,只是忠实地报告我们革命工作的事实。敌人说:广东共产,我们说:请看事实;敌人说:广东内讧,我们说:请看事实;敌人说:广州政府勾结俄国丧权辱国,我们说:请看事实;敌人说:广州政府统治下水深火热民不聊生,我们说:请看事实。政治周报的体裁,十分之九是实际事实之叙述,只有十分之一是对于反革命派宣传的辩论。②

"忠实地报告"和一连串排比着的"请看事实",还有"十分之九是实际事实之叙述",指的便都是新闻报道。时至今日,随着央视主打栏目《焦点访谈》深入人心,其标版"用事实说话"已家喻户晓,既作为新闻报道的基本方法,也成了人们接受与评价新闻的基本尺度。其实,"用事实说话"就是新闻叙事表达倾向的最主要的方法,即"寓论断于叙事之中",即"从场面和情

---

① 《马克思恩格斯选集》(第4卷),人民出版社1995年版,第673页。
② 中共中央文献研究室、新华通讯社编:《毛泽东新闻工作文选》,新华出版社2006年版,第33—34页。

节中自然而然地流露出来"。

真实是新闻的生命，客观是报道的原则，但我们有一个基本的命题：新闻的真实是叙述的真实。因为所有的新闻都是被叙述的事实。而作为叙述，是人的主体意识介入的活动——包括符号的运用——是不可能没有倾向的。如此，上述命题也可以表述为：新闻的真实是有倾向的真实。

如前述，叙事学研究主要集中在两个层面："故事"和"话语"，故事即被叙述的内容，是内在的意义层面，话语即叙述内容的形式，是外在的符号表达。"用事实说话"中的"事实"是新闻叙事倾向的故事层面，"从场面和情节中自然而然地流露出来"则是新闻叙事倾向的话语层面。

第一节　新闻叙事倾向的表述："用事实说话"

"用事实说话"，即是通过叙述新闻事实及其背景等来体现观点、发表意见，实则表达的是一种叙事倾向。"用事实说话"既表明了新闻叙事叙述的是真实之事，也暗指新闻叙述事实同时也是为了"说话"即传达某种意见、观点、倾向。也可以理解为，事实被"说"出来、被赋予了意义具有了目的性之后，才具有传播价值。还可以这样认为："事实"是新闻叙述的内容，"说话"是其目的和实现途径。

一　新闻叙事的本源和对象

尽管对于新闻的界定目前仍然义出多门，但通常采用的是陆定一在《我们对新闻学的基本观点》一文中的经典表述：新闻是新近发生的事实的报道。这个定义起码表明了新闻的两个基本品格：真实与新鲜，所谓真实，即所叙之事乃是事实。若用发展的眼光以今天新闻的内容来看，新闻不仅是新近发生的而且是正在发生的乃至将要发生的事实("将要发生的事实"主要指预测性报道)。

(一) 事实与真实

何谓事实？一般而言，事实是"人类生活中的一切活动和所遇到的一切社会现象的真实情况"。哲学家路德维希·维特根斯坦（Ludwig Wittgenstein）则干脆将世界等同于事实，他认为："世界是事实的总和""世界分解为事实""世界就是所发生的一切东西"①，这便不仅仅指"人类生活"了。毛泽东也说："事实"是"客观存在着的一切事物"②。总而言之，事实是客观存在的、不以人们的意志为转移的、已经发生过和正在发生着的事件和情况（即包含"事件"与"非事件"）。

事实是新闻的本源。人们接触新闻的目的之一是获取关于外部世界的信息，来帮助自己进行日常生活中各项事务的决策，这也就说明事实是人们建构对于外部世界认识的来源。外部世界在不断发生变化，新闻也在不断地更新，从而更新人们对于外部世界的认知，所以人们有不断从新闻当中获取信息的需求，这也就要求新闻不断向人们提供事实的新近动态。变动发展着的事实为新闻提供源源不断的报道内容。

事实是真实发生过的事情，新闻叙事的本源是事实，那么也可以说，新闻的真实性是通过叙述事实来保障的，唯有叙述之事是事实，新闻才具有真实性，也就是"新闻的真实其实是叙述的真实"③，新闻叙事的真实性实现了新闻的真实性。

"真实大致有三重规定：一指客体世界本身的运动、变化、

---

① [荷] C. A. 范坡伊森：《维特根斯坦哲学导论》，刘东等译，四川人民出版社1988年版，第37页。
② 毛泽东：《改造我们的学习》，《毛泽东著作选读》（下），人民出版社1986年版，第478页。
③ 何纯：《新闻叙事学》，岳麓书社2006年版，第101页。

发展及其规律性。二指认识的真实性、真理性。认识论意义上的真实，反映的真实乃是认识与对象之间的一种符合关系。三指人所追求的一种境界，人的思想和行为达到了与规律性的高度一致"①。这三重真实也可以分别表述为"存在论"（"本真真实"）、"认识论"（"认识真实"）和"实践论"（"实践真实"或"生活真实"）。对于新闻真实，杨保军在《新闻真实论》一书中进行了深入的阐述，"传播形态的新闻，是新闻认识的结果，是主观反映、再现客观存在的新闻事实的产物，因而新闻真实的本质只能是认识论意义上的真实"②。也就是说，新闻真实是一种"认识真实"，因为新闻是新闻叙述者根据对事实的认识所叙述的，体现这种认识的新闻叙述与客观事实相符合，才具有真实性，否则不具备真实性。同时，这样一种判断新闻叙述与客观事实是否相符的过程，也是一个认识过程，所以新闻在被叙述和被解读的过程中，新闻真实都是一种"认识真实"。这种"认识真实"存在着"质""量"之别，"质上，它与虚假对立，量上它是有限度、有程度的真实。因而在质量同一性上，真实包含最基本的两个方面：真实性和真实度"③。我们通常所言的新闻真实性，是说它不是虚假的，只是它对于真实呈现的程度有多少存在着差异。真实，既有"真"的含义，即主体认识的正确性，也有"实"的含义，即认识对象存在的客观性，因此，"真实，其实是'真'（认识）与'实'（对象）的符合或统一"④。

（二）新闻事实

"新闻事实属于新闻文本的'所指'，即所叙的层面，是一

---

① 杨保军：《新闻真实论》，中国人民大学出版社2006年版，第6页。
② 同上书，第5页。
③ 同上书，第11页。
④ 同上书，第10页。

种稳定的或曰确定的客观存在，是一种现实或现象。"① 新闻事实是被叙述了的事实，也就是被赋予了意义以后的事实，这是不同于作为新闻叙事本源的客观事实的。"当以新闻眼光来关照事实世界时，其中具有新闻性的那部分事实便被称作新闻事实。因此，新闻事实既是客观存在的事实，又是具有新闻性的特殊事实。"②

这种新闻性体现在事实的新近性和典型性上。新近性是指新闻事实应当是新的事实，即便是旧的事实，只要它还存在没有被披露出来的部分，或者出现新的叙述由头，都能够作为新的事实体现新近性。典型性则指向新闻事实最具有新闻价值的部分，比如典型人物或者典型事件，新闻事实通过挖掘出他们本身具有的典型性并加以呈现，能够实现表达倾向引导舆论的意义。新闻在经过受述者解读之后，他们还原的新闻事实未必符合真实事实的原貌。正是由于事实与新闻事实之间存在着区别，新闻才能够通过叙述对事实赋予意义。

新闻事实具有客观性，新闻叙事则带有主观倾向性，新闻叙述者选择叙述哪些新闻事实，如何叙述这些被选择出来的新闻事实，都是其对新闻事实赋予意义的主观化过程。

"新闻作品中表达的情态信息、意态信息不属于新闻报道对象自身的信息和属性，而是附加在事实上的信息。因此，在逻辑上，它们不属于新闻真实性的问题，而属于情感表达是否合理、意见表达是否正确的问题。普遍存在于新闻中的这些信息必然会干扰新闻的真实性，属于实现新闻真实的'噪音'。"③ 也就是说，新闻叙事中可以有主观倾向，只是这种主观倾向应当是建立

---

① 何纯：《新闻叙事学》，岳麓书社2006年版，第114页。
② 杨保军：《新闻事实论》，新华出版社2001年版，第2页。
③ 杨保军：《新闻真实论》，中国人民大学出版社2006年版，第4页。

在新闻事实基础上的陈述。

二 "用事实说话"

"用事实说话",即通过叙述新闻事实及其背景事实来体现观点、发表意见,是隐蔽地表达意见的一种方法。新闻叙事应当遵循客观公正的原则,这样才能保证所叙述的"故事"乃是真实之事,不会出现为了表达倾向而歪曲事实的情况。但是,"如果新闻叙事只是机械地照搬客观世界,就无法构建'意义',当然也就不能实现其引领社会舆论导向的功能"[1]。故而,新闻叙事不仅应当客观地叙述事实,而且还要借助事实达到"说话"的目的。艾丰认为,"从总体来看,任何新闻作品总是要'说话'的,即总要体现和宣传一定的观点"[2]。

(一)"用事实说话"的构成

"用事实说话"包括"事实"和"说话"两个部分。

"事实"是指新闻事实,而非一般事实。首先,新闻叙事要达到"说话"的目的,必须叙述能够产生较强说服力的事实。恩格斯在《致玛·哈克奈斯》的信中,表明了其对于真实性的观点:"据我看来,现实主义的意思是,除细节的真实外,还要真实地再现典型环境中的典型人物。"[3] 新闻事实比一般事实更具有典型性,才能够实现"说话"的目的。

其次,"用事实说话"作为新闻叙事的基本方法,应当能够把新闻叙事和其他叙事形式区别开来。文学叙事当中也摆事实讲道理,区别就在于新闻叙事叙述的乃是新闻事实,而文学叙事则常常借助虚构的手法,使读者相信作者所叙故事为真实,或者在

---

[1] 李凌燕:《新闻叙事的主观性研究》,东方出版中心2013年版,第82页。
[2] 艾丰:《新闻写作方法论》,人民日报出版社2010年版,第85页。
[3] 《马克思恩格斯选集》(第4卷),人民出版社1995年版,第683页。

没有关联的事实之间建立因果联系，从而使作者的观点为读者所接受。

所谓"说话"是指新闻叙述者通过选择和再现新闻事实来表达一定的观点、态度和意见。新闻叙事虽然叙述的是真实发生的事实，但是它也附带了超出事实的因素，即叙述这个事实的目的，因为这个事实能够说出新闻叙述者的话，所以这个事实才会被叙述出来。这种目的性有时直接体现在新闻报道当中，有时又是隐隐约约游走于文本中而不易察觉，而且有的时候是有意识有目的地选择事实，有的时候则是无意为之，因为新闻叙述者会受到长期以来形成的选择事实和叙述事实框架的影响。实际上，这些新闻报道都会产生某种影响，说出某种话语。这里的"说话"并不是直接发表议论，而是通过新闻事实本身"说"出来的。

"用事实说话"是"事实"与"说话"的统一。马克思认为："事实并不排斥思想，正如同思想不排斥事实一样。"[1] 如实地叙述事实并不会影响"说话"的效果，还能够增强"说话"的力量。"用事实说话"不仅要叙述事实，还要挖掘事实背后的意义，也就是"事实背后的事实"，而这往往是新闻价值的体现，往往是新闻叙述者真正想传递给受述者的信息或价值观念。"所谓用事实说话，其真谛是新闻事实的原义在说话，新闻事实的第一义在说话，新闻事实的逻辑力量在说话。"[2] "事实背后的事实"借助新闻事实的逻辑力量被"说"出来，试看获得2012年度中国新闻奖一等奖的下条消息：

---

[1] 《马克思恩格斯全集》（第1卷），人民出版社1975年版，第403页。
[2] 彭菊华：《用事实说话论：对新闻学一个基本命题的解读》，湖南大学出版社2006年版，第11页。

"本地企业发展快,群众都坐着火车又回来了"
火车站见证兰考经济变迁

本报讯(记者童浩麟)12月2日下午3点15分,兰考县南彰镇徐洼村村民李麦花在新疆摘棉94天后,乘坐K1352次火车回到了兰考。

94天挣了6100元,比去年少了2000元。"今年全国涌到新疆摘棉的人有70多万人,比去年又多了10万人。"李麦花说。

"今年兰考到新疆摘棉的明显减少。"兰考县火车站总支书记何金峰说,"从火车站出发摘棉的约为1.8万人,比去年少了8000人。"

兰考县劳动和社会保障局统计数字显示,在2008年达到18万人次峰值以后,兰考劳务输出总数逐年回落。今年前10个月,兰考就地转移劳力6万人,本地就业和外出务工人数比例达到了74:26。

"兰考的劳务经济,已从劳务输出进入到回乡创业和带动就业层面。"兰考县劳动和社会保障局局长孔留书说,"劳务经济的变化和本地经济发展密不可分。"

自2008年起,兰考县委、县政府每年春节都举办"返乡创业明星评比活动",在评出的52名创业明星中,无一不是上世纪90年代从兰考走出去的务工人员。

第五届创业明星古顺风回报家乡的是投资1.5亿元的生态农业科技园。

"公司已促使2500亩土地实现流转。"古顺风说,"1亩地2万元的效益,完全可以让村民不出村就挣钱。"

在古顺风生态农业科技园打工的城关镇姜楼村村民有470人,人均月收入1600元。"在家门口就能养家,还能顾家，俺咋还会舍近求远外出打工呢？"村民齐庆竹说。

"兰考火车站虽然是陇海铁路线上一座普普通通的县城车站。但却见证了兰考人民生存的几次改变。"焦裕禄纪念园管理处副主任董亚娜说，"1962年焦裕禄来兰考的第一天，在火车站看到外出逃荒的群众直流泪。上世纪90年代，百姓又一次坐上火车离开兰考，兰考进入劳务输出时代。"

"17年共介绍了2万多人外出打工。"作为兰考最早从事劳务输出的游富田说，"因为本地企业发展快，群众都坐着火车又回来了。今年我就不再介绍劳务外出了。"

"随着当地企业用工越来越多，企业用工空岗、用工备案在我局频率越来越快，从2010年的一年4次，发展到现在的一月一报。"孔留书说。按照规划，未来5年，兰考企业将全部消化本地富余劳动力。

2011年，兰考县财政一般预算收入完成5.1亿元，同比增长76%，由2008年的全省排名第103位上升到第42位；固定资产投资完成63.5亿元，增长30.7%，增幅居全省10个直管县第一位。[1]

整体上看，这篇报道大部分由直接引语和官方权威数据组成。报道从一个外出务工人员乘车回家的故事切入，然后引用当地群众、相关部门的话语和数据，叙述了兰考通过鼓励本地企业创业实现了劳务输出到本地消化劳动力的变化，既从细处着眼，通篇也以小见大——从"群众都坐火车回来了"表明当地企业的发展并更深层次地表现经济形势的喜人。该文不仅叙述直接相关的事实，还通过与背景事实的对比，用事实来叙述事实，层层推展，

---

[1] 中国新闻奖评选委员会办公室编：《中国新闻奖作品选》（2012年度·第二十三届），新华出版社2014年版，第33—34页。

呈现出新闻事实的本来意蕴和逻辑内涵，而"观点"的表述就在事实的陈述之中，所谓"不着一字，尽得风流"。

（二）"事实"的说话功能与叙事人

"用事实说话"之所以能够实现，是因为新闻事实具有说话功能。首先，新闻事实具有提供信息的功能，新闻叙事叙述的是新近发生的事实或某一现象的新近动态，它能够告知人们世界的新近变化，消除人们认知上的不确定性，为人们做出决定提供依据。其次，新闻事实具有传递观点的功能，新闻事实是从一般事实当中所选择的具有新闻价值的事实，选择叙述某一事实而不叙述其他事实，从中可以体现新闻叙述者的观点倾向。不仅如此，新闻事实叙述的频率、详略、次序都体现了新闻叙述者对其所持的态度，这也体现了新闻的"议程设置功能"。新闻叙述者便是通过这些方式让事实说话。

新闻叙事人并不只是采写新闻报道的记者，也不只是被记者选择的采访对象，而是"集体叙述声音"，是包括记者、编辑、媒体负责人乃至主管部门在内的受到相同意识形态影响的集合。记者、编辑等个人以及媒体机构，都只是在一定意识形态指导下，受到民族国家中文化价值观的影响，出于某种目的，叙述新闻事实的"委托代言人"而已。

新闻叙事人叙述新闻事实是一种"说话"的行为，他不仅仅"说"出了事实，也"说"出了自己的倾向，因为说出的这部分事实代表着新闻叙事人对这部分事实的态度，而没有被说出的事实的价值则被新闻叙事人所舍弃。如此，"说话"成为了新闻叙事人存在的方式，"不仅叙述文本，是被叙述者叙述出来的，叙述者自己，也是被叙述出来的。在叙述中，说者先要被说，然后才能说。"[①] 也就

[①] 赵毅衡：《当说者被说的时候：比较叙述学导论》，中国人民大学出版社1998年版，第1页。

是说，新闻叙事人只有产生了叙述行为，亦即叙述新闻事实，才具有新闻叙事人这一身份，离开了新闻叙述便不存在新闻叙事人。新闻叙事人身份的真实性保证了新闻叙述的真实性。"新闻叙事人也在讲故事，但他不能改变和放弃自己真实的身份，他更不能说谎，包括合乎故事规则的杜撰与创造。"[1] 所以新闻叙事人必须如实叙述事实，即"用事实说话"，从而确保新闻真实性的实现，也保证新闻叙述者存在的合理性。

三 新闻叙事的事实再现

新闻叙述的事实是新闻事实，但是这种新闻事实并不是对客观世界的真实还原，而是一种事实再现，它是被叙述者选择的，而且叙述需要通过文字、声音、图像等符号和报刊、广播、电视、网络等媒介才能实现，这些都使得新闻叙事只能是"再现"事实，人们对于世界的了解都是建立在新闻叙事对现实世界重构的基础之上。新闻叙事通过取舍事实，在叙事结构中对事实进行不同的安排，实现"用事实说话"，并以这些再现的事实对现实世界造成影响。这里，又用得上李普曼"拟态环境"的说法：拟态环境介于人与他的环境之间，他的行为是对拟态环境的反应，但这种反应并不直接作用于引发了反应行为的拟态环境，而是作用于发生实际行为的现实环境。这种拟态环境便是新闻媒体通过对各种事件或信息进行选择、加工、符号化以后向人们呈现的环境。

（一）新闻框架与事实选择

撰写新闻文本的记者同撰写文学文本的作者一样，都对所述故事及人物带有自己的倾向态度。但新闻文本不同于文学文本。文学文本的作者的倾向可以通过想象、虚构和其他艺术手法如比喻、夸张、变形、遮蔽等注入文本。而新闻文本只能用事实说

---

[1] 何纯：《新闻叙事学》，岳麓书社2006年版，第21页。

话，但他也能够运用一系列叙事策略来解决这一问题，使一切都可以"看上去是真的"。比如，引语的使用，借助新闻当事人的话语叙述事实，而新闻当事人说的话语哪些会被呈现在新闻之中，则由新闻叙事人选择，亦即话虽然是别人说的，却是由"我"的选择而呈现的。对事实的选择是新闻叙事人使新闻报道"看起来客观真实"所采用的最主要的手段，而选择事实的主要依据则是新闻框架。

对新闻框架研究产生了直接影响的，是社会学家欧文·戈夫曼的著作《框架分析》，"框架指的是人们用来阐释外在客观世界的认知结构，人们对于现实生活经验的归纳、结构与阐释都依赖一定的框架。"[1] 也就是说，框架既包括个体认知框架，也包括集体意识框架，如各种意识形态，集体意识框架能够内化为个体认知框架影响人们对外界的阐释。李希光在其《新闻学核心》一书中提到了"新闻框架"概念，"新闻框架是一只看不见的手，无时无刻不在幕后管制着新闻""就如同一幅镶在镜框的照片一样，这个相框决定了读者能看到什么或不能看到什么。记者决定把什么内容收进新闻报道相框内，同时把什么内容排斥在相框外。记者们不仅决定框架应该收进何种事实，同时记者还设计框架、制造语境，以便记者选择的事实能被读者理解。"[2] 黄旦在综合了吉特林（T. Gitlin）等各家定义说法之后对框架理论进行了归纳："首先，框架理论的中心问题是媒介的生产，即媒介怎样反映现实并规范了人们对之的理解。""其次，怎样反映现实，如何建构意义并规范人们的认识，最终是通过文本或话语——媒介的产品得以体现。""其

---

[1] ［美］E. Goffman, Framing Analysis: *An Essay on the Organization of Experience*, *Harper & Row v. Nation Enterprises*, 1974, p. 21. 转引自郭庆光：《传播学教程》，中国人民大学出版社 2011 年版，第 208—209 页。

[2] 李希光：《新闻学核心》，南方日报出版社 2002 年版，第 52 页。

三，框架理论关注媒介生产，但并不把生产看成一个封闭孤立的过程，而是把生产及其产品（文本）置于特定的语境——诸种关系之中。"① 这个归纳对于我们理解框架理论在媒介生产尤其是新闻叙事中的作用是极有帮助的。

新闻框架是一种观念框架，框定了哪些新闻事实进入新闻叙述者的视线。2008年3月14日，西藏拉萨发生了严重的打砸抢烧事件，西方不少主流媒体在报道这一事件的过程中体现了非常鲜明的新闻事实选择框架。《纽约时报》在"3·14"事件发生之后的一个月时间内，连续地对这起事件及其后续处理以及与西藏问题有关的内容进行了报道，共计95篇稿件。在这些报道中，"从引语角度进行分析，发现61%的直接引语，来自达赖集团和支持达赖观点的第三方信息源，而22%的直接引语，来自中国政府，大约15%的信息源来自中国普通民众。"②《纽约时报》较多地选择引用了有利于达赖集团的直接引语，体现了偏向于达赖集团的倾向，受述者受到这些直接引语倾向的影响，对这一事件也会产生偏见。在"3·14"事件发生之后，部分西方主流媒体甚至还复制粘贴了"尼泊尔警察殴打西藏流亡僧侣"的照片，配发在拉萨发生的打砸抢烧事件的报道之中。这种图片使用体现了西方媒体在报道中国问题时选择事实的新闻框架，选择可以将中国描绘为"专制的共产主义国家"的所谓事实，甚至将无关联的事实强行拼凑起来。

西方媒体常常以"压制人权的共产主义国家"这一框架来报道中国形象，在报道中国的问题时，统统放在"共产主义"这个

---

① 黄旦：《传者图像：新闻专业主义的建构与消解》，复旦大学出版社2005年版，第231—232页。
② 周庆安、卢朵宝：《西方传媒"3·14"事件报道的选择框架与意识形态偏见》，《新闻与传播研究》2008年第3期。

框架内，并且着重突出"共产主义侵犯人权"的新闻框架①。请看下例：

> 美联社北平（1949年）2月7日电 穆萨报道：正在尽一切努力力图赢得新政权欢心的北平学生们，对共产主义有自己的观点。今天，一群学生在大街上拦住了一位穿皮大衣的中国女郎，一位中国学生指着她的大衣问道："这是什么皮子？"她回答道："狐皮。"另一个学生问："狐狸有几条腿？"她说："四条。"她的一位询问者下令道："那么，和狐狸一样爬。"女郎开始哭了。人群中若干年长的人代这位女郎从中调停，他们乞求学生不要损害她的人格。学生们同意了，但在走开以前，一位学生说了最后一句话。他警告说："现在我们有了新中国，不准任何人穿狐皮。"②

美联社的这篇报道选择了中国学生让穿狐皮大衣的女郎模仿狐狸爬的事实，并在文末写出中国学生警告女郎："现在我们有了新中国，不准任何人穿狐皮。"而在文章开头"正在尽一切努力力图赢得新政权欢心的北平学生们，对共产主义有自己的观点"，体现了美国新闻媒体对新中国存在的一种偏见。选择报道这一事实表明了美国新闻媒体一开始便用他们的"共产主义"框架来看待"新政权"。而且学生们的行为只是符合美国新闻媒体对于共产主义的理解，并不能从这一个体行为推导出新中国共产主义政权是缺乏人性的。

由此可知，新闻媒体在新闻框架的影响之下，选择符合自己

---

① 李希光：《新闻学核心》，南方日报出版社2002年版，第53页。
② 曾庆香：《新闻叙事学》，中国广播电视出版社2005年版，第174页。

新闻框架的事实，从而建构一个不同于现实环境的信息环境，人们根据信息环境做出反应，作用于真实的现实环境，新闻媒体正是以这样的一种方式对现实社会造成影响。新闻媒体在根据新闻框架选择事实的同时，也通过叙述这些被选择的新闻事实强化新闻框架的作用。

（二）新闻叙事结构与事实再现

"新闻是用事实说话，新闻走下生产线必须经过两道框架的建构。一是意义的框架，即'说话'，二是叙述的框架，即'用事实'。在这两个框架中，叙述框架是最后一个框架，它对意义的框架也有框架的作用，亦即'说话的方式是用事实'。"[①] 茨维坦·托多罗夫（Tzvetan Todorov）认为，"作品正是借助于单元和单元搭配的规律性反复才显示其得以形成，也就是说具有了意义。"[②] 也就是说，用事实说话就是通过选择事实，并按照一定的结构（情节）安排事实，从而实现说话的目的。

关于叙事结构，董小英指出："叙事结构主要是指文本内部的叙述方式的安排，为文章结构；另一个是指互文性的文本间的文体方式的安排，为文体结构。"[③] 新闻叙事也可以参照这样一种分类方式，新闻叙事的文章结构可以理解为单篇新闻报道的叙述方式安排，而新闻叙事的文体结构则是指一个事件的连续报道的叙述方式安排，或者是用消息、通讯、深度报道等多种文体形式对某一事件进行全方位报道的叙述方式安排。

1. 新闻叙事的文章结构

《作为话语的新闻》一书中曾提出过假设性新闻图式结构，

---

① 黎明洁：《新闻写作与新闻叙述：视角·主体·结构》，复旦大学出版社2007年版，第44页。

② 托多罗夫：《结构主义活动》，载朱立元等编《二十世纪西方文论选》（下卷），高等教育出版社2002年版，第135页。

③ 董小英：《叙述学》，社会科学文献出版社2001年版，第275页。

从理论上分析了新闻文本的组成，亦即文本结构，如下图：

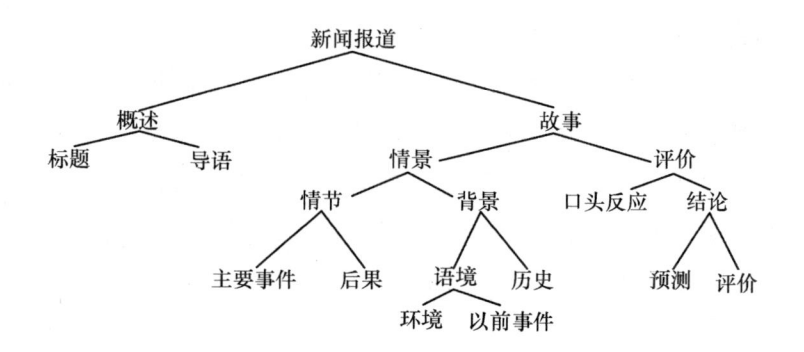

```
                          新闻报道
                  ┌──────────┴──────────┐
                概述                    故事
              ┌──┴──┐          ┌────────┴────────┐
            标题   导语        情景              评价
                          ┌─────┴─────┐     ┌─────┴─────┐
                        情节         背景   口头反应   结论
                      ┌──┴──┐     ┌──┴──┐           ┌──┴──┐
                   主要事件 后果  语境  历史         预测  评价
                                ┌─┴─┐
                              环境 以前事件
```

假设性新闻图式结构①

梵·迪克的这个图式结构所包含的层级并不会全部出现在新闻中，其中必不可少的是概述部分和主要事件，其他层级则根据具体需要展现。但是假设性图式结构为我们研究新闻叙事如何建构事实提供了借鉴，"标题—导语—主要事件"作为新闻文本的必备要件，对事实进行"三度叙述"，从而达到"用事实说话"的目的。如下例：

新疆迎来高铁时代

本报乌鲁木齐 6 月 3 日电（记者戴岚、魏贺） 6 月 3 日上午，西部大开发重点工程兰新铁路第二双线（新疆段）启动联调联试，意味着新疆即将迎来高铁时代。

总投资 1435 亿元的兰新铁路第二双线自兰州西站引出，经青海西宁，甘肃张掖、酒泉，新疆哈密、吐鲁番，引入乌鲁木齐站，线路全长 1776 公里，设计最高时速 250 公里，

---

① [荷] 托伊恩·A. 梵·迪克：《作为话语的新闻》，曾庆香译，华夏出版社 2003 年版，第 57 页。

为双线电气化国家一级铁路客运专线,是目前世界上一次性建设里程最长的高速铁路。其中,新疆段全长710公里,为我国在新疆境内建设的首条高速铁路。

据了解,兰新铁路第二双线全线开通运营后,将在新疆、甘肃、青海三省区之间形成一条新的大能力快速铁路运输通道,乌鲁木齐与内地主要城市的通达时间要比目前缩短一半左右。"新疆不再是边疆",将为新疆建设丝绸之路经济带核心区提供有力支撑。①

该条消息的标题对事实进行了简要概述:新疆迎来高铁时代,导语仅仅叙述了"西部大开发重点工程兰新铁路第二双线(新疆段)启动联调联试"这一事实,对标题进行简要展开。第二段详细介绍了兰新铁路第二双线的具体情况,从而凸显了兰新铁路第二双线工程对新疆交通的意义,即新疆将进入高铁时代。通过对"兰新铁路第二双线(新疆段)启动联调联试"以及这条铁路具体信息等事实的叙述,表达了"新疆迎来高铁时代"的看法。

不过,假设性新闻图式结构只是涉及新闻文本的组成要素,这些是新闻事实建构的一个方面,更重要的是,新闻叙事通过对新闻事实的顺序、详略等不同处理,以此表现叙事的倾向性。请看下例:

我国首例输入性中东呼吸综合征患者精神状态转好
仍有 6 名密切接触者失联

新华网广州(2015年)6月3日电(记者周强、王攀)广东省卫生计生委3日通报,我国首例输入性中东呼吸综

---

① 戴岚、魏贺:《新疆迎来高铁时代》,《人民日报》2014年6月4日第1版。

合征确诊患者精神状态好转，胃口改善，偶有情绪波动；仍有发热，体温38.4摄氏度，热峰较前下降；间中有咳嗽，稍气促；生命体征相对稳定。3日早复查胸片显示双肺野病灶加重不明显，右侧存在少量胸腔积液。

通报称，广东将继续加强密切接触者的搜寻和隔离观察，3日新追踪到密切接触者3人，全部为永东巴士乘客。截至目前，广东省应追踪的密切接触者共78人，已追踪到72人，并全部采取集中方式隔离观察，暂无人出现不适。目前尚有乘坐永东巴士乘客6人没有取得联系。

此外，广东省卫计委还调拨300套防护服、150个防护眼罩、4个消毒喷雾器给惠州市中心人民医院，加强个人防护与院感控制。[1]

这条消息的标题概要叙述了两个事实，一个是"我国首例输入性中东呼吸综合征患者精神状态转好"，另一个是"仍有6名密切接触者失联"。导语部分引用广东省卫生计生委的通报，叙述了首例输入性中东呼吸综合征患者的胃口、情绪、体温、目前病症等情况，对该患者精神状态转好这一事实做了详细的展开，新闻叙述者将这一事实放在最前面，并用大量的细节事实来突出这一事实。而对"仍有6名密切接触者失联"的事实并没有做如此详细的叙述，只是简单介绍密切接触者和已经联系上密切接触者的人数，最后一段仅作为补充出现在新闻中。在这里，"首例输入性中东呼吸综合征患者精神状态转好"是新闻叙述者主要的叙事倾向，新闻叙述者通过优先呈现和详细叙述的方法将其凸显出来，目的是安抚人心、稳定社会。

---

[1] 周强、王攀：《我国首例输入性中东呼吸综合征患者精神状态转好》，2015年6月3日，新华网（http://news.xinhuanet.com/health/2015-06/03/c_127872363.htm）。

2. 新闻叙事的文体结构

新闻叙事的文体结构是指一个事件的连续报道的叙述方式安排，或者是用多种文体形式对某一事件进行全方位报道的叙述方式安排。针对一个事件所进行的连续报道在文体上并不会有太大差别，可以都是消息的形式，当然也存在以不同文体进行连续报道的情况，也就是对事件利用消息、通讯、深度报道等进行全方位的展示，当然这些文体并不会同时出现，而且随着现在信息技术的发展，图片新闻、视频新闻等亦被大量运用于重大事件的全方位报道中。

《南方日报》针对上海世博会策划编发了一系列报道。2010年初，南方日报社从各部门选派优秀记者分赴曾举办过世博会的伦敦、芝加哥、大阪等11个城市。外派记者除了完成既定的采写任务，向国内传送新闻稿外，每天还通过"微博"送回一线见闻，并将拍摄的视频传回，这些随即被整理在南方报网的"世博城市行"专题页面。《南方日报》作为一家传统媒体，借助网络信息技术，最大程度地开展上海世博会的前期宣传，既丰富了报道形式，如动态消息、记者日记、视频等形式，也使事实被全方位地呈现出来。

在上海世博会举办期间，《南方日报》除了发表动态消息，还推出了各种大型特刊：《看世界 看未来 2010世博一册通》（2010年4月26日）、《百年梦圆》（2010年5月1日）、《世博魅影》（2010年10月31日）等。以《百年梦圆》特刊的第一版为例，上方为图片新闻《世博来了》，刊发国家主席胡锦涛在上海国际会议中心宴请参加开幕式贵宾并致祝酒词的图片，占1/3的版面。左下方刊登了社论《让中华文明藉世博会昂首向前》。右侧从上至下依次为《胡锦涛宣布上海世博会开幕！》《胡锦涛举行隆重宴会欢迎出席世博会开幕式贵宾 中国的机遇也是世界的机遇》《世博开园好天气相伴》等消息，其中前两篇系新华社通稿。这一版面的编排，体现了围绕世博会开幕的全方位报道，既有领导人宣布开幕的消息，也有提供世博园服务信息的消息，更有相关社论，后面的版面还刊登了世博园内各种演出的消息，针对上海申博过程采写的通讯，等等。《南方日报》以多样的报道形式，横跨一年多的时间，将上海世博会这一重大事件全方位地展现出来。

（三）新闻叙事修辞与事实运用

亚里士多德对于修辞术曾下过这样的定义："姑且把修辞术定义为在每一事例上发现可行的说服方式的能力。"① 如此看来，修辞便是一种说服的行为。美国学者詹姆斯·费伦（James Phelan）在《作为修辞的叙事》一书中谈道，"'作为修辞的叙事'这个说法不仅仅意味着叙事使用修辞，或具有一个修辞维度。相反，它意味着叙事不仅仅是故事，而且也是行动，某人在某个场合出于某种目的对某人讲一个故事。"② 他认为叙事是出于某种目的的行为，这种目的便是劝服受述者接受叙述者的某些观点。在修辞活动中，没有什么比事实更具有说服力，要达到修辞目的，不仅要有事实，而且要学会用事实说话。

"奥斯汀指出，所有的话语都有'言之所述'（locution）、'言之所为'（illoution）、'言之后果'（perlocution）三种语力。"③ 这意味着，新闻叙事不仅仅是在叙述，也是在劝服，并且还会带来一定的结果。"从意识形态来说，新闻含蓄地推销着社会精英阶层占主导地位的信念和观点。"④ 这同样意味着，新闻叙事的劝服带有暗含性、暗示性特征，潜移默化地影响受述

---

① 苗力田主编：《亚里士多德全集》（第九卷），中国人民大学出版社1994年版，第338页。
② ［美］詹姆斯·费伦：《作为修辞的叙事：技巧、读者、伦理、意识形态》，陈永国译，北京大学出版社2002年版，第14页。
③ 曾庆香：《新闻叙事学》，中国广播电视出版社2005年版，第189页。
④ ［荷］托伊恩·A. 梵·迪克：《作为话语的新闻》，曾庆香译，华夏出版社2003年版，第85页。

者,"用事实说话"是一种能够较好地隐含观点,同时又有较强说服力的方法。其事实类型和"说话"的手段有以下几种。

1. 背景事实

从广义上理解,新闻背景是与新闻事实发生有关的环境情况,包括社会环境和自然环境,而主要是指社会环境即社会背景,如政治背景、经济背景、文化背景等。从狭义上理解,新闻背景是新闻报道中的与新闻事实密切相关的能对事实起解释、补充和烘托作用的种种材料,通俗的说法是"用来说明新事实的旧事实"。

拉萨天气奇热

新华社拉萨7月15日电(记者群桑) 进入7月以来,拉萨天气奇热。

以往盛夏,这座高原古城的平均气温一般只有16摄氏度左右。7月11日,气温竟达28.3摄氏度。很多往年这时还穿毛衣的人穿上了衬衫,穿藏袍的把两只胳膊都露了出来。一些七八十岁的拉萨老人说,他们一生中还是头一次遇到这样热的天气。

据气象部门说,拉萨高温天气将持续到7月中旬。

(一九八三年七月十六日《新华社新闻稿》)[①]

报道开篇便表明了观点:今年7月拉萨天气奇热,拉萨往年的夏季平均气温和拉萨人往年的夏季着装是这则新闻中的背景事实,新闻叙述者通过对比拉萨往年的平均气温和今年的气温,当地人衣着的变化,进一步证明了"拉萨天气奇热"的观点。背景事实在这里通过对比,烘托出了拉萨天气奇热的事实。

---

① 新华社新闻研究所编:《短新闻辑览》,新华出版社1985年版,第301页。

2. 情景事实

"即使你不在现场,也要让人感觉到你在现场。"通过直接描写事件进程或利用现场目击者的言说再现新闻事实发生的情景,能够增强"用事实说话"的效果。"报道的直接性和记者对事件的接近性都是确保报道真实性的重要修辞手段,从而确保新闻的可靠性。"①

被誉为"现场报道的鼻祖"的美国知名广播记者爱德华·默罗(Edward R. Murrow),在第二次世界大战期间,租用飞机,在维也纳上空,向美国听众现场广播了德国军队进占维也纳的战争报道:

> 我是爱德华·默罗,此刻正从维也纳报道。凌晨2点30分,希特勒本人还未到市内。看来,没有人知道他会在什么时候到这儿。但是绝大多数人预料他会在明早10点之后的某一时刻到达……我是几小时前乘飞机从华沙取道柏林来这儿的。从飞机上鸟瞰维也纳,我发现她跟从前没有两样。但是维也纳确实有所变化……人们在这里把武器举得要比柏林高一些,而且,人们说起"嗨,希特勒"这样字眼声音也要高一些。……年轻的纳粹冲锋队员乘车在街道四周游荡。他们乘着军用卡车、各种型号的装甲车,唱着歌,向人群投扔橘子皮。几乎所有的重要的大楼都设有武装警卫,包括我临时广播的这座楼房。整个城市有一种断定要发生某种事情的迹象,每个人都在等待着,想知道希特勒在什么地方,什么时候会到达这里。②

---

① [荷]托伊恩·A. 梵·迪克:《作为话语的新闻》,曾庆香译,华夏出版社2003年版,第89页。

② 李彬:《全球新闻传播史:公元1500—2000年》,清华大学出版社2009年版,第280页。

这次报道令人们印象深刻，被誉为广播史上的第一次"现场直播"。爱德华·默罗身处事件现场，将自己亲眼所见的各种细节报道给听众，现场感极强，增强了事件报道的说服力，使听众认同"我说的就是真相"。

此外，默罗在报道 1940 年不列颠空战时，以"这里是伦敦"（This is London）作为开场白的广播报道，取得了非凡成功，这也成为其特有的广播风格标志，名留青史。默罗总是尽可能地身处战争一线，将隆隆的飞机声、爆炸声等一切与轰炸场景有关的声音，融入自己的广播报道之中，让美国听众感受到真实存在于前线的战火纷飞。这样一种身临其境的现场报道，使记者能够将受众带到新闻发生的第一现场，形成与新闻事实的最近距离，增强新闻报道的真实性，从而实现更好的说服效果。

3. 数据事实

数字是特殊的事实，运用精确的数据来表示事件的真实性是新闻叙事常用的修辞手段。

以新华网 2015 年 6 月 2 日发布的新闻《一艘载 458 人客船在长江翻沉》为例，整篇新闻的文字部分仅有 40 字：

> 6 月 1 日约 21 时 28 分，从南京驶往重庆的"东方之星"客轮在长江湖北监利段突遇龙卷风瞬间翻沉。①

这篇新闻的主体是一张图片，图片上除标有"东方之星"游轮的行驶路程，以及"东方之星"翻沉的地点等信息外，主要的是"东方之星"游轮的船长、吨位、客位、船舱平面图等数据信息，

---

① 杜萌：《一艘载 458 人客船在长江翻沉》，2015 年 6 月 2 日，新华网，http://news.xinhuanet.com/video/sjxw/2015 - 06/02/c_ 1115480901. htm。

并将船上的人员数目、人员组成等具体数据呈现出来,这些数据告知的是这起沉船事件的受难情况,整篇新闻的事实几乎是通过数据陈述出来的。

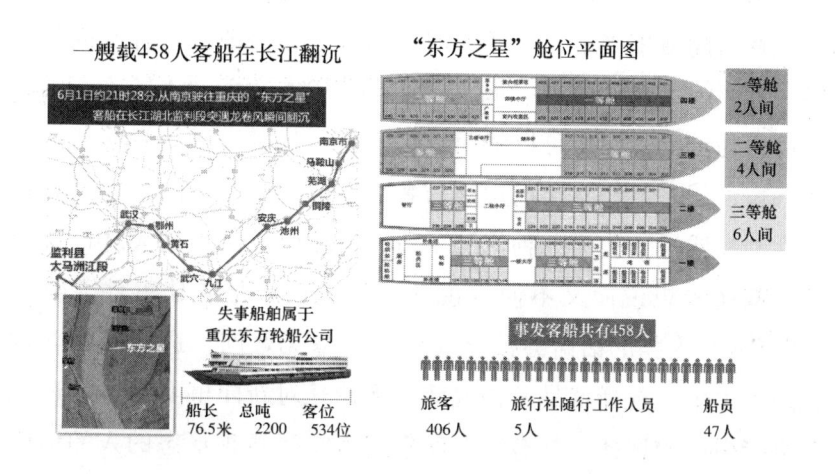

4. 场景事实

所谓场景,指的是在叙述中,故事时间的时长和素材时间的时长大体上是相等的。故事时间就是我们通过文本所感受到的事件发展时间,素材时间是指事件在实际情况下发生的时间长度。米克·巴尔(Mieke Bal)曾根据故事时间和素材时间的区别,将叙事节奏分为省略、概略、场景、减缓、停顿,如下:

省略　　素材时间＝n　　故事时间＝0　　因而素材时间＞∝故事时间

概略　　素材时间＞故事时间

场景　　素材时间≌故事时间

减缓　　素材时间＜故事时间

停顿　　素材时间＝0　　故事时间＝n　　因而素材时间＜∝故事时间

这里，＞意味着时间长于，＜意味着时间短于，∝意味着无限，≌意味着大体相等①。

最重要的场景形式就是对话，即"直接引语"。直接引语一般包括四个要素：说话人（言语源），言语，言语行为动词和引号。在新闻叙事当中，说话人即被访者，言语即被访者所说的内容，言语行为动词包括"说""告诉""宣称""怀疑"等词，言语行为动词的择用可以鲜明或隐晦地"流露"被访者或新闻叙述者言说的态度。直接引用被访者的原话，可使新闻报道更具真实性和权威性，作为一种修辞手段，直接引语借当事人之口说出新闻叙述者想说而又不便言说的话语，也就是"让事件人物说话"。哪些人物的话语会被直接引用，毫无疑问，选择权在新闻叙述者手中，选择就是一种说话，无论是对新闻事实的选择还是对直接引语的选择，具有与新闻叙述者接近意识形态的人的话语往往最先被引用。

美国宇航员登上月球

（美联社休斯顿1969年7月20日电）美国星际航行员阿姆斯特朗今天晚上格林威治时间2时26分成了第一个登上月球的人。

电视观众紧张地观看了从月球发回的实况景象。

阿姆斯特朗说："这对一个人来说是走了一小步，但对人类说来是跃出了一大步。"

接着阿姆斯特朗开始描述他自己留在月球表面"微小砂粒"上的脚印。

---

① ［荷］米克·巴尔：《叙述学：叙事理论导论》，谭君强译，中国社会科学出版社2003年版，第120页。

阿姆斯特朗说："看来移动并不困难……走路没有困难。"

阿姆斯特朗又说："我们这里基本上是一块非常平的地方。"

……

阿姆斯特朗一度说："这是非常令人感兴趣的，起先像是非常软的表面，后来又像是非常黏的。我想现在再试试另一种情况。"

后来，电视观众们再次听到他登上月球说的第一句话："对一个人说来是一小步——对人类说来却是跃进了一大步。"

他说："这里有些像美国西部，但却美极了。"然后，在月球上行走的第一个人开始叙述他采集月球标本时的情况。

阿姆斯特朗在说到采集月球石头时还说："我感到弯腰很困难。"

……①

《美国宇航员登上月球》堪称新闻报道的经典之作。这篇消息大量引用了登陆月球第一人阿姆斯特朗的原话，其对于月球表面的描述既增强了现场感，满足了读者对月球表面实际情况的好奇心，提高这则消息的可读性，也使这则消息更令读者信服。不仅如此，从阿姆斯特朗的叙述中，可以感受到他登陆月球时的兴奋之情，对人类成功登上月球的自豪之情，加着重号的两句话经由阿姆斯特朗之口说出，实际上指出了阿姆斯特朗登陆月球的重大意义。直接引语的使用能够增强新闻的真实性，受述者在阅读这篇新闻时，也会对其所叙述的事实非常信服。

"新闻叙事修辞不仅限于使用常见的修辞手法，相反，它还

---

① 颜熊主编：《百年新闻经典》，湖南大学出版社2000年版，第204—205页。

包括为增加新闻报道的真实性、合理性、正确性、精确性和可信度而使用的策略性手段。"① 这些策略包括选择背景事实进行解释说明，借助情境事实来体现"我就在现场"，大量使用数据，选择消息来源的直接引语，让事件人物说话。

新闻叙事带有倾向性，指的是新闻叙述者叙述事实的过程中表现出立场、态度，因为新闻叙述者无法跳出自身的语言框架和认知模式。但是，新闻叙事的倾向性是建立在新闻事实基础上的，并不是完全根据新闻叙述者的主观意见而形成，这就必须要"用事实说话"，用新闻事实来表明观点。新闻叙述者通过新闻选择、新闻框架、新闻叙事结构和新闻叙事修辞来建构新闻事实，也是新闻实现其社会功能的必由之路。

第二节　新闻叙事倾向的话语呈现："从场面和情节中自然而然地流露"

新闻叙事的倾向性表现在话语层面，则是"从场面和情节中自然而然地流露"，新闻叙事流露某种情感倾向，是通过一定的场面叙述和情节建构来"流露"的。

一　新闻叙事中的场面

新闻叙事中的"场面"，简而言之，可以指新闻事件发生时的现场场景，可以指发生于一定场所或地点的动态境况，也可以是自然环境，但主要是指由人物在一定场合的相互关系而构成的生活情景。在新闻叙事作品中，新闻叙述者叙述的个人或者群体相当于人物，这不仅包括采访对象，也包括新闻叙述者观察到的

---

① ［荷］托伊恩·A.梵·迪克：《作为话语的新闻》，曾庆香译，华夏出版社2003年版，第96页。

人。且看下例:

夜宿车马店

刘云山

新华社呼和浩特（1981年）11月30日电 内蒙古自治区土默特右旗今年获得历史上最好的收成，粮食总产22亿多斤，比去年增长两成；油料总产4000多万斤，比去年增长70%多。全旗350多个穷队，今年面貌都有很大变化。农村的繁荣，给集镇也带来了兴旺。不久前的一个晚上，记者来到这个旗萨拉齐古镇的车马店投宿，生动地感受到了社员们丰收的喜悦。

记者在暮色苍茫中来到车马店的时候，老远就听到里面传出庄户人爽朗的笑声和牲口的叫唤声。进店一看，宽敞的院子被进城来卖粮卖油的车辆挤得水泄不通，店堂里灯火通明，满屋子的人拉呱得挺热火。

车马店的老炊事员周二旦一边飞动着菜刀，一边乐呵呵地说："俺在店里干了十多年，天天跟庄户人打交道，过去庄户人眉头上挽着疙瘩，如今，个个膘得脸上放光，那些年住店的，多数人拿的是红（高粱）黄（玉米）面窝头，舀两碗开水就着吃；现在可不一般了，拿着白面馒头还嫌不顺口，还要到街上买块豆腐割斤肉，打二两白干，人家就图那个美气哩！"

"那算啥美气！"坐在菜案旁的一位叫贾满贵的瘦高个老汉有点不服气地说："上一次进城来卖公粮，俺把儿媳妇、小孙孙、老姑娘一齐拉了来，饭馆里的烧麦、馅饼、锅盔，娃娃们想吃的都尝遍了。服务员一算账，俺一次掏给他十几块。俺今年一家打了10000斤粮食，8000斤油料，光卖给国家的粮食油料就是10000斤，进钱3500块，那场面才叫美气哩！"

"贾大个子，如今你肚圆了，兜鼓了，可前几年记得你进城拉返销粮时，在店里光吃点窝头。"车马店服务员丁大叔"揭底"了。

这时，来自黄河边上十六股村的青年后生高兴宽接上话茬："过去队里年年不分红。有次俺爹进城，说要领俺去开开眼。到了街里，一不敢进商店，二不敢进饭馆，兜里空空，怕看了眼馋。这回俺进城，一次就卖了3000多斤油料。"说到这里，高兴宽拍拍自己鼓囊囊的上衣口袋。

"小伙子买啥好东西了，叫众人看看。"不知谁这么说。

高兴宽倒实在。他打开一个大大的包袱，里边全是衣服，有媳妇的，有妹妹的，有老父亲老母亲的，什么涤纶、涤卡、弹力呢，都是时兴货。青年后生说他还打算买台切面机，给村里人加工切面，让庄户人也能吃上城里人吃的饭。

满屋子的人好像都是老熟人，越谈越起劲，越拉越高兴。车马店的火炕似乎也烧得分外热，更显得店堂里温暖如春。①

第一段叙述了内蒙古自治区土默特右旗"今年"获得丰收的背景事实，进而叙述记者在该旗的萨拉齐古镇的车马店投宿时所观察到的场景：老远就听到庄户人爽朗的笑声和牲口的叫唤声，车马店宽敞的院子被进城来卖粮卖油的车辆挤得水泄不通，店堂里灯火通明，满屋子的人拉呱得挺热火。这里叙述了车马店的总体场面，体现出车马店内欢欣活跃的气氛。而后记者将在车马店里听到的庄户们的热闹对话叙述出来，如车马店的老炊事员周二旦和

---

① 郭超人主编：《1949—1999新华社优秀新闻作品选集：国内通讯选》，新华出版社1999年版，第313—314页。

瘦高个老汉的对话，"人家就图那个美气哩！""那算啥美气！"等通俗而带有强烈感情的口头语，服务员丁大叔"揭底"瘦高个老汉的话、青年后生和其他客人的对话，都体现出了庄户们卖粮卖油之后收获多多的喜悦，买得起时髦的布料，能带全家人进饭馆，这些在他们看来就是美气的事。这几段直接引语的使用，将车马店内庄户们聊天的热烈场面生动形象地叙述出来，更流露出庄户们的喜悦之情，甚至还可以体会到庄户们扬扬得意的神情。在这篇通讯中，新闻叙述者通过观察一定场合中的人物，以他们的对话刻画出生动的场面，"自然而然地流露"了对改革开放的赞美之情。

新闻叙事中的场面不仅可以指生活情景，也可以指新闻事件发生时的现场场景：

横锁长江之战——葛洲坝截流纪实

新华社武汉1月5日电（记者徐士杰 李永长） 1981年1月3日和4日，世界第三大河——长江，发生了历史性的转折，亘古以来奔腾不息的洪流，被中国人民横锁起来了，从此，人们打开了长江为人民造福的新篇章。

……

2200多米的宽阔江面，左岸被由泄水闸、电站、冲沙闸和两座船闸构筑成的巍峨建筑群横栏去三分之二，大江河道被挤在一边。紧连大坝的两岸戗堤扼住了大江咽喉，210米的"龙口"里激流飞溅。通向"龙口"的堤上大道，满载石料的20吨、30吨、45吨自卸卡车一字长蛇阵摆开，看不清头尾。两岸山峦似的截流料场上，大型的装载机、吊车静立着，电铲伸开巨臂。人们像冲锋前的战士一样屏住气息，等待着一个庄严的时刻。

7点30分,一声截流令下。顿时,四五百辆巨型机械的轰鸣声震撼大江两岸,自卸卡车的洪流运载着石料以每分钟三四车的速度朝着江心猛泻。截流开始的头半天,车流像一条钢铁传送带,平均每18秒钟就有一车8立方米的石料投进龙口。
　　……①

这篇通讯首先叙述长江截流区段的宏伟壮阔场面,2200多米宽阔的长江,两岸的泄水闸、电站、船闸等巍峨高大的人工建筑,两相比照,长江虽然宽阔壮美,但是人们建筑起巍峨高大的人工工程来改造长江、让长江为人们造福则更为雄伟。随之叙述的场面是:长江在"龙口"处激流飞溅,守候在龙口大堤上的自卸卡车也严阵以待,准备好开始向长江投石,两岸的截流料场上,大型的装载机、吊车静立着,电铲伸开巨臂。整个场面宏大严肃,给人大气磅礴之感,人类与自然的斗争即将开始,现场的工作人员都已经准备就绪,只等一声令下,便开始大江截流。而后叙述了截流开始时的场面,截流的号令刚刚下发,一大批自卸卡车便运载着石料以每分钟三四车的速度朝着江心猛泻,四五百辆巨型机械的轰鸣声震撼大江两岸。这些场面的叙述将葛洲坝截流开始时的景况如实展现给了读者,读者可以从这些场面叙述中感受到截流现场工作人员正紧张地完成着这项浩大工程,截流现场的惊心动魄之感也在场面叙述中流露出来。整篇新闻叙事作品通过叙述宏大场面,流露出一种自豪之感,既为长江的壮阔而赞叹,也为人类拥有改造自然的能力而自豪,还表达了对人类与自然作斗争的精神的钦佩。

　　(一)"场面"与"空间"
　　叙事学研究中的"叙事空间"这一概念,对"场面"一词

---

① 郭超人主编:《1949—1999新华社优秀新闻作品选集:国内通讯选》,新华出版社1999年版,第278—281页。

的阐释与理解具有借鉴意义。叙事学家西摩·查特曼（Symour Chatman）在《故事与话语》首次提出了"故事空间"（story space）和"话语空间"（discourse space）的概念，他认为，"'故事空间'指事件发生的场所或地点，'话语空间'则是指叙述行为发生的场所或环境。"①

在新闻叙事中，"故事空间"是指新闻事件发生的场所或地点，如《横锁长江之战——葛洲坝截流纪实》，对葛洲坝截流这一新闻事件发生的场所进行了叙述。"话语空间"则是新闻叙述行为发生的场所或环境。新闻叙事行为是新闻叙述者发出的，总体而言，新闻叙述者是记者、编辑、媒体负责人等的"集合体"，记者仅仅是新闻叙述者的代言人。但就具体的每篇作品而言，如果记者是新闻叙述者，那么，新闻叙述行为便是记者写作新闻叙事作品，其话语空间便是记者写作时的场所或环境；如果将媒体作为新闻叙述者，则新闻叙述行为便是新闻叙事作品被刊登或播发，其话语空间便是报纸的版面、广播电视的时段、网络新闻的页面等。此外，虽然最后面世的新闻叙事作品是记者所撰写，但是新闻叙事作品中的新闻事实有时是被采访对象所叙述的，他们叙述新闻事实也是一种新闻叙事行为，这时的话语空间又成了进行采访的场所或环境，记者可能会在新闻叙事作品中对其加以叙述，如《夜宿车马店》中的场面叙述，但这也是其故事空间。如此，尽管话语空间也是一个很值得研究的话题，尤其是在新媒体背景下，但于此我们暂不涉及，集中对故事空间进行探讨。

作为新闻事件发生的场所或者地点，《夜宿车马店》中的故事空间是车马店，然而这并不是该篇新闻叙事作品所叙述的场面，《夜宿车马店》所叙述的场面应该是车马店内庄户们热闹谈

---

① 申丹、王丽亚：《西方叙事学：经典与后经典》，北京大学出版社2010年版，第128—129页。

话的动态境况。也就是说空间只是提供场面发生的场所，是静态的地点，而场面是发生于一定场所或地点的动态境况。

叙事学研究中，传统小说批评的评论家们往往用"背景"（setting）一词来指称"故事空间"，用来强调"空间"的功能仅仅在于营造出人物及其所采取的行为的真实环境氛围。也有小说评论家们从审美效果角度关注"故事空间"，如英国作家伊丽莎白·波文（Elizabeth Bowen）认为应该用"场景"（scene）替代"背景"，她认为当小说家集中描写人物在某个特定空间里的行动或思想时，小说才具有戏剧效果，为此小说家在描述故事空间环境时应该着力于细节描写[①]。不过，场景在叙事学中是指叙述事件与故事时间大致相当，故而故事空间不能用"场景"表示，"场面"一词可以解决这个问题。上文提到"场面是发生于一定场所或地点的动态境况"，结合前文提出的"场面是由人物在一定场合相互发生关系而构成的生活情景""场面是新闻事件发生时的场景"，我们在此便可以这样理解新闻叙事中的"场面"："场面是新闻事件发生时的情况，场面既包括新闻事件中个人的相互关系所构成的情景，也包括新闻事件发生的场所或地点的动态境况。"

场面指明了新闻事件发生的场所，即"新闻发生在此地"，在一定程度上具备了背景的功能，也就是说，小说评论家们认为背景能够增添人物及其行为的似真效果，而新闻叙事作品中的场面叙述也能够增强其真实性，即"新闻叙述者在新闻发生所在地"。新闻叙述中的场面叙述既能够保证新闻叙述的真实性，也帮助表达新闻叙述者的情感倾向，如穆青等人的力作《县委书记的榜样——焦裕禄》开头对兰考自然环境进行的场面叙述：

---

① 申丹、王丽亚：《西方叙事学：经典与后经典》，北京大学出版社2010年版，第131—132页。

  1962年冬天，正是豫东兰考县遭受内涝、风沙、盐碱三害最严重的时刻。这一年，春天风沙打毁了二十万亩麦子，秋天淹坏了三十多万亩庄稼，盐碱地上有十万亩禾苗碱死，全县的粮食产量下降到了历年的最低水平。
  就是在这样的关口，党派焦裕禄来到了兰考。
  展现在焦裕禄面前的兰考大地，是一幅多么苦难的景象呵！横贯全境的两条黄河故道，是一眼看不到边的黄沙；片片内涝的洼窝里，结着青色的冰凌；白茫茫的盐碱地上，枯草在寒风中抖动。①

  这篇关于焦裕禄的人物通讯在第三段叙述了兰考当时艰苦的自然环境，黄河故道中是望不到头的黄沙，内涝的洼窝中结着冰凌，盐碱地是白茫茫的，上面枯草在寒风中抖动，经过这一场面叙述，当时兰考正经受着严重的风沙、内涝、盐碱等自然灾害的事实被读者了解，由此表露出对兰考当地人民遭受严重灾害的同情，也体现出焦裕禄的工作之艰巨，流露出对焦裕禄扎根兰考、呕心沥血解决当地困难的精神的颂扬。
  综合以上观点，场面在新闻叙事中指的是，与新闻事实的发生有关的场景，或者与新闻叙事作品中个人存在相互关系的场景，场面叙述既能够增强新闻真实性，又能够自然而然地流露出叙事人的某种情感倾向。
  （二）场面与新闻叙事视角
  经典叙事学家普遍认为，"故事空间"在叙事作品中具有重要的结构意义，它"为人物提供了活动场所，同时也帮助展示人

---

① 人民日报新闻研究中心编：《人民日报60年优秀通讯选》，人民日报出版社2008年版，第107页。

物的心理活动、塑造人物形象。因为这涉及对故事空间的观察和叙事视角问题。"① 从这一角度出发，新闻叙事中的场面叙述也涉及叙事视角的讨论。

叙事视角在文学叙事的研究中一直是一个热点，因为视角体现了叙述者如何叙述故事，将决定其所传递的主题意义指向何处。同一个故事，经过不同的叙事视角呈现，将产生不同的意义。"叙述视角指叙述时观察故事的角度。"② 这里存在两个关键词：叙述，观察。叙述的行为者是叙述者，但是叙述者未必是观察故事的行为者，其可以通过叙事作品中的人物来观察周围的环境，从他们的视角出发叙述场面。由此，便出现了"叙述者"与"感知者"的区别，"叙述者"的功能是讲故事，"感知者"的功能是观察故事发生时的情境，是故事中的人物。

但是这种区别过于烦琐，故而对于叙事视角的定义应当确定为叙述者叙述故事的角度，叙事视角是直接从叙述主体的立场出发，对叙述对象投射出经验的眼光。新闻叙事视角是叙述新闻时的观察角度或视点，强调的是新闻叙述者从一个什么样的视角叙述，这是由新闻叙述者决定的，也就是强调"谁看"，这将决定哪些事实会被呈现，以及这些事实将会如何被呈现出来，这就包括了新闻事实发生时的场面叙述。

根据已有的叙事视角分类，新闻叙事的视角分类可以按照四个标准划分。第一，以叙述者所知的信息是否大于故事内人物所知为标准，可以分为全知视角和限知视角。全知视角是指叙述者在叙述故事时，没有看不到和感受不到的东西，甚至能够直击人物内心深处，也被称为"上帝之眼"；限知视角则指叙述者只了

---

① 申丹、王丽亚：《西方叙事学：经典与后经典》，北京大学出版社2010年版，第132页。
② 同上。

解部分情况，局限于从某一人物的视角叙述故事。第二，以叙述者是否参与或目击故事情节分为内视角和外视角。内视角是从故事内人物的视角出发，参与了故事情节的发展；外视角是故事观察者的眼光，其叙述者并不干预故事发展。第三，以叙述者数量是否多于一个可以分为多元视角和一元视角，更确切的表述应当是，叙事作品中叙述了多种叙述者观点为多元视角，也可以说，是多元声音；仅叙述一种叙述者观点为一元视角。第四，以叙事者的人称为标准可分为第一人称视角和第三人称视角，其中，第一人称视角虽然以"我"的身份出现在文本中，但是并不全然是内视角，只有在"我"参与或者目击事件的情况，才是内视角，其叙述的他人参与或目睹事件的话语，根据分类，只能划定为外视角。

新闻叙事中的场面叙述，其主要目的，是通过叙述者的叙述，拉近受述者与现场的距离，增强新闻事件的现场感，使受述者感受到新闻事件现场的氛围，从而使受述者潜移默化地感受到叙述者流露出的情感倾向。故而，这里主要从内视角和外视角来分析场面叙述对情感流露的作用。

仍以上文所引《夜宿车马店》为例，新闻叙述者即记者本人，从故事观察者的视角叙述了车马店内庄户们热烈聊天的场面，将粮食增产带来人们收入增长的喜悦气氛体现出来，新闻叙述者从外视角叙述，并不参与其中，只做据实陈述、如实陈述，庄户们的欢欣之情便得以自然而然地流露出来，毫不做作，受述者阅读过后也能受到这种喜悦的感染。由此，新闻叙述者借助所述人物的自然情感流露，表明自己的叙事倾向。在这篇新闻当中，新闻叙述者流露出对于改革的赞美之情，《夜宿车马店》发表于1981年，正是党的十一届三中全会之后，党的工作重心转移至经济建设，新闻叙述者在第一段叙述了如下的背景事实：

> 内蒙古自治区土默特右旗今年获得历史上最好的收成，粮食总产22亿多斤，比去年增长两成；油料总产4000多万斤，比去年增长70%多。全旗350多个穷队，今年面貌都有很大变化。

新闻叙述者叙述车马店内的热闹场面，使庄户们的喜悦之情自然表露，是为了表明自己的情感倾向：党的改革措施令当地经济面貌发生巨大变化，粮食增产，庄户们的生活水平得到提高，心情也格外愉悦，党的改革措施利国利民。以外视角进行场面叙述的优点便是，新闻叙述者不会干涉叙事作品中被叙述者的情感流露，被叙述者的情感流露越自然，叙述者的情感倾向越能够隐藏在其中，借此传达给受述者。

而从内视角进行场面叙述则不然，《县委书记的榜样——焦裕禄》中的场面便是以内视角来叙述的：

> 展现在焦裕禄面前的兰考大地，是一幅多么苦难的景象呵！横贯全境的两条黄河故道，是一眼看不到边的黄沙；片片内涝的洼窝里，结着青色的冰凌；白茫茫的盐碱地上，枯草在寒风中抖动。

"展现在焦裕禄面前的兰考大地，是一幅多么苦难的景象呵"表明，新闻叙述者通过焦裕禄的视角叙述兰考的环境，焦裕禄是这篇新闻中的主要"人物"，从他的视角出发进行叙述，便是内视角的体现。受述者透过焦裕禄的眼光，看到了兰考恶劣的自然环境，也能感受到焦裕禄的工作环境之艰苦、工作任务之艰巨。自然环境如此恶劣，当地的粮食产量势必也比较低，人们的生活状况相当艰难，焦裕禄看见这幅景象后，内心的复杂情感，对当地人民的同情，改善当地生产生活状况的决心，这些情感从内视角的场面叙述中流露出来，受述者可以更切身地感受到焦裕禄所见、所想。因此，从内视角进行场面叙述的优点是，受述者可以更贴切地感受所叙述的场面，以及其中流露出的情感，尽管这种情感流露相对于外视角更加主观，但是拉近了受述者与新闻事件现场的距离。

二 新闻叙事中的情节

（一）情节界说

关于情节的理论研究可以追溯到亚里士多德的美学著作《诗学》。他认为，"情节是对行动的模仿；这里说的'情节'指事件的组合。""事件的组合是成分中最重要的，因为悲剧模仿的不是人，而是行动和生活［人的幸福与不幸均体现在行动之中；生活的目的是某种行动，而不是品质；人的性格决定他们的品质，但他们的幸福与否却取决与自己的行动］。"[1] 也就是说，亚里士多德把情节界定为"事件的组合"，认为情节是悲剧中最重要的成分，因为情节是对行动的模仿。亚里士多德提出"情节是事件的组合"，还包含了一层意思，情节对行为进行模仿，并不是机械式的复制或镜子式的反映，而是对事件的"组合"，这种组合意味着建构与创造。每天，现实生活中都发生着各种各样的事件，它们存在于"实际时间"之中，但这种事件仅具有时间性，并不具有逻辑性，而情节则意味着挖掘出或者说塑造出事件之间存在的因果关系，所以亚里士多德对于情节的定义——"情节是事件的组合"——指明了情节并非完全复制事件，而是对事件进行再构。

---

[1] ［古希腊］亚里士多德：《诗学》，陈中梅译，商务印书馆2005年版，第63—64页。

米克·巴尔对事件和行动做出了这样的界定:"事件是从一种状态到另一种状态的改变""行动在这里被界定为引起或经历一个事件"[①]。借助这两个定义理解情节,情节是对行动的模仿,即模仿引起和经历一个事件的行动,而事件必须体现状态的变化,这种状况的变化是由行动导致的,故而情节是模仿引起或经历状态变化的行动,故在叙事过程中,通过组合安排事件能够体现状态变化或者说行动的变化,情节也随之发展。

赵毅衡认为"情节,就是被叙述的事件"[②]。而且在他看来,情节的事件本身属于故事层面,无论话语如何叙述,情节早已存在于故事之中,但是情节需要借助话语体现出来,因而情节的研究对象是被叙述出来的情节,而不是故事层面的情节。这与亚里士多德对情节的界定是一致的,亚里士多德认为情节是事件的组合,是对事件进行安排,这种安排是通过叙述体现出来的。

(二) 新闻叙事情节分析

总的来说,情节必须涉及事件和行动,事件需要体现状态的变化,这种状态的变化是由某种行动引起的,而行动便是经历事件时采取的行为或引起某一事件的行为。如此看来,在新闻叙事学的视域中,情节应当是指构成新闻事实的事件的组合,这些事件体现了某种状态的变化,通过对事件进行不同的组合,以不同的情节来建构新闻事实,从而流露其叙事倾向。

试析如下两例:

例一:

[①] [荷]米克·巴尔:《叙述学:叙事理论导论》,谭君强译,中国社会科学出版社2003年版,第4页。

[②] 赵毅衡:《当说者被说的时候:比较叙述学导论》,中国人民大学出版社1998年版,第172页。

北京申奥成功

本报莫斯科 7 月 13 日急电　国际奥委会主席萨马兰奇今晚在此间向世界宣布：经国际奥委会第 112 次全会投票确定，2008 年第 29 届奥林匹克运动会将在北京举行。

北京赢得 2008 年奥运会主办权，是在 1993 年首次申办未果后，经过坚持不懈的努力获得成功的。此次投票，北京在 5 个申办 2008 年奥运会候选城市中脱颖而出。[①]

例二：

历史铭记这一刻——莫城触摸申办成功

张乐年

为了这一刻，北京申奥代表团成员有太多的故事要诉说，此时此刻只有喜悦的泪水是最好的表达。

当地时间上午，代表团的领导就来到了世贸中心，一群记者蜂拥上去采访。官员们一言不发。后来实在让一名香港记者缠住了，一位高级官员终于开了口："我先说三件事，这三件事是……你们一会儿就知道了……"话音未落，人已脱身而去。

在北京陈述之前，气氛十分紧张，大考到了。进场前领导们反复地相互间检查着装。万嗣铨多次提醒大家关掉手机。

北京陈述刚完，就有委员在座席上大声叫好了。

当萨马兰奇宣布当选城市是北京的时候，在记者大厅里两名中国人当场打出横幅，上书："永远的北京，永恒的奥

[①] 《北京申奥成功》，《人民日报号外》2001 年 7 月 13 日。

运，百年企盼，梦想成真。"这幅字在中外记者的镜头下将传递到全世界。

此时此刻的兴奋和狂呼是在全世界的媒体之下进行的，在场的每一位中国人或看似中国人的人都被镜头对准了。

事后刘璇说，当时就像做梦一样，和奥运会上的感觉一样，眼泪止不住地流。

郎平哭得最动情，直到出场后20多分钟时，在接受记者采访时还在流泪。

"中国男子汉"袁伟民的泪水一直在眼眶里打转。而巩俐则相对平静，她在接受采访时说，"到第二轮投完的时候我就意识到北京成功了"。

在来莫斯科的飞机上杨澜曾说，1993年我作为记者参加了申办，申办失利时我流泪了。现在我成熟了，遇到任何事我都会平静对待，不会再流泪。但是此时此刻，她再也无法平静，双眸闪动，泪光莹莹。

杨澜的脸上还留着一个口红印痕，当记者问是谁亲吻了她，她对此全然不知，说："我不知道怎么回事，高兴坏了。"

申奥团原来安排在胜出后，让刘淇和袁伟民在一楼大厅接受中央电视台的采访。当他们走下陈述台时，记者们狂扑上去。他们费劲地闯过人群，但一行人却全被挤散。只听着一楼大厅里乒乒一阵响不知什么器材给碰翻了。

像这样疯狂的采访，记者也是第一次碰上。

刘淇和袁伟民被挤散了，刘淇接受了电视采访，他说："这次我们申办成功是全国人民共同努力的结果，是党中央、国务院亲切关怀和指导的结果，是全国人民最大的喜事，向全国人民表示祝贺。"他一边讲话，一边被采访的人们挤来挤去。

北京申奥代表团成员张秋萍插空招呼记者，晚上到我这里来喝酒。今夜到处都会有酒，记者问你是什么酒？张秋萍说，1993年她到蒙特卡罗参加申办，在那里买了一瓶法国红酒，准备在申办成功后庆祝。不料当时申办未果，她就将酒带回了北京。8年后，她又将这瓶酒带来莫斯科，现在可以畅怀痛饮了。8年了，好酒啊！

　　当人们走出世贸中心时，天下起了大雨，闷热的天气顿时凉爽。[1]

例一主要包括三个事件：国际奥委会主席萨马兰奇宣布第29届奥林匹克运动会将在北京举行；北京从1993年首次申办奥运会，直至2001年才获得成功；北京成功通过与另外4个候选城市的竞争，获得2008年奥运会的举办权。经由这三个事件建构的情节，首先体现了北京坚持不懈地申办奥运会的精神，从1993年到2001年，经过了12年的努力终于申办成功，依据这一背景事实，可以知道萨马兰奇宣布的结果对于北京乃至整个中国都具有重大意义。如果仅仅只叙述萨马兰奇宣布结果的事件，其重要性无法得到凸显，对北京不懈努力的精神的褒扬也无法得到表达。第三个事件表明北京为了申办奥运会进行了充分的准备，从以往的失败经验中不断改进，最终从5个候选城市中脱颖而出，新闻叙述者在此暗含了"有志者事竟成"的情感。构成这篇消息的三个情节，其情感倾向的流露并不明显，新闻叙述者客观叙述北京申奥成功这一事件，不过仔细分析过后，能够发现其中隐含的情感立场，"世上无难事，只怕有心人"，北京凭借其坚持不懈、坚韧不拔的努力和真正的实力赢得奥运会的举办权。

例二则通过一系列事件表露出申办成功之后的喜悦之情，从头至尾梳理该篇报道中出现的"人物"以及他们的言行。

---

[1] 中国新闻奖评选委员会办公室编：《中国新闻奖作品选》（2001年度·第十二届），新华出版社2002年版，第202—203页。

情节发生时间	"人物"	言语及行为
北京进行陈述之前	记者	蜂拥在世贸中心采访代表团官员
	申奥代表团的官员	一言不发
	代表团某一高级官员	"我先说三件事,这三件事是……你们一会儿就知道了……"
	万嗣铨(北京奥申委代表团领导)	进场前领导们反复地相互间检查着装,万嗣铨多次提醒大家关掉手机

情节发生时间	"人物"	言语及行为
北京进行陈述之时	委员	在坐席上大声叫好
萨马兰奇宣布北京当选	两名中国人	在记者大厅里当场打出横幅
申奥成功之后	刘璇(代表团成员)	"当时就像做梦一样,和奥运会上的感觉一样。"眼泪止不住地流
	郎平(代表团成员)	哭得最动情
	巩俐(代表团成员)	比较冷静"到第二轮投完的时候我就意识到北京成功了。"
	杨澜(进行陈述的代表团成员)	双眸闪动,泪光莹莹,脸上还留着一个口红印痕"我不知道怎么回事,高兴坏了。"
	袁伟民(北京奥申委执行主席、体育总局局长)	泪水一直在眼眶里打转与刘淇接受采访时被记者挤散
	刘淇(北京奥申委主席、北京市长)	一边接受电视采访,一边被采访的记者挤来挤去
	张秋萍(代表团成员)	请记者喝1993年申奥未果时留下的红酒

　　这一通讯首先叙述北京陈述之前的紧张气氛,记者们围堵在世贸中心采访北京申奥代表团,而代表团成员们则集中精力准备陈述,不对媒体公布任何消息。随着萨马兰奇宣布北京当选为奥

运会举办城市,这一紧张气氛迅速被欢腾喜悦的气氛取代,代表团中来自各个领域的成员都为申奥成功而留下泪水,其中杨澜更是高兴得不知所以,脸上不知为何留下一个口红印。在代表团于申奥胜出之后,接受记者采访时,现场场面之热烈,记者们拥挤着争相采访,不仅采访设备被挤倒在地上,采访对象袁伟民、刘淇两人也被人群挤散,直到采访之时刘淇仍旧被挤来挤去。依照"情节是人物行为从而引发状态变化的事件的组合",相比于前一篇消息,这则通讯叙述的情节相当丰富,人物言行形象生动,更能让人感受到其中蕴含的申奥成功之后人们的喜悦情感。正是经由各方面人物的言行,叙述者建构起了"申奥陈述之前紧张——成功之后欢欣雀跃"的情节发展,将申奥路程的艰辛、申奥成功后的欢喜激动等情感包含其间,自然而然地流露出来,表达叙述者的叙述意图。

三 新闻叙事中的母题

母题(motif)研究是指"对一个文本最小能指单位的研究"①。20世纪初,俄国形式主义学者鲍里斯·维克托罗维奇·托马舍夫斯基(Boris Viktorovich Tomashevsky)在研究叙述语法的过程中,提出了"母题"概念,将其作为句法的最小单位加以分析。在民间故事中,比如普通人战胜怪兽(或自然灾害),随后获得奖励(通常是与公主结婚),都是较为常见的母题。

对于最小单位的界定,托马舍夫斯基认为是句子或分句,他建议把"改变情势的母题称动力母题,不改变情势的则为静止母题"②,"那些不能排除的母题称'结合'母题,那些排除后不影

---

① 董学文、江溶主编:《当代世界美学艺术学辞典》,江苏文艺出版社1990年版,第306页。
② 同上书,第307页。

响事件时序与因果连续性的母题称'自由'母题"①。而普洛普则将其推进到句子中的词,甚至词的构成部分。

由此可见,在叙述作品中,凡是对情节建构具有价值的最小叙述单位,均可称作"母题"。它可以是一类人物,如勇士、骗子、魔鬼等;也可以是一个物体,如勇士的剑、魔盒、镜子;还可以是一种象征,如火种、息壤等拯救人类于苦难之中的物品;一个场景,如森林、城堡、地下迷宫等;一种行为,如:拯救、背叛、施咒;一个情节,如继母嫉恨继女、王子拯救公主。这些母题能够自由组合,或者异化成其他母题,进而组合发展出各种叙述作品,他们往往能够历经漫长的时间不断扩充完善,甚至跨越遥远的地理空间,出现在不同地区的民间故事当中。究其原因,民间故事在传播的过程中需要实现凝聚部落人心、塑造社会规范的功能,其对"母题"的不同选择与变换组合体现了该民族的价值观念。

新闻叙事作品当中也存在"母题"这一现象,以典型人物报道为例。从焦裕禄到孔繁森、郑培民、牛玉儒、任长霞、杨善洲等党的干部的典型报道中,他们无不呈现出这些品质:任劳任怨、鞠躬尽瘁,为工作而牺牲自己的身体健康以及陪伴家人的时间,而他们的家人都是在背后默默支持他们的工作。除了这两类人物,还会出现他们的同事、从他们的工作中受益的普通百姓,也可能还包括他们曾经的"对手",比如艰苦的环境、工作的阻力等。在情节方面,通常会突出他们在工作中遇到的困难,他们是如何想办法克服困难的,在遭遇家庭工作的两难时内心的纠结,家人表示理解与支持,在获得显著的工作业绩后,他们并没有选择去轻松的岗位,而是继续坚守在人民群众最需要他们的地

---

① 董学文、江溶主编:《当代世界美学艺术学辞典》,江苏文艺出版社1990年版,第308页。

方。"这种正气在作者看来就是一种'永恒的追求',是人类超越社会、超越时代的对光明和美好的向往与努力。"[1] 既然是超越是永恒,其叙事的背后,无疑有着"母题"的支撑。

典型报道一般都会选择这种模式进行叙述,原因之一在于,民间神话传说中便存在这样的原型,如三过家门而不入的大禹——大公无私,以天下为己任。这样一种叙述倾向体现了人们对于英雄形象的期待,肯定了"为大家而牺牲小家"的观念,它希望传达给受述者"个人服务于集体""集体至上"的意识形态。同时,"经历磨难并最终获得成功"也是从古至今的一个重要母题,最典型的便是《西游记》,先进报道中的情节叙述无不涉及当事人所经历的困难,他们通过自己坚持不懈的努力,最终战胜了困难,并获得了集体的认可(选择向社会公开报道他们的事迹)。大公无私、持之以恒是我们民族精神的瑰宝,典型报道中出现的这些母题是长期以来民族心理的积淀,作为意识形态的一部分影响到新闻的叙述。

另一个原因便是新闻生产过程越来越标准化、模式化,新闻成为一种事业一门职业之后,它的生产便要求新闻工作者提高效率,提高效率的方法之一便是把新闻报道按照流水线的程序生产。母题具有易识别性、易分解性、组合性与变异性的特点[2],因而为新闻生产提供了操作性较强的方法。易识别性是指母题中的某些情节、场景、人物具有较高的认知度,受述者一旦看见这些内容便会唤醒记忆中的深刻印象,这种深刻印象还将影响到受述者之后的新闻报道解读,比如说:大学生典型人物洪战辉父亲患病,母亲离家出走,还要照顾年幼的妹妹,他一方面努力学

---

[1] 王辰瑶:《嬗变的新闻——对中国新闻经典报道的叙述学解读(1949—2009)》,中国传媒大学出版社 2009 年版,第 66 页。

[2] 陈建宪:《神话解读:母题分析方法探索》,湖北教育出版社 1997 年版,第 23—25 页。

习，同时支撑起贫穷的家庭。在类似的报道中，典型人物的父母通常身患重病，还要照顾家中的弟妹或者长辈，虽然家境艰难，但是却兼顾学习与生活，努力成才。破旧不堪的房屋，卧病在床的父母，稚嫩弟妹的嬉戏或者懂事的行为，以及年迈的长辈的辛酸苦楚的表情，作为新闻事件发生的场景，都是新闻接受者一眼便知的内容。易分解性和组合性是相对的，一篇新闻叙述作品可以分成若干个母题，而这些母题可以通过与其他母题的组合，生成另一篇全然不同的叙述作品，这就是母题的组合性。而母题的变异性则体现在更小的元素上，如父母可以一方有病，一方离家出走，或者双方都有病，或者一方病故或双方病故，而这也只是主人公遭遇的困难之一，他也可能是身体残疾，被父母遗弃，这些都是"磨难"母题的变异。母题的这些特点为新闻报道提供了便利性，不仅典型报道可以借助母题来叙述，各类社会新闻也可以据此发挥，如家庭矛盾的新闻，债主与债户的冲突的新闻，男女感情纠纷的新闻，也包括皆大欢喜的新闻。不过这也容易让受述者产生错觉，很多新闻都是相似的，只是场景和人物发生了变化——"太阳底下无新事"。

  新闻叙事作品中的母题的选择与呈现既受到长期以来的社会意识形态的影响，也体现出叙述者的情感倾向，进而影响到受述者对事实的了解及其对所述事件的态度。新闻叙述不可能是毫无保留地叙述所有发生的事实，而是通过情节建构来实现意义的传递，叙事母题的运用也是为了提高受述者对新闻所述事件的关注，并接受叙述者传达的观念。在文学理论中，提出过传统小说是为了情节而情节的观点，作家为了情节的发展而迫使人物采取行动，当然在新闻叙述作品中，叙述者是无法让新闻人物采取行动的，但是新闻报道可以通过选择更适合某一叙事母题的事实，将其放入母题的框架之中，体现叙述者的倾向，达到传达意义的目的。

"结构不是叙述艺术本身的内在要求，而是叙述艺术作为人类交际工具的社会功能的要求，是推动叙述中的情节起承转合的力量，是展现一定的价值观，而结局就是价值判断。"① 这段话告诉我们，母题作为"利于统一整个作品的有意义线索"，对母题的选择，其实也是结构的选择，是叙事倾向的选择。

新闻叙事倾向的话语层面，涉及如何表现倾向，前文已陈述新闻客观性与倾向性的关系，新闻客观叙述事实来传播信息，新闻也正是借由其客观性、真实性在受述者中间树立权威性，让受述者信以为真，接受其中暗含的倾向。在对事实加以选择、建构之后，事实转变为新闻事实，其倾向不能直接明显的表露，否则便会因其主观性为受述者所抗拒，倾向必须自然而然地流露。归根结底，场面和情节的叙述将新闻事实在空间和时间两个层面呈现出来，唯有用事实说话、让事实说话、借事实说话，叙述其在空间和时间的真实变动，才能不露痕迹地表达对于事实的态度和情感。

第三节 舆论引导：新闻叙事倾向与社会规范塑造

新闻叙事中存在倾向，即新闻报道通过叙述事实表达隐含的意见，进行舆论引导。由于新闻媒体常常以公众代言人的姿态出现，它所报道的事实更容易引起人们的关注，新闻传播具有公开性、公共性、广泛性、交互性等特点，所以，新闻报道中的意见，在各种社会意见之中更具突出性和优越性，使之很容易被认为是主流意见。"这种对于媒介意见的遵从、附和，往往也就是

---

① 赵毅衡：《当说者被说的时候：比较叙述学导论》，中国人民大学出版社1998年版，第174页。

媒介有意识地引导的过程，它是新闻媒介对舆论最积极的作用方式，也是其强大影响力的最鲜明的体现。"① 新闻报道中隐含的意见通过这种方式，成为了引导舆论的符合主流意识形态的主流意见，这些意见能够为公众提供规范的社会行为标准，引导公众形成规范化角色，最终促成公众采取相适应的行为，推动规范化社会的实现。

一 新闻叙事倾向与舆论引导

我们现在通常所说的"舆论导向"概念中的舆论，范围相当宽泛，它不仅包括了人们对于具体事件的意见，而且更多地包括了人们对于社会某一范围，乃至整个社会整体的认知。它所表现的形式也多种多样，不仅指公开表达意见，还包括价值观念的流露以及采取的行为，对于社会各种现象或问题的情绪表现。

（一）新闻叙事与舆论引导的关系

陈力丹在《舆论学：舆论导向研究》一书中为舆论下的定义是："舆论是公众关于现实社会以及社会中的各种现象、问题所表达的信念、态度、意见和情绪表现的总和，具有相对的一致性、强烈程度和持续性，对社会发展及有关事态的进程产生影响，其中混杂着理智和非理智的成分。"② 陈力丹所定义的舆论，其主体是公众，客体是现实社会以及社会中的各种现象、问题，在新闻媒介没有出现之前，舆论也是存在的，因为舆论的主体和客体一直都存在，只是在新闻媒介出现以后，它对舆论产生了重要的影响。

---

① 李良荣：《新闻学概论》，复旦大学出版社2013年版，第62—63页。
② 陈力丹：《舆论学：舆论导向研究》，中国广播电视出版社1999年版，第11页。

1. 新闻叙事提供舆论客体

舆论客体即大多数公众在一定时期内广泛议论的事件或现象，公众对于现实社会以及社会中的各种现象、问题的认识越来越多地来自新闻媒介。新闻叙述的新闻事实在传播上具有广泛性，能够让更大范围内的公众针对某一话题进行更激烈的讨论。新闻每日每时地叙述各种事实，提供持续不断的信息流，建构拟态的信息环境，帮助人们形成对外部环境的认识，这当中就包括对各类社会现象及问题的认识。"新闻不是反映现实的一面镜子。它是对世界的一种再现，而所有的再现都是选择性的。"① 新闻叙事通过选择性地报道某些内容，设置某种议题，引导人们对议题进行讨论。

新闻叙述的事实比没有被叙述的事实，更容易引起人们的关注。而且，对于某些事实的叙述频率越高，这类事实越容易引发人们讨论，也就越容易形成舆论。而不被叙述另一些事实，人们对它的关注度低，便使得关于这些事实的舆论保持稳定的状态。2015年7月26日，湖北荆州发生商场电动扶梯"吃人"事件，引起了人们对于安全乘坐电梯以及电梯安全维护的讨论。7月27日，广西媒体报道了梧州发生的另一起电梯事故，一名男童的左臂被卷入电动扶梯，随后，之前发生的电梯事故在各方报道中被回顾，针对电梯事故的讨论进一步扩大。电梯事故在此前发生过多起，但是并没有引起如此广泛深入的讨论，原因之一便是新闻媒介通过多次叙事，产生累积效果，使人们形成一种电梯事故频繁发生的认知，意识到这一问题的严重性，给利益相关的人们提供讨论的话题，从而形成舆论。

2. 新闻叙事倾向影响舆论

新闻报道可以从不同的叙事视角出发，聚焦于事实的不同方

---

① ［美］迈克尔·舒德森：《新闻社会学》，徐桂权译，华夏出版社2010年版，第40页。

面，对事实进行不同角度、不同程度的叙述，通过词语尤其是动词的使用，来表达新闻叙述者隐含的倾向，引导公众的观点形成。

"成都被打女司机"事件的有关新闻引发了对于涉事双方的舆论。《华西都市报》和《成都商报》是最早报道这起男司机暴打女司机事件的传统媒体，《华西都市报》的标题为《"路怒"激起"众怒"　男子暴打女司机　数万网友谴责》①，《成都商报》的标题是《男司机狂打女司机　究竟是怎样的气　惹他如此暴力》②。在这些新闻标题中，"逼停""暴打""狂打""众怒""谴责"等词语体现了新闻媒体的倾向，男司机被界定为行为不当的主体，女司机则是受害者，由此舆论一致谴责打人男司机的暴力行为。值得注意的是，这两篇报道中均提及男司机是因为女司机急刹车使车内孩子受到惊吓怒而暴打女司机的事实，但这一事实并没有令男司机免遭舆论的指责，舆论反而认为爱护孩子不能成为施暴的理由。细究其原因，新闻叙述者在标题中的用词，对涉事双方行为的界定，给人们植入了男司机是暴力施加者，应当承担舆论谴责的观念，在新闻中提及男司机打人原因是护子心切的事实，人们更容易认为男司机存在为自己的暴力行为逃脱责任的嫌疑。后来，发生了舆论的反转——四川新闻网提供了记录仪视频：女司机曾两次突然变道险酿事故，舆论又转而谴责女司机。《人民日报》于 2015 年年底专门刊文《舆情反转——谁在制造，谁在传播，谁在受伤?》，总结年度舆情反转事件并探讨其原因，其中引专家分析道："南京大学新闻传播学院副教授王辰瑶认为，舆情反转现象的增加与网络化社会传播环境的变化

---

① 杨雪、李天宇：《"路怒"激起"众怒"　男子暴打女司机　数万网友谴责》，《华西都市报》2015 年 5 月 4 日第 A6 版。
② 唐奇、李惠：《男司机狂打女司机　究竟是怎样的气　惹他如此暴力》，《成都商报》2015 年 5 月 4 日第 12 版。

直接相关，很多新闻报道之所以给人前后180度大转弯的感觉，不仅因为新闻报道的初始叙述'失真'，还因为在随后的一连串转载中经过有偏好的选择，这种'失真'在舆论场里被进一步放大，也容易形成'反转'的感觉。"①"有偏好的选择"恰是一种叙事倾向，这一事件前后不同的舆论状态，足以证明叙事倾向对舆论的影响。

必须强调的是，新闻媒体的言论或意见并不能等同于舆论，因为舆论的主体是公众，是自在形成的，新闻报道只是通过叙事倾向的流露对舆论产生影响进行引导，而非舆论本身。

3. 舆论是新闻叙事的重要内容

公众舆论关注的往往是社会的热点、焦点问题，一般具有新闻价值，是新闻报道的重要内容。"关于舆论。无论是从初始义还是从后起义考察，我们都可以提出这样的命题：舆论即众议。其最主要的构成元素是'议'（将意见公开表达出来并且与其他人共同进行议论），而必不可少的条件是参与议论者人数甚多。"② 新闻媒介是舆论的重要载体，通过新闻媒介进行传播的舆论，能够引发公众的广泛讨论，推动具有相对一致性的舆论形成。《人民日报》曾经刊发了一篇通讯《三问焦三牛——一个清华毕业生的人生选择》，因为清华大学毕业生焦三牛刚刚工作半年，便成为了甘肃武威市公选的副县级领导，引起了社会上的一些质疑之声，公众对于此事的质疑便是一种舆论。记者关注到公众的这一舆论，赶到武威调查采访，以询问焦三牛的三个问题串联整篇通讯，解答了公众对此事的疑惑："一问：清华毕业生为何主动去西部工作？'到西部去，到基层去，到祖国最需要的地

---

① 智春丽：《舆情反转——谁在制造，谁在传播，谁在受伤？》，《人民日报》2015年12月25日第4版。
② 丁柏铨：《自媒体时代的舆论格局与舆情研判》，《天津社会科学》2013年第6期。

方去'；二问：到基层去是为'镀金'？'褪去理想的热度，直面现实干事创业'；三问：考上副县级干部有特殊原因？'抓住机遇在公选中脱颖而出'。"① 除了采访焦三牛本人，记者还对其同事、朋友和武威市有关负责人进行了采访，对社会质疑一一作出回应。这篇通讯以公众对焦三牛持质疑态度的舆论为由头，通过还原焦三牛的具体情况以及他参加公选考试的事实，消除了人们的质疑，并对焦三牛在毕业后服务西部、扎根基层的行为予以褒扬。经过这篇报道，对于这一事件的讨论得到广泛开展，并最终形成了较为一致而又符合实情的舆论。

（二）当前我国舆论的特征

全国人大教科文卫委员会主任委员、清华大学新闻与传播学院院长柳斌杰论道："以互联网为代表的新媒体蓬勃发展，媒介技术变革正在成熟，媒介的环境和传播的模式改变了传媒的格局。但是信息轰炸、舆论混乱，使受众真伪难辨，引发的社会焦虑更加严重，可以说，新闻传播和舆论引导方面的矛盾并未减少……"②当前，我国正处于社会转型时期，随着改革的进一步深化，以往积累的各种社会矛盾和观念冲突加剧了舆论多元和混杂的程度，变化多端的各类社会现象层出不穷，多元混杂的价值观念不断地冲击着人们的认识，舆论出现复杂化的态势。

1. 舆论的彷徨化

舆论的彷徨化是社会转型期的征候，也是媒介技术高速发展所引发的现象。"这种舆论的彷徨现象应了美国社会学家奥格本的一个命题：物质文化的变迁速度往往快于'适应文化'的变迁速度。他称这种现象为'文化堕距'。人的心理是有两面性的，

---

① 姜洁：《三问焦三牛——一个清华毕业生的人生选择》，《人民日报》2012年2月13日第4版。

② 柳斌杰：《财经新闻传播需遵循三大规律》，《新闻与写作》2015年第11期。

对于新奇的事物，由于被激发而接受起来较快；而一旦原有的体制被打破，新的价值体系尚没有建立起来，很容易产生'茫然'感。"①舆论在急速的社会变迁的影响下瞬息变化，使得公众心态出现了从兴奋到迷茫的状态，"旧有的社会结构常常不能应付新环境，新的价值体系又并不与社会变迁同步，往往相对滞后于时代，需要经历发明/引入、试错、接受的过程。在新旧交替之际，不免有一个惶恐、无所适从的时期，在这个时期，人们心理上充满着紧张、犹豫和不安。"②人们在接受了新观念之后，将其贯彻到情感上还存在一定的距离或困难，更难采取与之相应的行为，故而出现了观念与行为矛盾的状况，加剧了公众的茫然心态，常见的现象是，人们在指责社会不良风气的同时，对自己或身边人相同的行为却抱着宽容的态度。

2. 舆论的情绪化

日益丰富的外部世界对人们造成了愈加直接的诱惑，在多姿多彩的物质生活的影响之下，人们会产生一种盲目跟风的攀比心理。迅速发展的经济提高了人们的整体生活水平，也刺激了人们对物欲的追求和行为短视化。人们为了物质利益忙于奔波，生活节奏越来越快，精神生活的匮乏让人们的生活状态变得忙碌浮躁但又莫名所以。加之社会两极分化趋势出现，收入差距、社会地位差距令许多人心生不满，受到这种情绪的影响，社会公众舆论呈现出比较强烈的情绪化倾向。"几乎每个社会群体都认为自己的境遇不如其他群体，否认有自己比别人好的感觉。于是，全社会便出现一种被称为'相对剥夺感'的情绪型舆论，即每个群体

---

① 陈力丹：《舆论学：舆论导向研究》，中国广播电视出版社1999年版，第117页。
② 涂光晋、陈曦：《社会价值观重构中的媒介影响刍议》，《新闻与传播研究》2014年第7期。

都感觉到自己被别的群体剥夺。"① 被情绪支配的公众，对外部世界的认识更容易凭借自己的想象，以感觉代替理性思维，他们宣泄着对于生活中种种不顺的消极情绪，如各种社会牢骚、因很小的原因而导致的争执甚至暴力，这些情绪化的舆论和行为都是在浮躁的生活状态下被引发的。

3. 舆论的分散化

社会转型过程中，不同地区、城乡、产业结构的发展并不平衡，还出现了较多的社会流动人口，打破了我国原有的传统群体结构，并逐步重新组合形成新的群体结构，但这些新群体结构尚不稳定，这导致了以往全国上下相当"一致"的舆论朝着分散化的趋势变化。原有的社会群体分化为带有相同利益的较小群体，形成各种对于自己有利的舆论。地域经济的不平衡发展，首先体现在东部和中西部的发展差异，其次是南方与北方的发展差异。通常而言，经济发展水平高的地区的公众，具备积极进取、开放求变的性格特征，公众的自我意识较强。而在经济发展水平不高的地区、公众在接受新观念时，或者对其感到惶恐进而抗拒，或者采用极为激进方式对其进行解读。农村的城市化趋势相对缓慢，其舆论相比以往，并无太大变动，仍是比较"一致"的舆论态势，这与城市急遽变动的舆论态势相比，存在较大差距，城乡之间的舆论也出现分化的趋势。即使在中心城市，城乡接合带和市区由于经济发展和生活条件的差异，也会造成舆论的差异。"我国城市化具有与一般国家发展的不同特点，即城市的扩展和乡村自身城镇化的双向运动，而且主导趋势是'农村包围城市'的乡村城镇化。"② 城乡接合带中的城市被纳入乡村网络，从而

---

① 陈力丹：《舆论学：舆论导向研究》，中国广播电视出版社1999年版，第126页。

② 姚俭建、叶敦平：《无形的历史隧道》，上海人民出版社1994年版，第302页。

变成了乡村的发展中心，城乡各自早已形成的根深蒂固的传统地方利益，造成城乡接合带内部较大的舆论差异。此外，还有社会流动人口，他们的舆论来回摆动于城市和乡村之间，使本来分散的舆论更加分散化。

如此复杂多变的舆论现状，更需要对其进行有针对性的舆论引导，应当让多种舆论声音得到表达，新闻报道在叙述事实时，不能为了博取眼球，对不合乎人们已有价值观念的现象和观点进行炒作，这样只会加剧人们对舆论的迷茫，也让新闻的客观公正迷失于浮躁之中，新闻的权威性亦会受损，整个社会浮躁迷茫的气象便会愈加严重。

新闻叙事当中无法避免地存在着叙事倾向，而且受述者在阅听新闻的过程当中也会有自己的解读方式，一旦新闻叙事者没有较好地表达叙事倾向，便有可能形成非理智的舆论，因而处理好新闻叙事倾向和舆论引导的关系是非常重要的。新闻叙事倾向的合理表达，能够引导舆论朝更加良性的方向发展。这可以通过选择符合社会规范的事实，以符合社会规范的框架进行叙事，使受述者更容易接受新闻叙事中的倾向。

二 新闻叙事倾向与社会规范

社会规范（social norm）"是指口头符号标记或象征形式来规定社会统一体（团体、组织、阶级、民族、整个社会）的期望和要求的总体"[①]。这是从社会学角度对社会规范进行定义。此外，还有在心理学层面对其作出的定义，"社会规范，指为社会成员普遍认可、并共同遵守的思想、情感、态度、行为等的准则或标准。广义主要包括风俗、文化、语言、时尚、舆论等非正式的行

---

① [苏]达维久克主编：《应用社会学词典》，于显洋、卢朝峰等译，黑龙江人民出版社1988年版，第177页。

为准则和价值标准，是在社会成员之间自发的互动过程中逐步形成的，并潜移默化地对个体产生约束作用。狭义主要包括法律、规章、制度、守则、纪律等，是正式的社会群体依据其活动目标而自觉地制订的，对个体的影响作用带有强制性。社会规范对于社会群体的存在和发展具有一定的作用，具体表现为维系群体的作用、认知标准化作用、行为定向作用和社会惰性作用等。"[1]

"社会规范又称社会常模，假设团体的团体规范。指整个社会和各个社会团体及其成员认为应有的行为准则、规章、制度、风俗、习惯、价值标准或模式。人们对于社会规范的了解和掌握，是在社会化过程中通过社会学习逐渐实现的。由于社会规范对于不同的社会角色要求不同，因而各种社会角色在遵守这些基本的行为界限上存在着差异。社会规范的形成是以社会的文化为基础的，并与人们的心理因素有着密切的关系，如模仿、从众、暗示、人际交往、人际关系等心理因素会使人们产生相互接近、趋于一致的类化过程。社会规范有对与错、好与坏、妥与不妥之分。合理的社会规范使人向上并做出有益的行为；不合理的社会规范阻碍着人们进步，甚至诱迫人们产生有害行为。"[2]

如此可知，社会规范是整个社会或某一群体普遍认可的，它既包括成文的规定，也包括不成文的内容，如道德、风俗、舆论、价值观，等等。因为社会规范被普遍认可，所以一旦违背社会规范就可能受到来自社会或所处群体的惩罚，如孤立、谴责等，这体现了社会规范对于人们行为的制约性，保证社会的规范化发展。

舆论是社会规范中的一种，属于广义的社会规范。社会规范

---

[1] 车文博主编：《当代西方心理学新词典》，吉林人民出版社2001年版，第318页。

[2] 时蓉华主编：《社会心理学词典》，四川人民出版社1988年版，第79—80页。

能够反映在既定群体、文化或社会中，人们认为正常的和可以接受的思想、情感、态度、行为等内容，社会规范对于人们如何行为具有强大的影响力，它是为人们普遍持有和认可的。人们依照社会规范行为就会获得回报（如赞扬、社会接纳），违反社会规范就会受到惩罚（如反对、拒斥），因此，社会规范为人们的行为树立了准则。根据陈力丹对舆论所下的定义，舆论是大多数人持有的观点，对于符合社会规范的行为，可以通过新闻报道对之加以褒扬，而对不合社会规范的行为，则可以对其进行舆论谴责，这与社会规范发挥作用的机制是相同的。社会规范对于社会群体的存在和发展具有重要作用，这种作用有对错好坏之分，舆论亦是如此，因此，应当用正确的舆论引导人们，形成合理的社会规范，推动社会的良性发展。

人们对于社会规范的了解和习得，是在社会化过程中实现的，人际交往、学校教育、社会实践等都是社会化的途径。随着人们认识外界的需求与日俱增，新闻越来越成为人们学习知识和认识世界的来源，除了向人们输送新闻事实所建构的社会知识，新闻叙事当中所隐含的种种观念倾向也随之一并传递给人们。

舆论是新闻叙事的重要内容，新闻报道通过反映社会的某种舆论，引发人们对这种舆论的思考和讨论，最终达成比较一致的舆论。人们通过阅听相关新闻报道，了解其中反映的舆论，从而调整自己对该事件的看法，使自己所持的观点符合舆论。

新闻建立了一种真实的权威："这就是真相""告诉你的就是事实""事实就是如此"。人们出于新闻的真实性权威，自觉或不自觉地受到其隐含的意见倾向的影响。新闻媒体进行新闻报道时，总是基于一定的社会信仰、价值观念等意识形态观念。意识形态是占统治地位的统治阶级的思想，是一个国家的价值和意见体系。新闻叙事所传达的意见倾向受意识形态的影响，体现了占统治地位的思想意识，这种意见倾向引导人们形成统治阶级希望人们形成的社会规范，巩固统治。因而，新闻是了解社会规范的来源，能够帮助人们实现社会化，树立相应的社会规范。

在新闻叙事当中，意识形态是"叙事声音的发出机制和意义的生产机制，它既可以是一种观点，也更多地表现为一种诠释事实的框架和模式。"①"由于新闻叙事必须遵循客观性原则，新闻叙事的框架设置是不露痕迹的。因为意识形态世界是人们生活于内的世界，它塑造着人们的生活，所以，新闻叙事框架的设置实际上是新闻叙事人自觉为之的"②。新闻报道通过叙述典型人物、典型事件，从而传达出对于这些人物、事件所持的褒贬态度，这种褒贬的意见倾向根据已有的社会规范形成。同时，新闻报道可以叙述体现新气象的事实，破除已经不适应当下社会发展的社会规范，为社会公众树立新的社会规范。新闻叙事倾向能够引导舆论，进而帮助社会规范的塑造，这种塑造主要体现在以下三个方面：规范化角色，规范化行为，规范化社会。

（一）规范化角色

社会中的个体总是处于一定的社会位置上，而社会规范对处于不同社会地位的人有不同的期待和要求，"当个体依照社会规范对他的期待履行其义务、行使其权利时，我们又称他是在扮演着一定的角色，其社会行为乃是一种角色行为。"③角色具有规范功能，能够制约和规范个体的行为，社会中的每个个体扮演好自己的角色，社会这个大舞台才能精彩纷呈。这里的角色主要是指个人在社会生活的不同领域承担的角色，比如，在职业领域有

---

① 何纯：《新闻叙事学》，岳麓书社2006年版，第30页。
② 何纯：《新闻叙事学》（修订版），岳麓书社2014年版，第34页。
③ 童星主编：《现代社会学理论新编》，南京大学出版社2003年版，第82页。

医生、教师、工人、公务员包括领导干部等各行各业的工作人员，在家庭领域有父母、子女等角色，在社会领域每个人都是组成这个社会的公民。在结构严密的社会交往中，社会全面规定了各种社会成员要扮演的角色，但社会的角色期待与人们实际扮演的角色并不总是一致的，这就需要矫正以符合规范。

目前一些学术机构和科技人员涉足商业炒作，引起群众议论和专家担忧。近日，中国生化学会规定——

学者不得为商家当"托儿"

薛晖

"某某学会推荐产品""通过某某学会科学鉴定"……在科技备受推崇的今天，这样的广告宣传也如雨后春笋般出现在大众媒体上。可又有谁知道"学会"这个神圣的名字是不是盗用的呢？

权威学术组织正面临成为商业炒作招牌的危险，一些科技人员与黑商有染，正在动摇公众对学术组织的信任，这些情况已经被学者们意识到。于是，有些学术组织开始着手规范"家规"。记者日前获悉，国内一级学会之一的中国生化学会率先作出规定：学会成员不得擅自以学会名义在商业活动中发表学术观点，以防误导公众。

核酸风波惹恼学界泰斗

中国学术界有句流行语：学生物化学的人不知邹承鲁，如同中国人不知北京。这位堪称中国科技界泰斗的邹承鲁院士，是剑桥大学归国学者，是新中国最有希望获诺贝尔奖的科技成果——中国人工合成牛胰岛素的主要贡献者之一，也是国家自然科学一等奖获得者。邹承鲁院士是中国生化学会的理事长，也是此次净化学会"家规"的主要倡导者之一。

去年在科技界闹得沸沸扬扬的"核酸风波"，中国生化学会有多名会员卷入。一位参加过核酸听证会的院士虽未在会上发言，会后却被商家当作招牌菜供上媒体。而另一位学会下属专业委员会的负责人不但以学会负责人名义在报纸上发表介绍核酸营养的文章，甚至还以学会名义召开了核酸研讨会。此举令邹院士非常恼火，他随即给这位会员去信，告诫他不要用学会头衔替商家说话。邹承鲁在接受《南方周末》采访时表示，核酸之争已超出了学术之争，其中有学术道德问题。因此，邹承鲁提出学会应在内部建立道德规范，与商业炒作划清界限。

……①

新闻报道首先叙述了广告中出现的一个现象：某些产品越来越多地借助学会、学者的名义进行广告宣传，一方面是商业机构利用权威学术组织炒作，另一方面也存在部分科技人员与黑商勾结的情况。而后叙述了"中国生化学会作出规定，要求学会成员不得擅自以学会名义在商业活动中发表学术观点，以防误导公众"这一事实。这篇新闻报道通过叙述核酸风波这一事件，借邹承鲁院士的观点表明对学者以学会名义为商家说话的态度，批评了学者不负责任地为商家代言的行为。这种叙事倾向便是规范学者角色的舆论引导，学者应当是独立于商业之外从事学术研究的人士，如果借助自己学者的身份及其权威性为商家或商品代言，不仅会动摇学术的权威，还会误导社会公众，造成不良的社会后果。又如：

---

① 中国新闻奖评选委员会办公室编：《中国新闻奖作品选》（2001年度·第十二届），新华出版社2002年版，第34—36页。

打破"官本位" 回归"学本位"
临沂大学八位处长辞职当教授

本报临沂11月24日电（记者周华、赵秋丽 通讯员文锋） 近日，山东临沂大学完成了新一轮专业技术岗位全员竞聘，8位具有正高职称的在职处长"辞官从教"，一心一意当起了教授。

"我评上教授已经7年了，但是由于长期从事繁忙的行政管理工作，很难有足够的时间和精力进行深入的教学和科研。这次竞聘，学校党委出台了导向教学和科研一线的优厚政策，促使我下定决心转岗。"已经在正处级岗位上干了12年、刚刚辞去社科处处长职务的汲广运教授对记者说。辞去资源环境学院院长职务的于兴修教授也向记者表达了同样的想法。

......①

这篇报道以长期以来高校中存在的"官本位"现象为背景，对临沂大学八位处长辞去行政职务专心当教授一事进行了叙述。报道中引用了辞去处长职务的某教授的原话，说出了从事行政职务影响其教学科研工作的事实，并提到学校出台的教学与科研的倾斜政策促成这些处长转岗当教授的事情。这篇报道所叙述的事实对于高校存在的"官本位"现象有积极的引导作用，临沂大学党委出台的政策可以为希望解决"官本位"问题的其他高校提供参考，这篇报道既能够引导高校有关部门出台措施推动"学本位"，也能够引导高校学者重视教学科研工作，而不能一味追求行政职

---

① 中国新闻奖评选委员会办公室编：《中国新闻奖作品选》（2012年度·第二十三届），新华出版社2014年版，第182—183页。

务上的升迁。

以上两篇报道都是针对学者这一群体,前者是规范学者与商业活动的关系,后者是引导学者正确处理教学科研工作与行政工作的关系。新闻报道除了通过舆论引导,规范学者这一类社会角色,还规范其他社会角色,这种社会角色规范既引导各种社会角色形成对自己角色的正确认识,更重要的是,引导他们采取与自己角色相适应的规范化行为。

(二) 规范化行为

规范化行为是一种与自身角色相适应、并符合社会期待的行为,每一个社会角色通过采取某种行为才能实现其功能,获得社会评价。人们在社会中扮演着不同的角色,而且通常每个人都同时扮演若干个角色,社会对不同的角色有不同的角色期待,这种期待又主要指行为规范。比如,社会期待领导干部采取为人民服务、恪尽职守的行为,而不符合这种社会期待的行为,如尸位素餐、玩忽职守,严重如贪污受贿、腐化堕落等,采取这些行为的领导干部就会被惩罚,包括法律上的惩罚和舆论谴责,从而达到规范行为的目的。

以《交口县委大院竟挖出"升官符"》[①] 这篇消息为例。消息叙述了山西交口县县委书记和县长等县主要负责人迷信风水、被罢免职务的事实,并叙述了山西省委作出批示要求严查的事实,事实的叙述表明了对党政干部搞封建迷信行为的批评态度。这篇报道将该县主要领导埋下"镇邪物""升官符"、在香案前跪拜烧香等荒唐行为叙述出来,表达了对该县主要负责人求神拜佛、不干实事的行为的否定,而且山西交口县的主要负责人还因

---

① 杨荣、焦群:《交口县委大院竟挖出"升官符"》,《光明日报》2001年1月9日,光明网, http://www.gmw.cn/01gmrb/2001-01/09/GB/01%5E18660%5E0%5EGMA4-022.htm。

为迷信风水而重建看守所，新建牌楼，建女儿墙，这些工程不仅不能解决民生问题，反而是一种劳民伤财的行为，如此不做实事的党政干部凭什么晋升？这篇报道通过否定、批判相关负责人的迷信风水行为，为党政干部树立了这样一种规范化行为：党政干部应当坚持科学的世界观和价值观、应当多为群众做实事，解决人民群众的实际问题。

当然，也有大量新闻报道叙述了领导干部的先进行为，如《县委书记的榜样——焦裕禄》《领导干部的楷模——孔繁森》《百姓心中的丰碑——追记公安局长的楷模任长霞》《党的好干部 人民的贴心人——追忆新时期领导干部的楷模、优秀少数民族干部牛玉儒》《公仆本色——追忆湖南省委原副书记、省人大常委会原副主任郑培民同志》等。在这些新闻报道中，领导干部的先进行为主要集中在不畏艰难、任劳任怨地为老百姓解决实际问题，通过在新闻报道中对他们的这种先进行为予以突出呈现，从而达到示范作用，鼓励领导干部群体树立全心全意为人民服务的规范化行为。这类新闻报道便是典型报道，"典型报道是对一定时期内出现的同类事物和人物中最突出或最具代表性的人、事、物所作的重点报道。……典型报道通过一系列客观事实说话，如何选择最'有意味'的事件来构建事实、突出典型，是典型报道的关键。它的选材往往要求集中、单一，且最具说服力，以突出人或事物的代表性与本质"[①]。请看下例：

王崇伦抓豆腐

（新华社哈尔滨 1981 年 3 月 25 日电） 在中共哈尔滨市委副书记王崇伦办公室的墙壁上，挂着一幅别具一格的哈

---

① 何纯：《新闻叙事学》（修订版），岳麓书社 2014 年版，第 143—144 页。

尔滨市地图。图上用文字标明的，不是什么重要建筑物，而是分布在全市的所有豆腐生产车间。

全国总工会副主席王崇伦是去年 8 月到哈尔滨兼任市委副书记的。市委分工他负责全市的财贸工作。他就把"抓豆腐"作为自己的一项重要任务。

……

整整两个多月，王崇伦清早起来走访豆腐供应站，夜晚出入在各个豆腐生产车间。他一边调查，一边解决豆腐生产和供应中的一个个具体问题。

豆腐生产能力太小，是"吃豆腐难"的一个重要原因。全市 29 个豆腐生产车间，有 13 个车间的锅炉"老掉了牙"，严重影响生产；有一个车间安装着一条效率很低、浪费大豆严重的"豆腐生产自动线"；有的豆腐车间厂房太旧，也影响生产。

王崇伦一一调查清楚后，立即向市委汇报。在市委的支持下，更新了 8 台旧锅，翻修车间厂房的领导小组也在他的过问下成立了起来。他又组织技术人员改装了那条"豆腐生产自动线"。还把个别的车间改造成豆腐生产车间。

豆腐的产量上去了。为了提高豆腐质量，王崇伦又和有关部门的同志一起，到车间摸索泡豆、磨浆、过罗、煮浆、点脑、压型 6 个生产环节的"优选法"，总结推广了在这方面搞得比较好的南岗豆制品厂的经验，建立了标准化的工艺操作规程和质量检查制度，还组织职工选举出 18 名生产经验丰富的车间主任，做到每个车间都有两名主任轮流值班，严格把住了质量关。

生产车间布局不合理和供应网点少，是造成豆腐供应紧张的另一个原因。王崇伦与市有关部门的领导同志一起，走街串巷，帮助开办起一个又一个新的豆腐供应点。

今年 1 月下旬，在市委大楼的会议室里，开了一个别开生面的会。十几名从未迈进过市委大楼的"豆腐匠",接受王崇伦的邀请,前来座谈豆腐生产的发展前景。王崇伦泡满一杯杯清茶,热情地招待他们。短短几个月里,王崇伦在雾气腾腾、又湿热的豆腐生产车间里,已和他们中间的许多人交上了朋友。这些做豆腐的师傅在会上提出的一些建议,后来逐步得到落实。全市豆腐行业还提拔了一批豆腐技师。

现在,哈尔滨市平均每人每月吃豆腐量,已居全国各大城市之冠。①

这篇报道聚焦的是"市委副书记抓豆腐",初看标题,便会对其产生兴趣:书记"抓豆腐"是怎么回事?为什么书记要去"抓豆腐"?书记怎么"抓豆腐"?这些疑问在新闻报道中被一一解答,王崇伦刚刚上任哈尔滨市委副书记,便将解决哈尔滨市民喜欢吃但很难吃到的豆腐问题作为自己的主要工作任务,他深入生产一线进行调查,帮助更新了生产设施,提高了生产的产量,随后他又不断和专家以及一线工人讨论,提高豆腐的质量,还解决了豆腐供应的问题。这篇报道抓住"市委副书记抓豆腐"这个有意味之处,围绕其集中叙述了客观事实,将领导干部关注民生、深入一线调查、与一线工人打成一片等亲民爱民的行为凸显出来,使这篇报道既富有趣味更富有广泛性的规范化的意义——

社会分工是社会有序发展的需要,社会分工让社会中的个人扮演不同的角色,承担各不相同的责任。个人身处于社会之中,通过采取与自己角色相适应的行为,实现自己的社会角色,完成社会分工对其施加的任务,这就要求每种社会角色都要形成规范化的角色认识,采取规范化的行为,完成自己的角色任务,从而

---

① 郭超人主编:《1949—1999 新华社优秀新闻作品选集:国内通讯选》,新华出版社 1999 年版,第 297—298 页。

推动整个社会的规范化发展。

（三）规范化社会

规范化社会离不开个体的规范化，社会个体的认识规范化和行为规范化都有赖于社会规范为其提供参照。新闻叙事能够通过叙事倾向表达自己的观点态度，形成新闻舆论。"在全部舆论中，影响力最大、最能使公众形成广泛一致意见的是新闻舆论。"[①]新闻舆论在一定程度上反映了主流媒体或主流意识形态的观点，这些观点代表着统治阶级期待形成的社会规范，因为新闻舆论能够广泛地传播，这种体现主流意识形态的社会规范便能够对社会个体产生影响。

前文提到学者、领导干部应该持有的规范化行为，其他社会角色的规范也通过各种典型报道被树立起来。如：与工人有关的先进典型报道有《特等劳动模范孟泰》《大庆精神大庆人》等，众多典型报道中出现了铁人王进喜、水电修理工徐虎、鞍钢工人郭明义等一系列先进典型，还有青岛港工人群体典型事迹、中央电视台《大国工匠》系列专题等相关工人典型报道。除此之外，还有与医生、教师、士兵、农民、警察、法官等各行各业工作者的有关典型报道，他们通常都在自己的工作领域有突出表现，"最美护士""最美警察""最美教师"等"最美系列"人物的报道和评选，能够引导各行各业改进工作，提供更好的服务。

规范化社会的形成既需要各行各业规范自己的行为，也需要每一个人在私人和公共领域树立规范化角色认识，采取规范化行为。如《男儿当自强——洪战辉带着妹妹求学记》[②]，洪战辉在母亲离家出走之后，独自承担起家庭重担，既要筹钱为患有精神

---

① 丁柏铨等：《新闻舆论引导论》，中国社会科学出版社2001年版，第4页。
② 贺广华、周立耘：《男儿当自强——洪战辉带着妹妹求学记》，《人民日报》2005年12月14日第1版。

疾病的父亲治病，还要照顾自己的弟弟和领养的妹妹，还要负担自己的学费，洪战辉勇于承担家庭责任、百折不挠、孜孜求学的精神在这篇报道中都得以体现，这样一个孝顺父辈的儿子、关爱弟妹的哥哥的形象，可以引导人们对家庭角色形成规范化认识。

规范化社会的形成还有赖于在全社会形成良好的风气，"所谓社会风气，指的是在一定的社会时期和一定的社会范围内，在一定的人群中所传播、竞相模仿或流行的思想观念、行为方式和社会时尚。"① 当前社会风气存在的问题主要包括：功能规范的丧失，价值取向的混乱，冷漠心态的渗透，社会道德的衰退，责任、义务意识的淡薄等。社会风气出现这些问题的原因是复杂的，解决这些问题也并非朝夕之间、举手之劳，而新闻报道可以通过其广泛的影响力实现对社会风气的引导。新闻报道叙述的新闻事实要能够引发人们对于社会风气的思考，帮助人们树立正确的价值观念，推动规范化社会的建设。

《工人日报》在2012年全国"两会"期间，采访了九位一线工人人大代表，在头版显要位置，刊登了系列报道《五位一线工人代表直言"劳动之惑"》。报道牢牢紧扣"今天劳动还光荣吗？""如何体现劳动价值？""如何实现尊重劳动？"等关切经济社会发展与核心价值观建设的重大时代命题，在6天的时间内发表了7条消息。开篇的是：

强烈呼吁尊重劳动、尊重一线工人
五位一线工人代表直言"劳动之惑"

"想当年，大家对8级工师傅的尊敬绝不下于企业领导；如今呢？附近村民都不想将闺女嫁给我们工人"

---

① 邵道生：《中国社会的困惑》，社会科学文献出版社1996年版，第3页。

本报北京3月7日电（记者沈刚　赵翔　康劲　李瑾　于宛尼）"如今还有多少人乐意被人叫一声'师傅'？'老板''经理'听着多体面。"李斌、康厚明、代朝霞、张全民、程军荣等5位来自企业一线的全国人大代表，今天在接受本报记者采访时不约而同地感慨，身边很多人都不想当一线工人。他们强烈呼吁，尊重劳动、尊重一线工人，不能漠视劳动者的劳动价值。

"坚持下来的人太少了。"全国人大代表、河南平高电气股份有限公司机加工车间副主任张全民说，他1990年毕业后当了车工，很快成为技能人才。20多年来，他当上了全国劳模、全国人大代表，但始终没有离开一线。"可我在技校的40个同班同学，还在一线工作的也就二三人，大家都不愿当工人。"

全国人大代表、湖南常德纺织机械有限公司弹簧工代朝霞，也在生产一线工作了20年，如今月工资仅为2000多元，为买一套26万元的二手房负债13万元。她坦率地说，比起当年自己选择成为工人时父亲鼓励的态度，如今她和同为工人的丈夫，并不希望孩子继续当工人。"这不只是因为经济原因。"她说，更多的是因为现在对一线工人的尊重已不如当年，"想当年，大家对8级工师傅的尊敬绝不下于企业领导；如今呢？附近村民都不想将闺女嫁给我们工人了。"
……①

消息通过直接引用五位一线工人代表的话，表明了他们对于工人地位下降这一现象的困惑，他们叙述的这种现象正反映了社会风气的变化：人们对"劳动光荣"的认可逐渐淡化。在实用主义、拜金主义思潮涌动，不劳而获、赚快钱等心理日益普遍的当下，如何让公

---

① 沈刚、赵翔等：《五位一线工人代表直言"劳动之惑"》，《工人日报》2012年3月8日第1版。

众树立劳动创造价值的信心,成为亟待解决的时代课题。在此背景下,这篇报道适时地进行了正确的舆论引导,它选择叙述这一现象,并选择叙述一线工人代表的话语,呼吁人们尊重劳动价值,鼓励人们通过劳动创造财富,这有助于引导人们形成正确的价值取向。

自从"彭宇案"[①]发生以后,对于摔倒老人该不该扶的问题引发了广泛的讨论,新闻报道叙述这一事件的本意是支持帮助他人的行为,提倡乐于助人的精神,但是结果也造成人们不敢向他人提供帮助。对于社会道德问题的揭露,虽然可以引发人们对其进行谴责,减少违背社会道德行为,但是也会使人们怀疑社会道德的存在意义。所以新闻叙述者在叙述新闻事实的过程中,应当多从受述者的角度考虑,采取受述者易于接受的方式叙述事实,流露倾向传递观点,更好地实现传播效果。

三 新闻叙事的叙事化与社会规范

"叙事化"是后经典叙事学的一个分支——认知叙事学中的重要概念,指的是读者借助于规约性的叙事阐释框架把文本加以"自然化"的一种阅读策略。具体而言,"叙事化就是将叙事性这一特定的宏观框架运用于阅读。当遇到带有叙事文这一文类标记,但看上去极不连贯、难以理解的叙事文本时,读者会想方设法将其解读成叙事文。"[②] 也就是说,叙事化是读者在阅读叙事文本的时候还原所述故事的过程,在这个过程中,如果存在不符

[①] "彭宇案":2006年11月20日早晨,一位老太在南京市水西门广场一公交站台等83路车。人来人往中,老太被撞倒摔成骨折,经鉴定构成8级伤残,医药费花了不少。老太指认撞人者是刚下车的小伙彭宇。老太告到法院索赔13万多元。彭宇表示无辜,他不仅送老人去了医院,还垫付了部分医疗费。2007年9月4日,南京鼓楼区法院一审宣判,法院认为本次事故双方均无过错,按照公平的原则,当事人对受害人的损失应当给予适当补偿。因此,判决彭宇给付受害人损失的40%,共45876.6元。彭宇表示不服这一判决。该案造成了广泛的社会影响。

[②] 申丹、王丽亚:《西方叙事学:经典与后经典》,北京大学出版社2010年版,第228—229页。

合叙事规则的情况，比如说前后矛盾、情节断裂等，读者会根据自己已有的叙事阐释框架对其进行解释，让整个故事符合常规的理解。常规在很大程度上被认为就是社会规范。这意味着，受述者具有的叙事阐释框架既是基于社会规范的建构，对新的社会规范的接受与形成也具有重要影响。

"叙事化"侧重读者的认知心理对文本解读的影响，具有不同认知结构和认知心理的读者对同一则新闻会产生不同的解读，如对抗式解读（与新闻叙述者意图完全相反的解读）、妥协式解读（结合自己的认知经验与新闻叙述者的意图）、顺从式解读（与新闻叙述者意图大致相同的解读）。通常情况下，妥协式解读和顺从式解读居多，对抗式解读出现的情况较少，如上文谈到的彭宇案的新闻报道，受述者对其进行的解读便是一种对抗式解读。因为这一新闻报道中叙述的事实不符合受述者既有的阐释框架，即乐于助人的行为（送摔倒老人去医院、垫付医药费）应当被褒奖，这种认知是人们普遍持有的社会规范，一旦叙述的新闻事实背离了社会规范，人们对其进行叙事化解读便可能产生偏差。体现在这一案例中，这种叙事化所带来的后果便是，人们对于"扶老人"这一社会传统美德的行为心生犹疑，帮助弱者尤其是尊重老人，是一项传承至今的基本的社会规范，动摇了人们对于社会规范的信念，将可能危及社会稳定。新闻叙事倘若不顾及受述者既有的社会认知，那么受述者在叙事化过程中所形成的偏差，将削弱社会规范的约束力，导致社会普遍的信仰危机。

新闻叙事区别于历史叙事和文学叙事，首先在于新闻叙事叙述的是真实发生之事，即事实，而且叙述的是当下正在发生的事实，这两个特征是新闻这一文类最根本的"文类标记"，也是受述者进行新闻叙事化所依据的重要规约。

一方面，受述者在对新闻进行叙事化的过程中，是基于新闻叙述的是真实发生之事这一前提进行解读，当读到超出自己认知范畴的内容，就会出现两种可能：一种可能是他们会选择相信新闻的叙述，扩大自己的认知，而很少表示怀疑。这种可能体现在受述者更改自己业已形成的观念，推及到社会范畴，便会改变既已形成的社会规范，被改变的社会规范有可能是落后的、不符合时代潮流的，如早前北大毕业生回家卖猪肉的新闻，抑或是近期频频见于新闻报道中的优秀大学生放弃高薪自主创业的故事，新闻媒体选择叙述这些事实，并采用打破"学而优则仕"的传统社会规范的叙述角度来报道，便是为了更改难以动摇的不利于社会进步的思维定式。另一种可能是他们会怀疑新闻的真实性，质疑新闻机构发布这则新闻的动机。这种可能体现在受述者改变作为社会规范的"新闻媒体是社会公器"的认知，当新闻媒体的公信力遭受质疑之时，新闻媒体的"瞭望者"功能无法发挥，人们获取社会知识、形成社会规范都将受到干扰，社会秩序也必将混乱。上述两种可能，无论何种可能，受述者既有的社会认知都将发生改变。

另一方面，新闻叙述的是当下正在发生之事，据此，受述者会认为新闻所叙之事与自身有关，将对自己造成影响，更容易感同身受，便会给予关注并参与讨论，在讨论过程中逐渐形成较为一致的意见，经过时间积淀成为被普遍认可的社会规范。

所以，新闻报道应当慎重叙述各类事实，并选择合适的叙述方式，通过对各类社会现象或问题进行报道，引发人们对其思考，形成正确的舆论，塑造有利于社会发展的社会规范。在这一过程中，最重要的是，新闻叙事需要把握"度"的原则，这个"度"需要基于受述者的认知经验考量，其中最重要的便是基于社会规范来把握"度"。在许多负面报道中，新闻媒体的叙事倾向可能是希望激起人们的义愤，批评不符合社会规范的行为，改变社会风气不正的现状，但由于新闻叙事过度叙述某些负面事实，或者在还没有对新闻事实进行准确把握之前便急于对其做出负面定性，使得人们难以做出相应的回应、树立正确的社会认知，这些都不利于正确引导舆论的过程，对社会规范也造成一定冲击。

2015年1月4日，央视综合频道和新闻频道并机直播的栏目《朝闻天下》8点段播出了"盘点2014年度热词·度"的节目，其中提到"度，就是尺度、分寸、规矩、均衡、规矩与责任"，一个有度的舆论场应当拒绝三种坏脾气：暴脾气，急脾气，怪脾气。暴脾气是指断章取义，狂欢式的围殴，如以"人肉搜索"为代表的网络暴力；急脾气是指不等搞清对象，就表态站队，如湖南湘潭产妇事件；怪脾气是指大惊小怪，沉溺于碎片信息，如西安凤城手术室医生自拍事件。这些问题导致舆论场出现较大的震荡，新闻叙事没有采取适合受述者认知方式的叙述方式，使得受述者在解读过程中做出对抗式解读，社会急剧变迁引起的社会矛盾非但没有被缓和，反而还愈演愈烈，正常的社会秩序如亲子关系、夫妻关系、师生关系、医患关系、干群关系等被颠覆之后，建设性的社会秩序却尚未确立，已然矛盾重重的社会问题得不到解决，人们也更加对社会规范产生迷茫，社会秩序难以稳定。新闻叙事应当根据受述者的认知结构和认知经验，以符合社会规范的认知提示框架叙述事实，既能够保证受述者在叙事化的过程中接受新闻叙事倾向，形成比较稳定的舆论场，同时也能够塑造利于维持社会秩序的社会规范，为解决各种社会矛盾创造良好环境。

本章结语

罗曼·雅各布森（Roman Jakobson）曾经提出过"隐喻"和"转喻"的概念，隐喻是用已知的词语来表达未知词语的意义，如"首脑"以大脑在人体的重要性表明领导人物在群体组织中的地位。"转喻"是指用物体的部分代表整个物体,如"长城""故宫"是中国的风景名胜,一旦出现这类符号,便能表达"中国"这一词语的意义。同样,新闻事实是被选择的事实,是全部事实的部分,新闻叙述者通过选择事实,以"转喻"的方式建构人们对于现实世界的认识,这是新闻得以将叙事倾向即观点传播给受述者的重要途径。

新闻叙事通过选择事实、提供诠释框架,陈述事实的发生、发展与结果,提供有关事实的信息,即"用事实说话"引导舆论,建构社会规范,营造良好有序的社会环境。新闻叙述者选择事实、建构事实、解释事实,在叙述的过程中,通过场面叙述和情节建构,自然而然流露出倾向,表达了对积极向上的人物和事物的褒扬,对假恶丑的人和事的贬斥,从而规范人们对于正义与邪恶、善良与凶残、美好与丑陋的定义,形成符合主流的价值观,而人们遵照这些价值观采取相适应的行为,个人的规范性行为亦将推动社会的规范化,维持社会整体的正常运行。

第三章 新闻叙事与社会共识形成

> 共同意识与个人意识之间的关系，前者越是能够全面地涵盖后者，社会关系就越紧密。
>
> ——涂尔干（Emile Durkheim）

党的十七届二中全会公报提出："要着力保持良好思想舆论环境，牢牢把握正确舆论导向，切实做好引导社会思潮、凝聚社会共识的工作，努力营造倍加顾全大局、倍加珍视团结、倍加维护稳定的良好氛围。"党的十八大报告也提出了"积极运用社会主义核心价值体系引领社会思潮，凝聚社会共识，壮大主流思想舆论"。这都为作为"思想舆论阵地"的新闻传媒提出了新的重要的任务。

社会主义核心价值体系的本质就是国家意识形态，是国家建构在社会精神生活领域占主导和引领地位的价值观念体系和行为规范体系[1]。当代社会在全球化的浪潮冲击下，呈现出多元发展的趋势，社会各种利益主体的诉求也在不断分化与重构，价值共识的混乱现象也日益突出。但不管怎样变化，社会要发展、要进

---

[1] 杨晓强、周玉：《社会主义核心价值体系建设结构模型初探——一种传播学的视野》，《江淮论坛》2011年第3期。

步，就必须形成社会成员之间的相互合作，这一点是毋庸置疑的。社会共识是一个社会前进的目标和方向，也是一个社会前进的动力，没有共识，当矛盾产生时，我们的社会将只有无休止的争论，而没有任何解决问题的实际行动；只有各种各样的思想交锋，而没有促进社会发展进步的力量。因而，凝聚社会共识对于"运用社会主义核心价值体系引领社会思潮"既是迫切的又是极具现实意义的。

新闻叙事能建构社会知识、形成社会规范，也就必然地能对社会共识的构建起引领作用。把新闻叙事所建构的社会知识，所形成的社会规范凝聚成为社会共识，使人们无论是对人对事对物进行价值评判时有一个正确的标准。通过新闻叙事凝聚社会共识的最终目的是把社会共识提升为社会行动，使人们在日常生活中无论是面对大事小情，都能做出正确的价值判断和行为选择。

第一节 社会共识的内涵及新闻传媒的作用

社会共识，又可简称共识，是当代哲学、社会学的一个基本范畴，指的是全体社会成员对某个目标、某种价值观、某种判断共同持有的某种心态与观点。社会共识是社会成员共同创造的，是历史的存留和现实的发展，它积淀在文化和社会的价值观和信念当中，表现在各类制度设计、器物制造以及人们的习俗和行为偏好里，又通过一代一代人的社会文化活动来传承。[①]

在社会共识的传承过程中，新闻传媒发挥了重要作用，中央电视台就明确以"传承文明，开拓创新"为立台宗旨。而且，从报纸杂志、广播电视等传统媒体到以网络、手机为代表的新兴媒

---

① 杨宜音：《作为社会共识表达方式的社会心态》，《光明日报》2014年4月2日第16版。

体，不断变化发展的媒体形态促进了媒体传播领域的革新，推动了社会舆论的多元。当今社会，正因为互联网、移动通信的普及，越来越多的人们可以在极短的时间内接收到最新的信息，也能够自由地表达个人意见，这大大促进了人们之间的沟通与交流，而社会成员之间的沟通与交流恰恰是社会共识形成与传承的基础所在。

一 社会共识的界定

"社会共识"的凝聚是我国社会发展面临的重大现实问题。社会共识作为一种价值观念，是由全体社会成员所具有的价值观念转化而成，在某种程度上蕴含着"集体"和"统一"的思想，它所强调的是大多数社会成员共同具有的某种价值观念。

美国政治学家乔万尼·萨托利（Giovanni Sartori）从内容或对象的角度来定义社会共识："（1）终极价值，如自由和平等，它们构成了信仰系统；（2）游戏规则或程序；（3）特定的政府及政府的政策。"[①] 随即他又按照伊斯顿的说法，把它转换为三个层次"（1）共同体层次的共识，或曰基本的共识；（2）政体层次的共识，或曰程序的共识；（3）政策层次的共识，或曰政策共识。"[②] 据此，我们可以认为社会共识主要由基本共识、程序共识和政策共识三方面所构成，基本共识是社会成员对价值的本质和来源等基本问题的认识，程序共识是人们对解决社会问题时所共同遵守的一系列规章制度的认识，政策共识是社会成员对国家所出台的相关政策及制度的认同。它们之间联系紧密，共同对社会的发展以及社会成员的日常生活产生重要影响。

---

① ［美］乔万尼·萨托利：《民主新论》，冯克利、阎克文译，东方出版社1998年版，第101页。

② 同上。

《布莱克维尔政治学百科全书》对社会共识的定义是"在一定的时代生活在一定的地理环境中的人们共有的一系列信念、价值观念和规范准则。"[①] 如此，共识是社会成员在一定时期内对某些事物普遍的、一致的认同，是社会成员具有共同行为准则、价值观念和理想信念的表现，其中社会主流意识形态是所有共识的基础，也是各个社会群体形成社会认同的基石。共识可以说是人们一致的态度，是各个社会群体在共同的社会生活中，在价值追求、利益获得、情感共鸣基础上的一致认识和行动。

近年来，我国学者对社会共识提出了自己的理解，并赋予这一概念更为丰富的内涵。甘绍平认为，社会共识"分事实上的共识与理性论证基础上的共识两种"[②]，事实共识是以传统理念和血缘纽带为核心、生活地域狭小且封闭、彼此相互熟识、生活方式相同的人们所形成的共识；理性共识则是以利益为核心来维系人际关系的人们所形成的共识，因而，处于同一利益集团的人们往往更易就某个问题形成一致的认识。程伟礼则认为，"所谓社会共识，就是社会成员对社会事务及其相互关系大体一致的普遍认知，它既是社会整体存在的基础，也是人们判断与行动的价值载体"[③]。社会成员之间具有一致的认识能够形成社会发展的合力，对于社会的发展进步意义重大。

综上，所谓社会共识，就是生活在这个社会中的每一个个体、群体、阶层、阶级之间对社会的基本价值观念和信念、对社会相关事项的行事规则以及政府制定的政策等社会事务形成的大体一致或接近的意见、看法。从这个归纳看来，这与"舆论"的

---

① [英]戴维·米勒、韦农·波格丹诺：《布莱克维尔政治百科全书》，邓正来译，中国政法大学出版社1992年版，第155页。
② 甘绍平：《应用伦理学前沿问题研究》，江西人民出版社2002年版，第15页。
③ 程伟礼：《今天我们需要什么样的社会共识》，《文汇报》2011年4月18日第10版。

定义是非常接近的，因之，舆论在引导、凝聚社会共识方面的作用也就一目了然。在一定的时期社会会形成一定的社会共识，这决定着社会的行为，也在一定程度上决定着这一时期社会成员的行为。一个国家或地区的社会共识是由这个国家或地区中处于不同阶层、利益集团以及每个社会成员共识的总和所构成的，而人们有可能在某一方面达成共识，在另外一个方面不一定能够达成共识，所以共识也就是对各种现实差异的包容，在广大社会成员中凝聚起社会共识，这并不意味着人们的思想观念就不存在差异了，而是强调社会成员之间具有一致的价值取向和追求，这些共同的价值追求是社会进步得以实现、社会生活得以协调的价值基础；寻求社会共识，也不是否认人们之间的利益差异和矛盾，而是强调人们相互之间的利益关系是可以协调的，对利益的追求能够以和平的方式博弈，这是因为，社会公共生活的基本特征就是人们之间的交往与合作，人们只有在合作中才能实现自己的利益和价值。

二 社会共识的种类及重要性

综合学界的认知，结合新闻传播的实践，我们在此将社会共识大体分为两个大类。

（一）价值共识

价值共识是指不同主体对价值观念达成基本或根本一致的看法，也即对价值观念形成基本或根本一致的观点和态度，价值共识具体包括四个方面内容，一是价值原则共识，它是作为价值观念而存在的社会共识，即人们关于什么是价值、怎样评判价值、如何创造价值等问题上的共识；二是价值规范共识，即人们判断自身、他人、群体行为的基本价值尺度和准则，是人们对事物有无价值及价值大小等评价标准的共识；三是价值理想共识，即人们所追求的通过自己的努力能够实现的价值目标；四是事实共识，我们对社会事务的认识都应以事实为基础，价值共识是以事实共识为基础的，它不能离开事实共识，二者联系紧密。

人们在实践活动中，不仅不断地追求和创造着价值，也在不断认识和评价着价值。价值观就是人们的关于价值的各种看法和观点。价值观一旦形成，就会对人们的实践活动起导向作用。因此，确定对社会发展起促进作用的核心价值观可以稳定社会秩序，社会价值观就是人们意识中的社会行为准则，指导着人的实践活动。

尤应强调的是价值共识包括事实共识。美国科学哲学家希拉里·普特南（H. Hilary Putnam）就对事实与价值二分作了严厉批评，他说："我首先表明，无论从历史上还是从概念上看，那些论证起源于一种贫困的经验主义（后来是同样贫困的逻辑实证主义）的事实观；其次，如果我们不把事实与价值看作深刻地'缠结'在一起的，我们就将与逻辑实证主义者误解价值的本性一样糟糕地误解事实的本性。"[①] 他借鉴量子力学的量子缠结概念说明了事实与价值是相互缠结在一起而不可分割的：事实判断本身预设了价值判断，而价值判断又承载了事实判断。既然如此，事实共识与价值共识就是相互缠结的，我们指出社会共识包括价值共识，也就自然地包括了事实共识。随着经济的发展和技术水平的提高，大众媒介作为传递社会信息、促进社会发展的重要工具，在人们的生活中发挥着日益重要的作用。新闻媒介不仅是一种信息传播工具，更起着引导社会舆论的重要作用，它能够通过多种事实报道的方式传播社会主义核心价值观，凝聚社会共识。新闻媒体应致力于通过事实告知广大社会成员什么是价值、怎样判断价值尺度和准则以及如何创造价值。新闻媒体对新闻事实的

[①] [美] 希拉里·普特南：《事实与价值二分法的崩溃》，应奇译，人民出版社2006年版，第59页。

每一次报道过程,对于社会成员来说都是一次促成社会共识形成的契机,也必然地能够对社会共识起建构和引领的作用。

(二)程序共识

程序共识主要指形成社会共识的、中立的、理性协商的交往对话程序。随着社会现代化程度不断提高,市场化进程不断推进,不同利益群体的诉求日益显化,社会矛盾加剧导致阶层分化明显,各个阶层的利益关系变得紧密而复杂,人们的思维方式、价值观念越来越多元化,人们就某一问题很难得到一个既符合各方利益,又体现了公平正义的使相关各方满意的结果,但是,"人们可以期待,对产生这一结果的程序的公正性达成一致,从而和平相处而又不丧失各自的差异性"[①]。对"这一结果的程序的公正性达成一致"就是程序共识。共识的达成需要公众积极参与讨论,实现新闻媒介与公众情绪的有效互动,才有利于社会共识的形成。亦如是说,新闻是当今社会最显著最频繁的交往、对话形式,故其对社会共识的建构作用,亦是显著与频繁的。

社会共识是一个社会存在与发展的基础,它作用于人们的思想情感,使人们在进行价值判断和采取行动时就有了具体的评判标准和共同遵循的准则。社会成员对于社会事务共同的或接近的认识,成为了促进社会发展的"合意",社会的长久发展则需要每个社会成员力量的凝聚。

凝聚社会共识对当今中国发展具有重要意义。党的十六届六中全会通过的《关于构建社会主义和谐社会若干重大问题的决定》指出:要"坚持以社会主义核心价值体系引领社会思潮,尊重差异,包容多样,最大限度地形成社会思想共识"。党的十八大报告提出:"……大力弘扬这些思想、理念、精神,在凝聚全

[①] 甘绍平、余涌:《应用伦理学教程》,中国社会科学出版社2008年版,第16页。

社会共识的基础上，积极培育和践行社会主义核心价值观，使之成为全体人民的共同价值追求。"包括本章开篇所引党的十七届二中全会公报的相关表述，都说明新时期以来党的历次重要会议和重要文献都一以贯之地重视"社会共识"，便可以看出社会共识对中国社会持续快速健康发展的重要性和显要性。党的十八届三中全会研究全面深化改革重大问题，通过了《中共中央关于全面深化改革若干重大问题的决定》。《决定》再次强调提出，要"广泛凝聚共识，形成改革合力"。这便更加明确了"社会共识"在"全面深化改革"进程中的重要作用。

社会的存在及其发展，建立在基本道德基础上的一系列社会共识是必不可少的重要内容。古人早有所云："上下同欲者胜"（《孙子·谋攻》），著名社会学家涂尔干说："共同意识与个人意识之间的关系。前者越是能够全面地涵盖后者，社会关系就越紧密。"[①] 习近平总书记提出的 48 字党的新闻舆论工作职责使命中更有"凝心聚力"，因此社会共识有利于凝聚每一个人的力量和每一份梦想，这也将成为社会进步发展的巨大动力。

三 新闻传媒在凝聚社会共识中的作用

今天的中国，从时空的覆盖上说，新闻传播已无处不在、无时不有，在凝聚社会共识方面具有无可比拟的优势。其作用主要表现在以下几个方面。

（一）凝聚社会共识有利于团结人民激励人民

我国的新闻传媒在高度信息化的社会中拥有了前所未有的力量，也担当着前所未有的责任——要为一个民族的前进凝聚起强大的精神力量，铸就全民族奋发向上的精神支撑。

---

① ［法］埃米尔·涂尔干：《社会分工论》，渠东译，上海三联书店 2000 年版，第 113 页。

2003年，面对非典型肺炎（SARS）这场突如其来的公共卫生方面的重大灾难，"万众一心、众志成城"，全党全国形成抗击流行性疫病的强大合力，全社会广泛动员，用昂扬的斗志和必胜信念顽强奋战。以《人民日报》发表的任仲平（"人民日报重要评论"的谐音缩写）文章《筑起我们新的长城——论抗击非典的伟大精神》为代表，一系列催人奋进的新闻报道相继刊发，媒体成为凝聚社会共识、弘扬集体主义和社会主义精神的有力工具。2008年"5·12"汶川大地震是新中国成立以来破坏力最大的地震，也是唐山大地震后伤亡最严重的一次地震。在共克时艰的强大合力中我国人民形成了"万众一心、众志成城、不畏艰险、百折不挠、以人为本、尊重科学"的伟大抗震救灾精神。其中，我国的新闻传播也实现了最佳效应，在媒体及时的信息发布以及强大的号召力、影响力的组织中，全国凝聚起了抗震救灾和恢复重建的强大合力，如《人民日报》刊发了任仲平文章《灾难中挺立伟大的中国——写在中国抗击四川汶川大地震之际》，人们称赞"文章正视困难，又让人充满希望；讲清道理，又不乏充沛的情感""读来特别提气""传递了信心和勇气，凝聚了精神和力量"。在意识多元化的当今社会，全体公民的认识存在极大的差异性，单凭媒体的传播来引导聚合，达到统一思想、统一意志的目的，只是理想化的设想。在汶川大地震的报道中，中国媒体能够凝聚起全中国的人心，根本原因还在于受众对于传播的自觉接受和心理认可。[①] 灾难面前，媒体和公民找到了共同的良心和社会责任，面对特定的时代呼唤，形成一种超越个人的集体精神风貌和优良品格，如此强大的合力，是广大媒体的新闻报道凝聚了这样的社会共识，爆发出了强大的感召力和举国同和的心理

[①] 杜耀峰：《中国媒体新闻创新的重大突破——"5·12汶川大地震"报道的思考》，《新闻战线》2008年第7期。

应力。

又如 2015 年 12 月 31 日央视新闻联播"年终特稿"第二集播报的《创新改变中国》（文字版）：

  央视网消息（新闻联播）　即将过去的 2015 年，正在步入新常态的中国经济在寻求新的动力；正在迈向全面小康的中国百姓在希冀着更好的生活；两者的年度交集锁定在一个词上，那就是创新。这一年，创新被摆在了国家发展全局的核心位置；这一年，创新精神激励着无数草根和精英的圆梦之旅；习近平总书记提出"抓创新就是抓发展，谋创新就是谋未来"。

  最近，江苏镇江发生了一件新鲜事，一百多名来自全国各地的建行行长，跑到当地一家民营企业里开会。能把行长们从全国各地吸引到一起的，是这家企业正在推行一套物流整合创新平台，这个平台不仅能为急需运输的货物和空驶的货车货船在全国范围轻松配对，而且还能随时随地、实时完成全国范围的在线结算和货物理赔。依托这样一个创新平台，企业不仅牵上中国建行的手，还整合了中国电信、太平洋保险的资源。

  这种由创新引发的种种意料之外，在今年的中国，却变成情理之中。因为在这一年，创新在国家发展理念中被置于前所未有的高度，3 月，为国家创新驱动顶层设计的《关于深化体制机制改革加快实施创新驱动发展战略的若干意见》出台；8 月，全国人大常委会表决通过了《关于修改促进科技成果转化法的决定》；9 月，《关于在部分区域系统推进全面创新改革试验的总体方案》出台；11 月，在党的十八届五中全会上，创新第一次被提升到了国家发展全局的核心位置。

  ……

习近平总书记说,"要以只争朝夕的紧迫感,切实把创新抓出成效"。2015年,创新不仅是政府和企业的行动,更是全社会的价值导向和生活方式,它正在以前所未有的广度,深刻地影响着中国。这一年,中国各类众创空间已经超过200个,与1600多个科技企业孵化器、加速器,129个国家高新区和大学科技园区相互连接,形成了完整的创业服务链条和良好的创新生态;无论精英还是草根,都可以投身创业创新,驰骋于广阔空间;这一年,众创、众包、众扶、众筹不断涌现,生产方式深刻变革。

英国的《经济学人》杂志近期在题为《回归商业》的报道中写道:"在中国极具颠覆性的创业浪潮已经到来。"而麦肯锡全球研究院在其题为《中国创新的全球效应》的研究报告中认为,中国的创新规模不断扩大,有潜力坐上全球创新领导者的宝座,甚至有望成为全球创新典范。

就在今年,年过八旬的药学家屠呦呦摘得诺贝尔奖,让人们记住了世界对中国人创新精神的礼赞,也为当下中国的创新变革赋予了巨大的正能量。

凡是过去,皆为序章。2015年,创新改变着中国;未来,中国将为创新提供更丰富的注解和内涵,中国人实现两个"百年目标"的步伐也会越来越坚实。[①]

无论是生产方式还是生活方式,无论是中国经验还是外媒评价,无论是宏观的顶层设计还是微观的个体成就,全文突出的一个关键词就是"创新"。"创新"成为国家发展全局的核心,而对一个"众"字包括草根和精英的反复申说,强调的是"创新"更

---

① 《创新改变中国》,2015年12月31日,央视网,http://www.xinwenlb.com/xwpd/20151231_33425.html。

要成为全民的共识全民的实践。央视年终的这一重磅报道，通过叙述与解析"创新"的重大作用与意义，目的就在于形成全社会"创新"的共识，并使之成为团结、激励人民奋发有为的鼓动力量。

（二）凝聚社会共识有利于解决社会现实矛盾

改革开放30多年来，我国经济发展取得了重大成就，总体上实现了小康水平，但与此同时我国也面临着日趋加重的社会矛盾与冲突，如社会热议并多有诟病的养老、医疗、教育问题等，这些问题的存在既反映了我国社会各阶层利益分歧较大的现象，又说明了由于某种社会共识的欠缺导致现存的社会问题无法合理地解决。新闻媒体对这些矛盾及冲突的报道，能够引发各方关注从而促使问题的处理，也只有解决好这些问题，社会共识才能日益凝聚起来。社会是由每一个个体所组成，只有人与人之间的和谐相处才有整个社会的和谐，社会共识才有了形成的基础，而人与人之间的和谐主要是心与心之间是否能真诚地交流，对于一个没有共识的社会，很难想象要如何凝聚起人们的力量形成社会发展进步的合力。著名社会学家费孝通先生就曾说过，心与心的交流是当今世界第一位的问题。由此，我们认为社会共识的凝聚能给人们带来人际关系的和谐，进而能使整个社会更加和谐，因之他也倡言："各美其美，美人之美，美美与共，天下大同。"

既然社会共识的凝聚对于解决社会现实矛盾、构建和谐社会如此重要，那么，新闻媒体一方面要当好党和政府与人民群众之间的喉舌与桥梁，帮助政府了解民意、聚集民智并及时沟通；另一方面要做好社会和经济有序发展的"天平"，密切关注各行各业的举措，衡量其是否处于平衡状态，对于不时出现的"失衡""失序"现象及时提醒、反映和纠正以维护社会的和谐发展。

拖欠农民工工资数百万元被取消投标资格
中铁三局丢了宁夏市场

承建同沿高速公路路基桥涵第四合同段的中铁三局集团有限公司，因严重拖欠农民工工资，闯了"红灯"，丢掉了宁夏市场。这一消息在公路建设施工企业中引起强烈反响，一施工企业负责人连连感叹："因小失大！"

2003年以来，自治区交通厅每年都设法安排眼线农民参与公路建设，要求各施工企业与各市县劳务输出部门及农民工签订劳动合同。一大批农户增加了收入，不少人因此摆脱了贫困。

前不久，自治区交通厅在全区高速公路建设项目质量大检查中发现，中铁三局不认真履行合同义务，没有与农民工签订劳动合同，拖欠农民工工资数百万元，经建设单位多次督促，仍然没有采取有效措施予以解决，引发农民工多次阻挠施工。8月中旬，自治区交通厅下发通知，责令中铁三局15日内清理完成拖欠的所有农民工工资。中铁三局并未予以重视，更没有及时清欠。

日前，自治区交通厅已从中铁三局的项目款中扣除200万元，分发到农民工手中，并对中铁三局进行停牌处罚，取消其两年内在我区公路建设市场的投标资格。此举使中铁三局上了交通部的黑名单，对于一个辗转于全国公路建设市场的施工企业来讲，这将是一块难以抹去的"疤"。交通厅副厅长张涌说："农民工是社会的困难群体，交通厅针对中铁三局的问题下'狠手'，就是希望通过这件事告诫施工企业，再也不能把农民工的权益不当回事了。"[1]

---

[1] 高鹏：《拖欠农民工工资数百万元被取消投标资格 中铁三局丢了宁夏市场》，《宁夏日报》2005年10月10日第1版。

这篇报道不同于有关农民工讨要工钱的常见的报道模式，即农民工经历多次艰难讨薪无果，无奈之下只好采取激进甚至极端的方式来维权，待事件经媒体报道之后，政府各相关部门便介入其中积极协调从而促使问题的解决。这篇报道是以拖欠工资为报道由头，客观地陈述了"因严重拖欠农民工工资，闯了'红灯'，丢掉了宁夏市场"这一核心事实，从而使施工企业领受了"因小失大"的惨痛教训。新闻媒体对社会共识的凝聚作用，体现在这篇新闻报道中即：事实的客观陈述切中要害，既帮助了企业认清其中的利害得失，也及时维护了农民工的合法权益，从而调和社会矛盾、维护社会的稳定和谐，促使社会和经济发展的"天平"处于平衡状态。

（三）凝聚社会共识有利于整合社会成员思想情感

社会共识的形成主要是作用于人们的思想意识，旨在提高人的思想素养和精神境界，使全体社会成员形成一种积极、正确的价值观念和社会主流思想意识。每个个体都是构成社会的一分子，日常生活中一些基本的行为准则和规范无时无刻不在约束着我们的行为，是我们无论如何必须共同遵循的，也就是说我们的行为受到了社会共识的影响和规范。

现阶段对于社会共识的强调主要因为它有利于凝聚广大社会成员的思想情感，尤其在我国社会处于转型时期这样的背景下，思想文化领域价值观的多元化日益明显，人们心理上充满着紧张、犹豫和不安，情绪化、非理性事件时有可闻。而社会共识的凝聚有利于增强主流意识形态维持社会发展的合力；有利于引领社会成员的思想情感。

新闻传媒为了整合社会成员思想情感，也在不断地做着自己的努力。以中央电视台播放的公益广告为例。公益广告对于人们思想情感的提升是很有作用的，长时期的耳濡目染对于社会共识的凝聚有积极的促进作用。电视公益广告运用音像符号，且多数以"事实"或以"叙事"为依托，通过告知、提示、劝导和警诚，引发人们对人与人、人与社会以及人与自然之间关系的思考。央视公益广告题材多样，关注到了人们社会生活的诸多方面，比如："下岗职工再就业"——鼓舞斗志、感动人心；"知识改变命运"——知识就是力量；"节约创造价值"——和谐社会从每一个人开始；"扬正气、促和谐"——宣传廉政意识，促进社会和谐等。公益广告蕴含着正确的价值观，其向受众所传播的都是有利于人类社会进步的道德观念、行为规范和思想意识。人们接受、认可某个公益广告也就是对其所传达、蕴含的价值观念、思想情感予以肯定。公益广告所蕴含和表达的观念情感通过在主流大众传播媒体上的反复播放，潜移默化地渗透到人们的精神世界里，人们便在"欣赏"广告时不由自主地接受媒体所传播的观点，有利于整合社会成员的思想情感。

更以新闻报道为例：

习近平同马英九会面

> 习近平强调，两岸同胞是打断骨头连着筋的同胞兄弟，是血浓于水的一家人。我们应该以行动向世人表明：两岸中国人完全有能力、有智慧解决好自己的问题，并共同为世界与地区和平稳定、发展繁荣作出更大贡献。
>
> 两岸双方应该坚持"九二共识"、巩固共同政治基础，坚定走和平发展道路，深化两岸交流合作，增进两岸同胞福祉，共谋中华民族伟大复兴。①

2015年11月7日，两岸领导人习近平、马英九在新加坡会面。这

---

① 王尧、丁子：《习近平同马英九会面》，《人民日报》2015年11月8日第1版。

是在时隔66年且经历了"台海阴云密布，两岸军事对峙，同胞隔海相望，亲人音讯断绝，给无数家庭留下了刻骨铭心的伤痛，甚至是无法弥补的遗憾"之后两岸领导人的首次会面。《人民日报》于次日刊发长篇消息，上引文字系该条消息的标题和导读。短短的一段文字，凝聚了叙事人浓浓的情感，尤其是习近平的原话"两岸同胞是打断骨头连着筋的同胞兄弟，是血浓于水的一家人"，读来令人荡气回肠、情不能已。它能激发出两岸人们强烈的"走和平发展之路，谋互利双赢之道，利在两岸当下，功在民族千秋"情感共识。正如海外华人所言："由于外强侵略，我的祖辈因经济社会缘故不得不逃离故土。作为第7代旅菲华人，祖先故土中国的和平统一、经济强大、文明复兴，是像我这样海外华人的梦想。"[①]

（四）凝聚社会共识有利于树立良好的社会风尚

一个人的人格和品行，具体而微地体现着国家的文化价值观，是衡量社会文明程度的一把标尺。龚自珍说过："士皆知有耻，则国家永无耻矣；士不知耻，为国之大耻。"推而广之，人皆知耻，则国家永无耻矣。在利益多元化的现代社会，要营造良好的社会风气，形成先进的社会文化，必须要有社会成员广泛认同的社会心理和道德规范，有评价社会成员行为的共同价值标准，也就是在广大社会成员中形成一种"皆知"的社会共识。当今社会正确价值观的确立，新闻媒体发挥着日益重要的宣传推动以及舆论引导作用，因此，在运用报刊、广播、电视等传统媒介进行宣传的基础上我们要更加注重发挥互联网的优势作用，从而运用多种形式，大力宣传与人们生活密切相关的道德行为，鼓励人们从自己做起，从身边的小事做起，从一点一滴做起，聚沙成塔、集腋成裘，为良好的社会风尚的树立贡献一己之力。以"诚信"为例：

[①] 凤凰资讯：《各国媒体热评两岸领导人会面》，2015年11月10日，凤凰网，http://news.ifeng.com/a/20151110/46179206_0.shtm。

吴兰玉：9年艰辛托起诚信

人物档案

吴兰玉，是乌鲁木齐这座城市中再普通不过的家庭妇女。上世纪九十年代末，她的老伴和儿子相继去世后，留下了因治病欠下的5.4万元债务。当年已65岁的吴兰玉在经历了极度绝望、自杀之后，坚强地承担起了所有的艰辛。

9年时间，吴兰玉每日独自行走在拾荒路上，用人们难以想象的坚韧书写着诚信。在她74岁那年，当终于还清了最后一笔债务后，她长长地舒了一口气。

吴兰玉以她的诚信、坚持和坚强成为"2008感动中国年度人物"的候选人。2008年至2010年，本报历时3年跟踪报道吴兰玉的感人事迹。

人物语录

"最初，我想一死了之。我吃下了儿子剩下的80多片药，昏睡了一天，后来我醒了，头胀痛得不行——意识到自己没有死，我大哭起来。"

"那些借钱给我的亲戚朋友怎么办？他们在我最困难的时候帮助了我，给了我希望和坚强。我不能这样，这样下去只会让别人觉得我很自私。"

……

艰难日子里的坚持

"那些年，我每天早上4点多，就带着耙子上山找钢渣。

钢渣被翻斗车和来往的货车轧得很瓷实，必须得用耙子把钢渣刨出来。"当年，接受记者采访的吴兰玉说，"早上起不来，我就对自己说，赶紧起来吧，你还有账没还呢。"

冬天，民政部门为低保户发放的棉衣、棉被、煤炭等取暖物资都被吴兰玉给卖掉了，她的午餐经常是白水泡馒头。

"能凑合就凑合，我也想不起来吃饭。"吴兰玉说，她总感觉被债务压得喘不过气，没怎么主动想过吃点什么，一般情况下都是头晕得厉害，才去搞点面糊糊或馒头充饥。

为了多卖钱，吴兰玉挨家比较废品站的价格。有一次，她知道一家废品站的钢渣价格比别人多5分钱，便用整整一下午的时间，把两袋钢渣背到废品站。她的做法让废品站的人都惊讶不已，了解到她的遭遇后，废品站的工作人员被她的坚强所感动，在原来的价格上再提高一毛钱。从那以后，吴兰玉也成了这家废品站的特殊顾客。

尽管吴兰玉省吃俭用，拼命捡废品，可在债务面前仍是缺口巨大。当时社区为吴兰玉办理了低保，每月可领低保补助150元钱，这笔钱解决了吴兰玉的燃眉之急。吴兰玉从来没有花过其中的一分钱，全部用来还债。

加上她起早贪黑捡废品的收入，到了当年年底，吴兰玉终于兑现了自己的诺言，还清了一位朋友的1.2万元钱，对方惊讶得说不出话，而她则早在一旁泣不成声了。

还完债后节俭如初

2008年3月，有关部门了解到吴兰玉的情况后，帮助她解决了最后的5000元债务。还完了所有的外债，兑现了自己当初的承诺，吴兰玉的感觉轻松了很多。

还清债务后，吴兰玉买了一件毛衣，这是她十多年间购买的唯一一件毛衣。

尽管已经没有了债务，但吴兰玉仍然坚持每天出去捡废品，她的生活还是一如既往地节俭。

……

曾经常有人劝吴兰玉不要那么辛苦地还债。吴兰玉会冲那些人发脾气："谁的钱都不是天上掉下来的，大家挣钱都不容易，在我最难的时候人家借钱给我，那是相信我。现在我既然有能力挣钱，为什么要赖人家的债呢！"①

在诚信屡屡缺失的今天，吴兰玉用难以想象的行为告诉我们什么是诚信，她启迪了社会大众对诚信的再思考。诚信是中华民族的传统美德。孔子的"人而无信，不知其可"、程颐的"以诚感人者，人亦诚而应"、民间的"诚在心间，心在人间""一言既出，驷马难追"，无不说明了诚信的重要性。诚实守信是我们每个人都应遵守的社会准则。"诚信"一词被吴兰玉这位74岁的拾荒老人用行为给出了完美的诠释。在拾荒还债的9年长路上，老人的背影是那么的孤单羸弱，又是那么的坚强执着，这个背影给了我们震撼、给了我们感动。尤其是在诸如"苏丹红问题食品""三聚氰胺问题奶粉"等一系列食品安全事件的背景下、在一系列严重的公共安全事件引发了全社会诚信危机的形势下，众多媒体对诚信老人吴兰玉的重新挖掘具有十分重要的意义："要让读者从她的身上看到中华民族传统道德的力量，坚定诚信做人、诚信做事的信念和信心。"②

新闻舆论对于人们的思想观念、价值判断、道德情操具有潜移默化的影响，信息化时代的媒体的功能越来越强大，任何一个新闻

---

① 叶晓敏：《吴兰玉：9年艰辛托起诚信》，《新疆都市报》2013年10月11日第A8版。

② 王遐：《写出小人物的大境界——〈"我要做一个诚信的人"〉采写感悟》，《中国记者》2010年第3期。

事件，经过媒体的传播，正面或者负面的影响都被扩大，所以新闻工作者必须时刻把社会利益放在首位，对社会的健康发展和文明进步承担责任，为广大受众提供积极向上的信息。传媒的"镜中自我"理论，阐释的是识得自我是在与他人和社会的联系中形成的这个道理，媒体为受众提供的一个个人物和事件，都将成为受众照见自我、认识自我的镜子，成为他们修德和行为的参照。媒体的新闻报道要以反映人民群众积极向上的生活风貌为重点，大力弘扬社会的主流价值观，同时也应对社会的不良现象及时指出并予以批评和反对。新闻报道裨益于世道人心的价值也许是隐形的、无形的，却也是无价的、长久的。在新闻报道中，应该清晰地阐明什么样的思想行为应当受到肯定和褒奖，什么样的思想行为应当受到否定和贬斥，让人们在内心形成自己思想行动的共同的行为准则。见贤思齐，见不贤而自省，良好的社会风尚必定会逐渐树立起来。

第二节　叙事态度、事实选择与社会共识

在大众传媒时代，新闻报道作为最普遍、人们接触最多的一种叙事形式，也成了人们获得知识最主要、最便捷的渠道，而恰是知识和价值观念构成了社会共识的基础。

新闻报道的叙事态度和事实选择，影响、制约着社会共识的形成。首先，新闻是客观事实的记录和反映，新闻事实成为新闻报道，都经过了新闻叙事人的精心选择和加工。从新闻文本上看，新闻叙事人只是客观、忠实地向受众叙述新闻事实，但是在叙述新闻事实的过程中，却无不渗透着新闻叙事人的情感态度即叙事倾向。在新闻叙事中，新闻叙事人对新闻事实的选择、叙事态度以及在新闻叙事中所表达的方式和参与程度，决定着叙事文本的基本特征。新闻叙事人在叙述新闻事实时所表露出来的观点、意见是否正确，是否符合人民的根本利益，人们对该观点、

意见认同或是反对都在一定程度上影响、制约着社会共识的形成和凝聚。其次，人们大多是通过新闻报道知晓社会上所发生的各类新闻事件，且每日每时所发生的事实何其之多，此时关于新闻事实的选择应格外慎重，媒体应通过对新闻事实的叙述告知受众某种行为、观念是对或是错，或是什么重要什么不重要等，当这些报道中所倡导的行为规范、所建构的社会知识被全社会所接受所认可，便成为了整个社会所具有的"共识"。

一 叙事态度与事实选择在凝聚社会共识中的意义

（一）叙事态度在凝聚社会共识中的意义

新闻报道中叙事的观点或通过叙事所表现出来的观点是叙事人态度的表现。"叙述态度是指叙述者对于被叙述对象在话语中所表现出来的有意无意的评价：肯定或否定、赞扬或批判。"[①] 杨保军认为，"新闻传播者总要在陈述事实信息的过程中表达一定的价值判断，表现出或强或弱的意识形态上的倾向性，流露出传播者的情感态度和审美情趣等。"[②] 伯格（Arthur Asa Berger）引用洛朗·理查森的话说："叙事是人们将各种经验组织成为有现实意义的事件的基本方式……叙事既是一种推理模式，也是一种表达模式，人们可以通过叙事'理解'世界，也可以通过叙事'讲述'世界。"[③] 伯格进一步明确指出叙述的事件不是原事件的再现，而是渗入了叙述者的立场、态度和情感。李希光也曾经指出，新闻报道即事实的图解过程。在事实的图解化过程中，新闻事件往往按照记者的价值尺度被剪裁，纳入其道德、意识形态和

[①] 董小英：《叙述学》，社会科学文献出版社2001年版，第95页。
[②] 杨保军：《新闻事实论》，新华出版社2001年版，第142页。
[③] [美] 伯格：《通俗文化、媒介和日常生活中的叙事》，姚媛译，南京大学出版社2000年版，第10页。

利益框架内①。新闻叙述者在新闻报道中总是或多或少地表现出某种主观倾向性,使受众在不知不觉中"被叙述者所控,我们的距离——不管是视觉上的,还是道德上的——都被层层的转述声音和思维之间视角的微妙变化、被所给的或故意未给的信息所控制了。"② 任何新闻报道总是包含着新闻叙事人的立场、情感和态度,并在一定程度上影响着受众对事物的看法和行为方式,因而新闻叙事人所持何种观点、何种态度间接地影响着人们思想观念,进而影响何种社会共识的形成。

同时,在新闻报道中体现出的新闻叙事人的态度,也就是媒体的态度。媒体的信誉度越高,权威性越强,其所表露的观点和态度所具有的传播影响力也就越大,人们也就越容易按其所传播的信息产生思想情感及态度上的变化,从而也就越能凝聚社会共识。

当然,从新闻存在的基本条件上讲,事实是第一性的,真实是新闻的生命,也是新闻媒体引导舆论、形成社会共识的基本前提。新闻叙事人的观点即态度必须是在尊重事实的前提条件下形成的,否则,既谈不上正确地提供信息,也谈不上正确地引导舆论。但从文本的角度即从新闻生产的成品上讲,新闻的真实其实是叙述的真实,即新闻报道应真实地表述已经发生或正在发生的事实。只有在客观叙述事实的基础上,观点的表述才是有源之水、有本之木③。新闻叙事中的"事"是真实存在而非杜撰虚构,叙述应该客观公正而不是掺杂情感偏向,体现出对事实原貌还原的本质。新闻的真实性对于受众来说,不仅是最基本的尊重,同时新闻事实的真实与否,也是保证舆论导向正确性的基本前提。

---

① 李希光:《新闻学核心》,南方日报出版社2002年版,第31页。
② [英]马克·柯里:《后现代叙事理论》,宁一中译,北京大学出版社2003年版,第26页。
③ 何纯:《新闻叙事学》,岳麓书社2006年版,第79—80页。

（二）事实选择在凝聚社会共识中的意义

新闻事实的选择可以包含社会生活的一切领域，而媒体不可能做到有闻必录，因此，对事实的选择尤为重要。因为新闻报道既要最大限度地体现作者的意图，更要使新闻产生预期的告知信息引导舆论的效果。

我国的新闻媒体是党和人民的耳目喉舌，是党和政府联系人民群众的桥梁和纽带，也是我们党和政府治国理政的重要资源和手段。故在进行新闻选择时，一是要选择能反映党的路线、方针、政策，以及党和政府为提高人民生活水平、解决人民生活困难所作出的重大努力、取得的各类成就；二是选择能反映社会上发生的重大事件以及与人民群众生活、利益息息相关的各类事实。新闻叙事人通过对新闻事实的选择，对具体事实的报道，对人民思想进行引导，并提供给人们一种正确思想，从而使人民统一思想、鼓舞斗志，凝聚起促进社会发展进步的合力。

党的十七届六中全会通过的《中共中央关于深化文化体制改革推动社会主义文化大发展大繁荣若干重大问题的决定》提到加强和改进新闻舆论工作时明确指出，"加强社会主义核心价值体系宣传，加强社会热点难点问题引导，从群众关注点入手，科学解疑释惑，有效凝聚共识"。由此可见，媒体在进行新闻选择时也应加强对社会热点难点问题的报道，来增进社会共识，引导社会主义核心价值体系的建立，这也是社会发展的阶段性要求和对中央文化发展精神的贯彻。

二 叙事态度与事实选择如何凝聚社会共识

新闻叙事人通过叙事态度和事实选择引导社会共识的形成应明确以下几点。

（一）什么是对的什么是错的——明辨是非，从而凝聚社会共识

约瑟夫·普利策（Joseph "Joe" Pulitzer）有一个关于新闻记

者是"国家这条航船上的船头瞭望者"的著名比喻，这个瞭望者要在一望无际的海面上观察一切，审视海上的不测风云和浅滩暗礁，及时发出警报。社会无时无刻不在发展中，必然会产生新的变化，新的进步，新的经验；同时也会产生新的问题、新的矛盾、新的困惑。作为"瞭望者"的新闻叙事人必须清楚地认识到时代的发展方向，担负起告知受众什么是对什么是错、为民众排难解惑、明辨是非的重要任务。请看下文：

短短一个月"拒资"十亿元

编者按：崇明县的这条消息，读来发人深省。崇明承担着建设世界级现代化生态岛的特殊使命，自有其特殊的县情，但他们敢于向不符合结构要求的投资说"不"的坚定性，却具有普遍的借鉴意义。

敢于说"不"，首先是战胜自己。招商引资，实质上是增量发展。在增量这一块上，我们的面前，有着诸多的诱惑。有的同志舍不得"到嘴的肥肉"，舍不得"送上门的GDP"，所以往往先"请进来"再说。说是"先污染再治理"，其实是不把结构放在眼里，还是产值至上。正是从这个意义上，我们说，"调结构"要"痛下决心"，这个"痛"，不仅仅是对存量要勇于"壮士断腕"，更是说对增量要宁缺毋滥，对"两高一低"的"增量"，更要敢于说"不"。

勇于说"不"，还要有一种"力排众议"的坚定性。例如崇明GDP的贡献率，长期在全市垫底，群众急盼促进经济、改善生活，干部心中也很着急，急于要"打翻身仗"。在这种情况下，能不能正确把握"好"与"快"的关系，能不能坚持科学发展之路、坚守生态岛定位，争论会很激烈，也会众说纷纭。如果没有一种"调结构"的坚定性，是会顶不住、守不住的，更何论敢于说"不"？我们从崇明"拒资10亿元"之中，看到的是一种坚持科学发展的坚定不移。这一分坚持，值得我们欣慰，更值得我们学习。

长江隧桥开通，崇明一夜间成了投资热点，海内外企业纷至沓来。面临前所未有的招商机遇，面对一个个诱人的投资项目，是"捡到篮里就是菜"，还是宁缺毋滥？崇明选择了科学发展之路，短短一个多月，已婉拒了30多个不符合生态岛定位的项目，涉及投资10多亿元。

长期孤悬在长江口的崇明，GDP的贡献仅占全市的1%，发展速度远落后于上海的其他部分。岛上有70万居民，他们希望吸引投资以增加就业、改善生活。然而，崇明岛的定位是世界级现代化生态岛，注定不可能走"先污染后治理"的老路。如何协调生态保护和经济发展？崇明县委、县政府决定执行更为苛刻的"招商选资"标准。早在隧桥开通前，崇明就公布了规划布局，对进入岛内的投资项目设置三道"防线"。

……

崇明县县长赵奇告诉记者，崇明建设生态岛是一场"持久战"，不可能毕其功于一役。放弃一些能够快速增加GDP的产业项目，会影响崇明经济一时的发展速度，但生态岛建设必须关注长远，其后发优势将会慢慢显现。[1]

在这篇报道中，"我们从崇明'拒资10亿元'之中，看到的是一种坚持科学发展的坚定不移。这一分坚持，值得我们欣慰，更值得我们学习"。舆论引导可以有多种方式，但新闻舆论引导是最好形式的社会引导。将崇明县作为成功的典型案例，以新闻报

---

[1] 陶健、张敏：《短短一个月"拒资"十亿元》，《解放日报》2009年12月4日第1版。

道的方式加以宣传，所取得的社会影响要远远大于政府下达的文件。对于崇明县政府和居民来说，当然希望地方经济得到发展，但当经济发展和生态保护之间产生冲突的时候，人们心中都会有疑惑和顾虑，通过媒体的报道使人们明白了政府对科学发展方向的坚持，使得更多的居民转变了思想观念，能够正确看待经济发展与环境保护之间的关系，树立人与自然和谐发展的生态理念，同时也鼓舞了崇明县有关部门，更加坚定了他们科学发展的信心和决心。诸如此类的报道的启发意义在于，使人们在面对经济发展和环境保护如何协调等种种问题的时候，能够认识到什么是对的、什么是错的，从而做出正确的价值判断和价值选择。新闻媒体在叙述新闻事实时应当告知受众什么是对、什么是错，明辨是非，当全社会都能够就某个问题形成正确的、一致的价值观念，做出正确、一致的价值选择，社会共识便得以形成。

（二）什么重要什么不重要——解析意义，从而凝聚共识

关于如何做新闻报道，有这样一句箴言：什么重要，什么不重要，重要的是告知受众什么，重要的是受众需要什么。在现阶段，各种信息铺天盖地，需要新闻媒体在大量的新闻事实中进行筛选和甄别，寻找重要的、有意义、有价值的新闻，挖掘报道对象的意义和内涵。新闻报道的首要功能是传递信息，但并不只是信息的传递，有深度的报道更需要对事实的意义进行解析，表达出观点与意见。尤其是国家在政治、经济、文化、社会等各个领域取得的巨大成就和显著进步，与社会每个成员的生活都息息相关，解析其中的重要意义，唤起个人为了社会的发展进步贡献自己的力量，从而能凝聚起促进社会发展的共识。

火车首次跨越"世界屋脊"

新华社格尔木/拉萨7月1日电（记者周岩　吴宇　拉

巴次仁） 中国周六创造了历史：第一对满载乘客的列车沿着连接西藏和中国内地的高原铁路首次跨越了"世界屋脊"。

当两列庆典列车"青1"和"藏2"分别驶出格尔木和拉萨车站时，世界为之瞩目。

数千名身穿各色民族盛装、讲各地方言的群众目睹了这一历史时刻，高呼"扎西德勒"。

国家主席胡锦涛为首趟进藏旅客列车开通剪彩。

"这不仅是中国铁路建设史上的伟大壮举，也是世界铁路建设史上的一大奇迹！"他对会聚格尔木火车站参加庆典的2600多名各界代表说。

周六是中国共产党建党85周年纪念日。当晚还有三列进藏客车分别从北京、成都和西宁首发。

……①

2006年7月1日，青藏铁路全线通车，中国开通了世界上海拔最高、通车里程最长的高原铁路，完成了世界铁路建设史上的一次伟大创举。建设青藏铁路是党中央、国务院的重大战略决策，成为实施西部大开发战略的标志性工程，对加快西藏经济社会发展、加强西藏与内地的联系、促进民族团结具有重要作用和深远意义。新华社对青藏铁路通车这一新闻事实的及时、准确、全面的报道，见证了时代成就，增强了民族信心。

青藏铁路全线通车，圆了中国革命先行者孙中山的梦想，也攻破了美国现代旅行家保罗·泰鲁"有昆仑山脉在，

---

① 中国记协：《火车首次跨过"世界屋脊"》，2007年8月9日，人民网，http://media.people.com.cn/GB/6093481.html。

铁路就到不了拉萨"的断言。

胡锦涛称造价 330 亿元的青藏铁路建成通车是中国社会主义现代化建设取得的又一个伟大成就，并再次证实中国已跻身世界强国之列。"这一成功实践再次向世人昭示，勤劳智慧的中国人民有志气、有信心、有能力不断创造非凡的业绩，有志气、有信心、有能力屹立于世界先进民族之林。"他说。

中国西藏文化保护和发展协会理事黄福开说，铁路开通后，人们的生活方式难免会有所改变。"人们会继续吃糌粑、喝酥油茶，也会吃西餐、穿牛仔衣，这是人类文明进步的必然。"

据悉，中国政府还计划在 10 年内将青藏铁路延伸至日喀则、林芝和亚东。届时西藏铁路总里程将突破 2000 公里，部分贸易物资可不再经过马六甲海峡，直接从南亚出入境。

我们还可以从上述数段切取于该报道的文字中感悟到解析意义对于凝聚社会共识的重要性。上述引文或用背景事实、或用前景预测、更多的是被选择的直接引语，对事实的意义进行了多方位的、有针对性的揭示，树立了中国的国家形象和中华民族的品格，也对国际舆论关注西藏的宗教、民族、生态环境等问题作了回应，还用鲜活的事实和数字说话，达到了消除疑惑、扭转偏见、让更多的受众了解西藏和我国涉藏政策的目的，同时也使受众深刻感受并认同中国特色社会主义道路。

（三）关注变动与发展——以人为本，凝聚社会共识

时新性是新闻选择的价值标准之一。新闻之所以称之为新闻，就应该显示一种新的事物、新的现象、新的问题、新的发现等。它不是常情常理的反复再现，很多时候反而是对已经存在的

大众认知的一种常态的打破。"新"是事物的变动，某个事实所蕴含的变动越大、越深、越广，它所具有的新闻价值也就越大。当下社会，利益结构、利益格局的深刻变动和调整，几乎触及每一个人的切身利益，新闻媒体在关注变动和发展的同时，只有注重以人为本、突出人文关怀，如《中华新闻工作者职业道德准则》第一条所要求的"坚持全心全意为人民服务"，才能更好地凝聚社会共识。正如如下这篇报道：

跟城里人一样享受政府公共服务
诸城农民迈进3公里社区服务圈

本报诸城讯　在农村集中连片兴建社区，让农民享受到跟城里人一样便捷、周到的公共服务。眼下，一场意义深远的基层组织结构创新正在诸城市顺利推行。从今年7月在18个社区先期试点，短短两个月时间，全市已设立65个农村社区，涉及573个村，占全市行政村总数的46%。

据了解，以县市为单位连片推行农村社区化服务，在全国尚属首创。

舜王街道金鸡埠村的董福兰老人切身感受到社区化服务带来的便利。今年80岁的她6年前患了胆囊炎，打针输液要到13公里外的舜王医院，一住院就是一周多。7月底，松园社区建成，社区卫生室离家不到2公里，儿子用三轮车推着董福兰去，输完液就回家，啥事都不耽误。

9月12日，在松园社区服务大厅，记者看到，这里设有文教、社保、环卫、计生、治保等服务窗口，负责为周围2公里内6个行政村的5667名群众服务。优抚救助室主任乔冒军原在街道民政所工作，是20个村的"网长"。他说，以前坐等群众上门办事，很多久拖不决，现在离服务对象近了，接到救助申请马上就能到现场查看，有的当天就能办结。

……

"建设农村社区，就是通过创新农村组织结构，实现基层组织由管理农民向服务农民转变。今后诸城人提起农村社区，想到的不是它管几个村，而是有哪些服务机构和项目，我们的改革就算成功了。"诸城市委书记邹庆忠这样总结。①

以人为本，要求始终把实现好、维护好、发展好最广大人民的根本利益作为党和国家一切工作的出发点和落脚点，保障人民的各项利益，促进人的全面发展。该篇报道中体现出的由"农村社区化服务"带来的群众生活中的"便捷、周到"，实际上也体现出了农村的基层工作方式和工作理念的转变——"由管理农民向服务农民转变"，实质是政府"以人为本"服务思想的体现。

站在以人为本、凝聚社会共识的角度选择的新闻事实，应是和人民群众息息相关的事实，应该与社会需要吻合，能够影响或者改变社会的各方面关系，通过对该事物的传播能够对社会发展产生积极意义。诸城重组农村资源的创新性举措，是一个非同寻常的改革措施，是个具有重大变动性的新闻事实，它从农民的实际需求出发，使他们能和城里人一样享受政府公共服务，体现的正是以人为本。新闻媒体不仅需要深刻理解以人为本的深刻内涵，还需要将以人为本的理念融入新闻报道中，将"人"作为关注的中心，积极解决人民群众最关心、最直接、最现实的利益问题，把百姓的所需所想真实地反映出来，真切地反映人民的呼声。当人民群众从身边发生的变化中得到实惠、看到希望、增强信心，也就能最大限度地凝聚社会共识。

---

① 齐淮东、宋弢、孙志山：《跟城里人一样享受政府公共服务——诸城农民迈进3公里社区服务圈》，《大众日报》2007年9月15日第1版。

（四）勇于揭露与批评——激浊扬清，凝聚社会共识

新闻的社会责任之一就是要通过新闻事实来揭示真相、让公众的知情权获得满足，从而引导社会舆论，推动社会进步与发展。2010年3月，时任国务院总理温家宝在十一届全国人大三次会议上的《政府工作报告》中明确表示："创造条件让人民批评政府、监督政府，同时充分发挥新闻舆论的监督作用，让权力在阳光下运行。"没有批评的媒体，是不完善的媒体，负责任的揭露与批评，是疗治社会弊病的良药。马克思说："敢于开展新闻批评是一个政党有力量的表现。"揭露和批评损害国家利益和人民利益的人和事，是符合广大人民群众的根本利益、长远利益的，也能使人民群众看到党和政府解决问题的决心，并在化解矛盾、解决问题的过程中，最大限度地凝聚全体成员的社会共识。

监察部公开曝光4起失职渎职典型问题　21人被处分

据新华社北京9月14日电　近日，监察部督促有关地方监察机关，对4起失职渎职典型问题进行了追究问责，给予21名责任人员党纪政纪处分或组织处理。这4起问题分别是：

河北省肥乡县政府、旧店乡政府及有关部门对某养殖公司违法圈占耕地建厂房行为履职不到位、查处不力，致使企业违法占地行为长期得不到纠正，45亩耕地因建厂房遭到破坏。肥乡县副县长王运成受到行政警告处分，旧店乡乡长李继彬受到行政记过处分，肥乡县国土局局长陶冲受到行政记过处分，肥乡县人民法院审判委员会专职委员高会臣受到行政记过处分。

河南省平舆县政府及有关部门对上级有关取缔环境违规企业的要求落实不到位，工作推进缓慢，对环境违法行为执法不严，致使应予取缔的20余家企业长期违法违规生产，

违规排放废气、废水等行为得不到有效制止。平舆县委书记王兆军、县长张怀德受到诫勉谈话处理,平舆县副县长杨荔受到行政记大过处分,平舆县环保局副局长胡超峰、平舆县产业集聚区管委会副主任霍林分别受到行政降级处分。

浙江省奉化市莼湖镇政府及国土部门对群众反映违规建房的举报敷衍推脱,对违建行为放任不管,执法不到位,举报人3年多来辗转多个部门反映,违建房屋仍于2012年建成并一直未能拆除。时任莼湖镇副镇长邬春茂受到行政记过处分,时任莼湖镇国土资源所副所长张海忠受到行政警告处分。

上海市崇明县城管执法部门不依法履职,对已认定的违章搭建平台迟迟不按法定程序立案处理,举报人先后7次向有关部门反映,违建一直没有拆除。崇明县城管执法大队副大队长袁斌受到行政警告处分,县城管执法大队后勤保障科科长顾秀良受到行政记过处分。[①]

这篇报道对部分官员失职渎职的现象进行了揭露,也牵涉诸多政府部门。媒体揭露的根本出发点在于维护党、国家和人民的根本利益,维护社会政治稳定,为社会的健康发展提供良好的社会环境,最终目的是为了促使国家权力机关更加开明、民主、进步,政府工作人员更加廉洁、勤政、爱民,使人民对党和政府的行为决策满怀信心,引导舆论树立起和谐社会的旗帜。此事关乎民心向背。新闻媒体的批评揭露报道是舆论监督中最主要的形式,它对社会主义精神文明和人们思想意识有着重大影响,通过事实对党纪国法、公序良俗的鲜明表达,为公众树立起社会规范,在激浊扬清中凝聚社会共识。

[①] 《监察部公开曝光4起失职渎职典型问题 21人被处分》,2015年9月15日,网易,http://news.163.com/15/0915/01/B3H3BVVH00014Q4P.html。

第三节　新闻话语与社会共识形成

一　话语与新闻话语

"话语"这一概念，不仅是语言学关注的对象，也是叙事学研究的重点范畴，并且被广泛运用于文艺学、社会学、新闻传播学等学科的研究之中。

对于"话语"的含义，一般有两种解释：狭义的理解是与文本（text）相对，指口头说出来的一句话；广义的理解指言语交际行为体现出来的由词句构成的言语表达方式。广义的理解来源于瑞士语言学家索绪尔的"言语"概念，后来的话语研究者和话语分析理论基本上沿着这一思路进行话语研究。如巴赫金认为话语的本质在于其对话性，话语是"指具体个人的言语成品，是言语交际的单位，是说话者独一无二的行为，体现着他独特的思想意识、价值和立场，并且始终处于与他人的交流中"[①]，所以话语是一种"意识形态符号"。福柯从社会学的立场出发，认为话语的形成必须由话语对象、话语陈述方式、话语的概念和话语的策略四个方面构成整体话语，话语一经形成就拥有"权力"[②]。费尔克拉夫在《话语与社会变迁》一书中指出，所谓话语，指的是对主题或者目标的谈论方式，包括口语、文字以及其他的表述方式。通常，话语是一系列连贯的句段或句子构成的语言整体。它既是个人说话的行为，表达了谈话者的意志，同时又必须符合语言系统的规律与制度。费尔克拉夫还指出，"话语根源于人们

[①] 李军林：《浅析话语理论的基本内涵及作用》，《传媒观察》2008年第8期。
[②] 彭公勋：《试论新闻话语的事实建构》，硕士学位论文，苏州大学，2012年，第4页。

的生活方式和文化习惯，同时也影响着人们的生活方式和文化习惯"①。总之，"话语"并不仅仅是一个简单的语言学概念，它更主要的是一个关于事实与观点生产的实践概念。

新闻话语作为一种话语类型，与其他话语例如文学话语、历史话语、法律话语等相比，其最主要的特点就是"新"，它是一切新鲜事物的交会点。因此，这就使得新闻话语相比其他话语就更加贴近现实生活与当下社会，并且更能真实、快速地反映社会及思想观念的变化。

其次，新闻话语是新闻媒体进行新闻报道时所采用的话语类型，它主要是用于公开传播信息的，是一种大众传播，与其他话语相比，语言特点上更具有口语化、通俗化的特征；但它又不完全是口语，它必须遵循新闻语言准确而又简洁的要求。

再次，由于新闻报道的题材极其广泛，几乎涉及了人们社会生活的各个方面，所以相对于其他话语形式而言，新闻话语不是单一的，而是包含更为广泛的内容。

最后，新闻话语的工具性特性比其他话语更彻底。话语是说话者思想意志的载体，新闻话语亦是如此。而新闻话语不仅是新闻人思想意志的载体，还代表了一定阶级或集团的思想意志，其话语规则的制定亦依附于特定阶级或阶层的利益。所以，新闻话语是一定阶级思想意志的交会点。

二 新闻话语如何形成社会共识

社会共识形成于人与人的相互交往活动。在传统社会，社会共识主要是通过教育而形成。在现代社会，大众传播对于社会共识的形成具有重要作用。大众传播通过对新闻事实的选择、加工和传

---

① ［英］诺曼·费尔克拉夫：《话语与社会变迁》，殷晓蓉译，华夏出版社2003年版，第1页。

播，向全体社会成员提供关于社会某个领域、某个问题的一致性认识或看法，以作为人们的认识、判断和行动的基础。传统社会中的教育活动是在有限的规模和范围内进行的，而在现代社会，大众传播则能够把同样的思想内容和价值观念以更快、更直接的方式传播到社会的任何阶层和任何角落。而且，即便与教育相比，新闻拥有最广泛的教育对象、新闻拥有最全面的教育内容、新闻拥有最广远的教育时空、新闻拥有先进多样的教育手段①。因此，大众传播形成的社会共识更具有普遍性②。它是导致社会成员团结协力、维持社会实践协调有序、保证社会向前发展的必要条件。

（一）新闻话语与社会共识形成之间的关系

叙事学研究中有这样一个观点：重要的不是"写什么"，而是"怎样写"。将该观点应用于新闻叙事学中，"怎样写"指的就是新闻作品的表达方式或叙述内容的手法，即新闻叙事人在叙述新闻事实时对话语方式的组织过程，这指的就是"新闻话语"这一概念。

梵·迪克认为新闻的话语应该从两个方面考察，一方面是新闻工作者对新闻文本的制作和构建，另一方面是受众对新闻文本的理解和认知。新闻话语是诉诸于事实价值的建构、生产、流通和消费的社会性信息，通过大众传播媒介从形式和语义上以言语、图像及其他方式进行表述和再现③。"新闻话语"是一个涉及事实与观点生产的实践概念，"是运用一定的语言系统叙述、重构新近发生的新闻事实，便是我们一般化理解的'新闻'"④。由于大众传媒的发展及其对人们日常生活的空前渗透，媒介的新

---

① 何纯：《试论新闻的教育性》，《中国广播电视学刊》1999年第4期。
② 张振华：《当代中国社会共识形成研究》，博士学位论文，武汉大学，2014年，第17页。
③ 张荣华：《"新闻是如何可能的"：现代新闻话语生产的形式与逻辑》，《阅江学刊》2014年第2期。
④ 陈力丹：《深刻地理解新闻》，《中国新闻出版报》2004年2月3日第8版。

闻话语为广大社会成员提供日常生活事实上的意义架构与实践批判，是为人们呈现现实的一种重要手段，使人们通过新闻文本了解事实，形成对某个新闻事实的认知。

新闻话语与意识形态关系密切，因为新闻话语不可避免地体现出某种意识形态，同时这种意识形态又是新闻话语建构的目标。福柯在他的话语理论中指出，话语的背后隐含着深刻清晰的意识形态。话语在日常表达中发挥着基础的作用，并且再造、复制着意识形态，意识形态深刻地影响着我们说什么和怎么说。所以说，社会共识的形成必然会受到特定意识形态的影响，同时社会共识也是某种意识形态的体现，因此，新闻话语和社会共识在一定程度上是相互影响的。

（二）如何通过新闻话语来形成社会共识

梵·迪克认为大众媒介本身就是一种公共话语，而且，"新闻话语也是意识形态的话语，因为它必然表达和确认其制作者的社会和政治态度"[①]，而费尔克拉夫则注重话语的实践功能及意识形态作用，"话语实践是社会实践的一个特定形式""在社会意义上，话语是建构性的，建构社会主体，建构社会关系，建构知识和信仰体系，而话语研究侧重于话语的建构性的意识形态作用"[②]。如此看来，大众媒介是能够通过新闻话语来建构社会共识的。在现代社会里，形成共识的不是神话，也不是诡辩，而是基于自由、理性个人的公共话语。

新闻话语建构社会共识可以通过以下几点来实现。

1. 新闻话语的意识形态建构是形成共识的基础

一个国家的意识形态是形成这个国家"大众想法"或"共

---

① ［荷］托伊恩·A. 梵·迪克：《作为话语的新闻·中译本序》，曾庆香译，华夏出版社2003年版，第2页。

② ［英］诺曼·费尔克拉夫：《话语与社会变迁》，殷晓蓉译，华夏出版社2003年版，第34页。

识"的基础。当前，新闻传媒正处于大融合、大变革的关键时期。借助于互联网、新媒体和大数据等，传播广泛地介入社会，社会普遍地运用传播，大众参与传播的广度、融入传播的深度空前，人们对于媒介的依赖要远远超过对自身感知的信赖。这也意味着，传媒能通过自身的话语体系对人们的精神世界进行一种重构。话语本身的意识形态属性润物细无声式地渗透，反映在新闻文本的生产、传播与解读中。以《人民日报》重头报道《纪念中国人民抗日战争暨世界反法西斯战争胜利70周年大会在京隆重举行》为例（节录）。

随后，习近平发表了重要讲话，他指出，今天，是一个值得世界人民永远纪念的日子。70年前的今天，中国人民经过长达14年艰苦卓绝的斗争，取得了中国人民抗日战争的伟大胜利，宣告了世界反法西斯战争的完全胜利，和平的阳光再次普照大地。我们纪念中国人民抗日战争暨世界反法西斯战争胜利70周年，就是要铭记历史、缅怀先烈、珍爱和平、开创未来。

习近平代表中共中央、全国人大、国务院、全国政协、中央军委，向全国参加过抗日战争的老战士、老同志、爱国人士和抗日将领，向为中国人民抗日战争胜利作出重大贡献的海内外中华儿女致以崇高的敬意，向支援和帮助过中国人民抵抗侵略的外国政府和国际友人表示衷心的感谢，向参加今天大会的各国来宾和军人朋友们表示热烈的欢迎。

习近平强调，中国人民抗日战争和世界反法西斯战争，是正义和邪恶、光明和黑暗、进步和反动的大决战。在那场惨烈的战争中，中国人民抗日战争开始时间最早、持续时间最长。面对侵略者，中华儿女不屈不挠、浴血奋战，彻底打败了日本军国主义侵略者，捍卫了中华民族5000多年发展的文明成果，捍卫了人类和平事业，铸就了战争史上的奇观、中华民族的壮举。

习近平指出，中国人民抗日战争胜利，是近代以来中国抗击外敌入侵的第一次完全胜利。这一伟大胜利，彻底粉碎了日本军国主义殖民奴役中国的图谋，洗刷了近代以来中国抗击外来侵略屡战屡败的民族耻辱。这一伟大胜利，重新确立了中国在世界上的大国地位，使中国人民赢得了世界爱好和平人民的尊敬。这一伟大胜利，开辟了中华民族伟大复兴的光明前景，开启了古老中国凤凰涅槃、浴火重生的新征程。

习近平强调，在那场战争中，中国人民以巨大的民族牺牲支撑起了世界反法西斯战争的东方主战场，为世界反法西斯战争胜利作出了重大贡献。中国人民抗日战争也得到了国际社会广泛支持，中国人民将永远铭记各国人民为中国抗战胜利作出的贡献。

习近平指出，战争是一面镜子，能够让人更好认识和平的珍贵。为了和平，我们要牢固树立人类命运共同体意识，世界各国应该共同维护以联合国宪章宗旨和原则为核心的国际秩序和国际体系，积极构建以合作共赢为核心的新型国际关系，共同推进世界和平与发展的崇高事业。为了和平，中国将始终坚持走和平发展道路，中国人民将坚持同世界各国人民友好相处，坚决捍卫中国人民抗日战争和世界反法西斯战争胜利成果，努力为人类作出新的更大的贡献。习近平宣布，中国将裁减军队员额30万。

习近平强调，"靡不有初，鲜克有终"。前进道路上，全国各族人民要在中国共产党领导下，坚持以马克思列宁主义、毛泽东思想、邓小平理论、"三个代表"重要思想、科学发展观为指导，沿着中国特色社会主义道路，按照"四个全面"战略布局，弘扬伟大的爱国主义精神，弘扬伟大的抗战精神，万众一心，风雨无阻，向着我们既定的目标继续奋勇前进。

习近平最后号召，让我们共同铭记历史所启示的伟大真理：正义必胜！和平必胜！人民必胜！①

《人民日报》作为中共中央机关报，通过意识形态的宣传、教育和引导，使广大受众自觉地认同指定的意识形态内容："中国人民抗日战争和世界反法西斯战争，是正义和邪恶、光明和黑暗、进步和反动的大决战""面对侵略者，中华儿女不屈不挠、浴血奋战，彻底打败了日本军国主义侵略者""这一伟大胜利，彻底粉碎了日本军国主义殖民奴役中国的图谋，洗刷了近代以来中国抗击外来侵略屡战屡败的民族耻辱"等诸多信息使人们重温了历史，让人们知道战争的惨绝人寰以及和平生活的来之不易，从而珍爱和平、维护和平。我国首次举行纪念中国人民抗日战争暨世界反法西斯战争胜利专场阅兵，就是要使人们不忘历史、珍惜和平，在全体人民中凝聚起和平共识；同时从伟大抗战精神中汲取前进力量，形成为实现"两个一百年"奋斗目标、实现中华民族伟大复兴的中国梦不懈奋斗的社会共识。这说明，社会中主要阶级的意识形态透过新闻话语传递出来，人们通过接受而产生信仰、信念等，导致人们在行为和生活方式中贯穿这一意识形态和社会价值观。

2. 新闻话语通过建构事实来建构社会共识

新闻媒介通过新闻话语实现与受众的沟通和交流。新闻话语主要是通过文字、声音、图像等手段将某一事实呈现给受众，这

---

① 《纪念中国人民抗日战争暨世界反法西斯战争胜利70周年大会在京隆重举行》，《人民日报》2015年9月4日第1版。

一过程并不是对新闻事实原原本本的复制，而是既包含了新闻从业人员对这一新闻事实的表达与建构，同时受众也须透过新闻话语用自己已有的知识去认知与理解新闻事实。新闻话语所蕴含的意义受社会环境的影响较大，同时新闻话语能够通过对受众建构新闻事实从而影响受众的认知来影响社会环境，二者相互影响推动社会发展。

新闻话语对于现实的建构既受到社会环境的影响，又会随着受众认知的变化而导致新闻文本意义的变化；新闻话语对于现实的建构主要是通过传者和受众的互动而形成，他们之间借助于新闻文本来进行互动，其结果是文本意义的流变；新闻话语和其所建构的社会真实事件之间也会产生相互的影响，一方面新闻话语所蕴含的某种倾向性的表露会影响该事件的变化态势，另一方面新闻事件的发展又进一步促进了新闻话语倾向性的建构。

《南京大屠杀档案》列入世界记忆名录

本报巴黎10月10日电（记者王远） 根据联合国教科文组织9日发布的消息，教科文组织世界记忆工程国际咨询委员会第十二次会议经过4日至6日在阿联酋阿布扎比的评审后，决定为《世界记忆名录》新增47个项目，其中包括中国申报的《南京大屠杀档案》。至此，中国已有10份文献遗产入选世界记忆名录。

中国常驻联合国教科文组织代表团大使衔代表张秀琴表示，南京大屠杀档案项目被列入教科文组织世界记忆名录，是教科文组织对中国保存的南京大屠杀档案给予的肯定，是对该档案真实性和唯一性的认可，也是对文献遗产保存完整性的最高赞誉，具有世界意义。

2014年，中国正式向联合国教科文组织世界记忆遗产秘书处递交了《南京大屠杀档案》列入世界记忆名录的申请。①

这条消息为广大受众建构了南京大屠杀档案正式列入科教文组织《世界记忆名录》这一事实,表明了中国在维护历史真相上的坚定立场。此次申遗成功,将使南京大屠杀这个历史事件在全中国、全世界得到更广泛的宣传,更多的人会知晓历史真相、铭记历史,也会使人们形成一种为了国家的繁荣昌盛、免遭外来侵略而不断发愤图强的社会合力。正如吉登斯所说,新闻报道的语言与日常生活的世界有着特殊联系,它既是一种理解,也是在引导一种理解,它重新建构了我们的世界。② 新闻报道对新闻事实的建构,也在引导着受众对事实的接受和理解,引导人们针对该事件形成共同的、一致的观点和意见。

3. 新闻话语通过建构知识、形成规范来形成共识

新闻话语承担着认知、教化和交流等社会功能,目的也在于凝聚社会共识、创造良好的社会环境,推动社会的良性运行。福柯认为,人类的一切知识都是通过话语而获得,任何脱离话语的事物都是不存在的,话语体现着权力关系,在许多社会化的意义形成过程中都经历了话语之间的意识形态斗争。

新闻话语是建构知识的一个重要途径,也可以说为广大受众建构合法的知识是新闻话语的一项重要职责。所谓建构知识,指的是将各种抽象的社会概念及社会价值规范具象化,转化为具体的表象世界。如各种各样的有关"中国梦"的新闻话语,就是将"中国梦"的重要思想不断地以事实具象在具体的新闻报道之中。

---

① 王远:《〈南京大屠杀档案〉列入世界记忆名录》,《人民日报》2015年10月11日第1版。
② [美]盖伊·塔奇曼:《做新闻》,麻争旗等译,华夏出版社2008年版,第113页。

同理，国家的许多方针政策、党和政府的号召，受众几乎都是最先从新闻话语中获得。如有关"科学发展观""四个全面""新常态""三严三实""大众创业、万众创新""互联网+""一带一路"等的内涵及运作，大多数受众都是从新闻话语和其他形式的媒介话语中获得了解的。

所谓形成社会规范、反映社会价值，即新闻话语在意义化的过程中，将其建构的知识赋予一定的价值含义，使人们能够区分善恶、进行褒贬。许多新闻话语通过标题就体现了这种"反映价值、形成规范"的功能，如：

《依法推进香港普选是中央坚定不移的立场》[1]
《广西怀抱女童牺牲消防员杨科璋获批为烈士》[2]
《郭声琨：让户籍制度改革成果更多更早惠及群众》[3]
《卫计委：统筹推进各项改革不增加群众负担》[4]
《国办印发通知：全面实施城乡居民大病保险制度》[5]

共识是新闻工作者和广大社会成员对社会某个目标、某种价值观、某种判断共同持有的心态与观点。新闻话语通过所建构的知识、所形成的规范和所反映的价值，能够使人们对社会的某种价值和判断形成共同的认识，从而在潜移默化中影响着人们的思

---

[1] 人民日报：《依法推进香港普选是中央坚定不移的立场》，2015年6月，人民网，http://opinion.people.com.cn/n/2015/0604/c1003-27106141.html。
[2] 王刚、黄艳梅：《广西怀抱女童牺牲消防员杨科璋获批为烈士》，2015年6月，人民网，http://society.people.com.cn/n/2015/0601/c136657-27087808.html。
[3] 人民日报：《郭声琨：让户籍制度改革成果更多更早惠及群众》，2015年5月，人民网，http://politics.people.com.cn/n/2015/0528/c1001-27072471.html。
[4] 胡浩：《卫计委：统筹推进各项改革不增加群众负担》，2015年5月，人民网，http://politics.people.com.cn/n/2015/0522/c1001-27044264.html。
[5] 国务院办公厅：《国办印发通知：全面实施城乡居民大病保险制度》，2015年8月，人民网，http://politics.people.com.cn/n/2015/0510/c1001-26975119.html。

想及行为方式。因而，在一定程度上新闻媒体所具有的舆论引导作用也可以看作其具有凝聚社会共识的作用。

新闻话语所建构的知识、所形成的规范、所反映的价值一旦为受众接受，就会变成受众所具有的共识，而这种共识的形成不仅会在他们心中催生一套与之相应的思想和意识，还会促成一种与之相应的、持续的、无所不在的实践活动，从而最终把受众建构为自觉地或者说无意识地拥有某种意识形态的社会主体，并从事着这种意识形态所规范化的社会实践[①]。

三 不同历史时期新闻叙事话语对社会共识的形成

新闻话语是不可能脱离时代、不可能脱离社会、不可能脱离受众的，因为新闻话语实质上是借助对事件的建构传递传播者的目的。新闻话语既是一种事实再现，又是一种意识形态。新闻话语是对新闻事实的叙述，是具有真实性、客观性的新闻报道，但在各种各样的新闻事实背后，总是无可避免地蕴含着特定的意识形态。纵然新闻话语是对新闻事实的叙述，但这种叙述却也是以新闻生产者所期待的方式来"建构"给受众某种事实，从而为特定群体的利益服务，体现了媒体建构意识形态立场的需要。不同时期的新闻话语反映了特定历史时期社会主流媒体对于某个特定社会事件的认识，新闻话语的形成必然受到人的影响，蕴含着特定的意识形态，影响着社会成员"共识"的形成。

我们以新中国成立以来的不同历史时期来看新闻话语对社会共识的建构作用。于此，我们有必要先征引大段论述将新中国新闻传播话语的整体特征作一说明，以便对后述内容有"同情之理解"。

[①] 曾庆香：《试论新闻话语》，博士学位论文，中国社会科学院，2003年，第79页。

说到新中国的新闻传播，特别是改革开放前的发展，特别突出的一点就是正面报道。翻开当时的报道，触目所见都是一片阳光明媚、莺歌燕舞、鸟语花香的情景。对此，我们可以从两个方面来解读。一是中国的文化传统。我们知道，中西方在这一点上有明显的差异，平时人们常说西方媒体是"乌鸦"，中国媒体是"喜鹊"。其实，这就像中国象棋与国际象棋的差异一样，不仅仅是某个局部的问题，而是整个系统的问题。中国媒体就像中国象棋里的一个棋子，不管具体某一步怎么走，都不能不受制于中国象棋的整个系统。同样，西方媒体犹如国际象棋里的一个棋子，不管具体怎么走，也都不能不受制于整个棋局系统。这里不是谁想当乌鸦、谁想作喜鹊的事情，而是整个生态环境的大问题，也就是本书反复强调的新闻与社会、媒介与历史的关系问题。关于正面报道同中国文化的关联，我们不难在中国文化与精神传统的悠久源流上发现其踪影。比如，中国文化总有一种圆融、和谐、通达的气象，哪怕再艰难、再黑暗、再惨淡也依然表现得诗情画意，美丽动人，即使是魏晋南北朝那样的乱世，依然出现中国文化的一个美学高峰。除此之外，社会现实的客观要求及历史的必然性使得正面报道依然是新中国新闻报道的主流。毛泽东说过：国家的统一、民族的团结、国内各民族的团结，这是我们事业胜利的必然保证。用今天的话来说，就是"稳定压倒一切"。为此，新闻媒体不得不服从于这个大局，不能不服务于国家统一、民族团结以及现代化大局。这并不是由某个人或某些人所决定的，而是整个新闻媒体共同的、自觉自愿的历史担承。明确这种大背景和大前提，再来看新中国的新闻就能有更多"同情之理解"。①

（一）"大跃进"时期

"大跃进"运动是指 1958 年至 1960 年间在全国范围内开展的的运动，是"左"倾冒进的产物。1958 年 5 月，中共八届二次会议正式通过了"鼓足干劲、力争上游、多快好省地建设社会主义"的总路线。尽管这条总路线的出发点是要尽快地改变我国经济文化落后的状况，但由于忽视了客观经济规律，根本不可能迅速地改变我国经济文化落后的状况。这一时期的新闻报道带着深深的时代烙印，大量新闻报道虚构、夸大事实，对许多错误的事情大肆宣扬，甚至党报党刊也完全忽视了新闻的真实性这一基本要求。

人民首都不容麻雀生存
三百万人总动员第一天歼灭八万三

本报讯 从 19 日清晨五时开始，首都布下天罗地网，围剿害鸟——麻雀。全市三百万人民经过整日战斗，战果极为辉煌。到 19 日下午十时止，据不完全统计，全市共累死、毒死、打死麻雀八万三千二百四十九只。

19 日清晨四时左右，首都数百万剿雀大军拿起锣鼓响器、竹竿彩旗，开始走向指定的战斗岗位。八百三十多个投药区撒上了毒饵，二百多个射击区埋伏了大批神枪手。五时正，当北京市围剿麻雀总指挥王昆仑副市长一声令下，全市八千七百多平方公里的广大地区里，立刻锣鼓喧天，鞭炮齐鸣，枪声轰响，彩旗摇动，房上、树上、院里到处是人，千千万万双眼睛监视着天空。假人、草人随风摇摆，也来助

---

① 李彬：《中国新闻社会史》，清华大学出版社 2008 年版，第 303 页。

威。不论白发老人或几岁小孩，不论是工人、农民、干部、学生、战士，人人手持武器，各尽所能。全市形成了一个声势浩大的"麻雀过街，人人喊打"的局面。被轰赶的麻雀在天罗地网中到处乱飞，找不着栖息之所。一些疲于奔命的麻雀被轰入施放毒饵的诱捕区和火枪歼灭区。有的吃了毒米中毒丧命；有的在火枪声里中弹死亡。

为了摸清"敌情"，围剿麻雀总指挥部还派出三十辆摩托车四处侦察。解放军的神枪手也驰赴八宝山等处支援歼灭麻雀。市、区指挥、副指挥等乘车分别指挥作战。

在天坛"战区"到处是鞭炮和锣鼓声，三十多个神射手埋伏在歼灭区里。他们一天之中歼灭麻雀九百六十六只，其中累死的占40%。在南苑东铁匠营乡承寿寺生产站的毒饵诱捕区，两个小时内就毒死麻雀四百只。宣武区陶然亭一带共出动了两千居民围剿麻雀，他们把麻雀哄赶到陶然亭公园的歼灭区和陶然亭游泳池的毒饵区里，在大半天时间里，共消灭麻雀五百一十二只。在海淀区玉渊潭四周十里的范围内，三千多人从水、旱两路夹攻麻雀，人们从四面八方把麻雀赶到湖心树上，神枪手驾着小船集中射击，只见被打死和疲惫不堪的麻雀纷纷坠落水中。

傍晚以后，青年突击队到树林、城墙、房檐等处掏窝、堵窝、捕捉麻雀。全市人民正在养精蓄锐，好迎接新的一天的战斗。①

这篇报道为受众营造出一个声势浩大的歼灭麻雀的场面，主观目的

---

① 《人民首都不容麻雀生存　三百万人总动员第一天歼灭八万三》，《人民日报》1958年4月20日。见2009年8月20日，腾讯网，http://news.qq.com/a/20090820/001364_1.htm。

· 185 ·

是为了调动广大百姓积极投身于社会主义建设。在我国经济建设超额完成了第一个五年计划的好的形势下,党内"左"倾冒进思想进一步发展,忽视一般经济规律、急于求成成为人们普遍的心理,这一时期的新闻话语顺应了这种心理,像《广东穷山出奇迹 一亩中稻六万斤》《破釜沉舟全力以赴,九月破万吨,十月过两万,河北力争生铁扶摇直上》《首都钢铁星期日,城里城外一片红,七十万人大炼钢》等诸如此类的浮夸式报道在当时全国各地报刊上随处可见。"大跃进"的宣传报道是当时新闻宣传的主流,也在一定程度上在广大百姓心中凝聚起全力建设社会主义的社会共识,但"大跃进"脱离了客观实际和违背了新闻规律,给人民生活带来很大影响。

(二)"文化大革命"时期

1966年5月至1976年10月开展的"文化大革命",是中国历史上的"十年浩劫"。这一时期,"新闻为政治服务"的观点成为统领新闻界的主流观点,报纸是专政的工具,新闻媒介要为路线斗争服务。这一时期的新闻话语被称之为"文革"式的"假、大、空"话语。

这一时期通过新闻媒介不断宣传对毛泽东主席的个人崇拜,达到了登峰造极的程度,这种个人崇拜也是一种时代的迫切需要。当时报刊的文章,无论是评论还是新闻通常只有一种写法,即毛主席语录加例子,不是引用毛主席的几句诗词作开头,就是以"最最最最敬爱的领袖"或"祝您万寿无疆、万寿无疆、万寿无疆"等语言作结尾。这种简单重复而且损害中国语言文字纯洁的空话、套话成为当时最流行的话语,后来被人们称为"文革报刊文体"。1966年毛泽东曾8次在天安门广场接见红卫兵,先后有1300多万各地来京的红卫兵受到检阅。对这8次接见,各地的报纸、广播、电视无一例外地都作了突出的宣传,大幅的图片、连篇累牍的报道掀起了一波又一波的个人崇拜狂潮[1]。当毛泽东1966年7月16日畅游长江一个多小时的消息于25日的报纸上刊登出来后，席卷全国各地"敬祝毛主席万寿无疆"的祝愿，营造出一种全国人民激动万分的场面，典型地表现出在全国范围内形成的个人崇拜已然成为了人们的一种"共识"，在神州大地上，人们手举"红宝书"，早请示，晚汇报，天天读，唱语录歌，做语录操，跳忠字舞，已经成为人们日常生活中不可缺少的一部分。

在"文化大革命"中突出宣传报道的人物典型也很多，其主要特点是"有路线觉悟"和"无限忠于毛主席革命路线"。这些典型人物有的是假冒伪劣，但也有很多确实是兢兢业业工作的好同志，但当时的宣传者为了达到报道目的，故意上纲上线，夸大渲染一些情节，无中生有地添加一些所谓的思想高度，使典型人物失真。当时的典型报道不但带有政治路线斗争的痕迹，而且存在各种片面性。如写先进人物的崇高思想境界，往往要加上闪光的语言，要十全十美、"高大全"，这些"万能"的典型一看便是虚假与夸大的；而先进经验的宣传也变得绝对化、模式化[2]。

"文化大革命"时期新闻媒介对个人崇拜及典型报道的大力宣传是政治的需要，是当时开展大规模阶级斗争运动的需要，而在当时权力高度集中于个人的这种政治制度下，对于领袖个人崇拜的有意识地大肆宣扬有了可能，政治化地树立毛泽东的个人权威，使全体人民凝聚起防止资本主义复辟、维护党的纯洁性和寻求中国自己的建设社会主义的道路的共识，是为了更便利地开展大规模的政治斗争，消除各个阶层对于"文化大革命"存有的疑惑，使人们采取一切行动来为"文化大革命"服务。

（三）改革开放初期

党的十一届三中全会做出以经济建设为中心和改革开放的战

---

[1] 方汉奇：《中国新闻传播史》，中国人民大学出版社2002年版，第365页。
[2] 同上书，第367—368页。

略决策后，中国社会走上了快速发展之路，新闻事业也随之面临着转型，从"新闻为政治服务"向新闻为人民群众服务转变，从宣传观点向提供信息转变。20世纪80年代起，深度报道迅速崛起，顺应了我国深化改革、扩大开放的新形势。深度报道是一种题材重大、报道面宽广、深刻透视新闻事件或社会问题、富有理性思辨的报道方式。在改革开放的大背景下，随着改革进程的加快，人们面对日益涌现的新事物、新问题、新矛盾，迫切需要新闻媒体给出准确的解释与回答，于是深度报道这样一种具有分析解释性、评论性、调查研究性的新闻报道方式便应运而生。同时，市场化的新闻竞争使报纸无法与广播、电视新闻在速度、时效、生动性上竞争，于是只有在报道的深度上做文章。于是在《人民日报》《中国青年报》与新华通讯社的报道中涌现了如《分清主流与支流　莫把"开头"当"过头"》《中国改革的历史方位——时代的挑战与中青年理论工作者的思考》《上海在反思中奋起》等一批广有影响的深度报道，以及《"大锅饭"养懒汉》《改革开放要有新思路》等广有影响的评论。深度报道与评论以分析解释性的话语为主，它的兴起有着鲜明的时代特征，与中国社会正处于转型时期、思想得到解放的社会特征相呼应。当时的深度报道贯彻了解放思想、实事求是的思想路线，打破"左"的思想影响，对国计民生的重大问题进行了辩证唯物主义与历史唯物主义的回顾与反思。媒体的这些报道对于广大民众而言，起到了知识启蒙、观念革新、推进改革开放稳步健康发展等作用，很好地展现了媒体的服务本质，对凝聚社会共识、推动中国经济发展起到了不可替代的作用。

（四）社会转型时期

时代在前行，新闻话语作为新闻报道的具体表现形式也应随之不断创新。浮华空洞、陈旧教条的宣教方式已经被逐渐摒弃，其中尤为突出的是有中国特色的典型人物的报道。党和政府加强对正面人物的宣传报道，能够有效引导舆论，起到凝聚人心、引领风尚、形成共识的作用，因而在社会转型时期，新闻媒体更加重视对典型人物的报道，涌现了诸如王顺友、任长霞、杨善洲和"感动中国""大国工匠"人物等一大批广为人知的各个方面的先进典型。

以 2002 年推出的重大典型人物报道《公仆本色——追记湖南省委原副书记、省人大常委会原副主任郑培民同志》为例。负责采写这篇报道的《人民日报》记者深知，要让受众真正感受到这样一位共产党人的人格魅力就要用最朴素、最本色的新闻话语。他们在采写中积累了大量真实的细节和感受，用"重任""真情""砥柱""考验""家风""呼唤"六个小标题串起一个个感人的故事，勾勒出郑培民生命中的平凡与伟大。以"家风"一段为例：

家风

"手拉手，户外走，说说话，散散心，情切切，意绵绵，身体好，永相伴。"与妻子的一次散步，被郑培民在日记中诗意地记录下来。

他的家，是尽人皆知的美满家庭，郑培民很爱他的妻子和儿女。只是他从不用手中的职权来表达这份感情，他深知，权力是人民给的，是为人民做事的。

几十年中，郑培民的职位一直在变动，而他的妻子杨力求的工作单位只变动过一次，就是从湘潭市新华书店调到了省新华书店，职务仍然是一名普通职工。

调到长沙后，杨力求上班要走上 40 多分钟。她不会骑自行车，乘公共汽车也不方便，多年来，她一直走路上下班。郑培民托人为妻子买鞋，指明买那种柔软的、平底粘胶的鞋子，他要让妻子在风吹雨打的路上，走得舒服一些。但这个有情有意的丈夫却从不让妻子搭他的顺路车。

妻子敬重郑培民的为人，更注重维护丈夫的形象。杨力求有个"三不"：不帮人向郑培民带任何信，不传口信，不接受任何礼品。他们的儿子说："在廉政问题上，爸爸把前门，妈妈守后门。"

郑培民的日记，折射出"后门"的坚固："某某同志来家，我不在家，请我爱人转给我一封推荐信，并送了5000元，讲请力求旅游用。力求当即指出，这是送'错误'给我们，绝对不能收。"

郑培民的儿子曾经有过被爸爸从车上赶下来的经历。他在湘潭大学读书时，有一次爸爸从长沙去六七十公里外的湘潭开会，正在家中休假的孩子，便想搭便车去学校。谁知郑培民一上车，看到已坐在车里的儿子，立即严辞厉色、毫不留情地把孩子从车上轰了下来。

郑培民曾这样鼓励自己的孩子读书上进，"与其我留给你们财富，不如给你们留下创造财富的能力。读书，就是创造财富的能力！"

孩子长大成人，每次出远门，郑培民从来不多说什么，他只是弯下胖胖的腰身，默默地帮儿女一件一件叠衣服，再一件一件放在箱子里。

……

郑培民做成的文化与精神的盛宴，足以使儿子品味一生。①

通篇注重对细节的刻画，运用朴实的语言，字里行间细细沁出人物的真情实感和报道者的叙事倾向。人们在这样的报道中，既看

---

① 朱玉、董宏君：《湖南省委原副书记郑培民：硬肩挑重担　公仆显本色》，2002年10月13日，新华网，http://news.xinhuanet.com/newscenter/2002-10/13/content_594548.htm。

得到在领导岗位上植根穷乡、带民致富的郑培民，看得到清正廉洁、真情为民的郑培民，也看得到平凡生活中情深义重、爱子爱家的郑培民。正是这种种平凡又满含真情的因素在受众心目中形成了一个性格鲜明有血有肉的党和人民的好干部形象，也使人们增强对党员干部的理解、信任和崇敬，以人物的言行来动员、鼓舞群众从而有效地引导舆论、凝聚人心，促进社会共识的形成。

在新闻报道中，须按照社会主义核心价值观的内涵，根据事实来描述事实，真实地反映社会生活中人们的行为取向及对事物的评价与态度。在报道的理念、内容、体裁、形式、方法、手段上，要充分考虑社会转型时期人们平等交流与情感互动的需求以及互联网、新媒体时期的互动方式，将现实生活中涌现出来的生动感人的事件凝练成群众共同认可的普遍的价值标准，才能促使人们形成采取正确行动的思想共识。

本章结语

当今社会是一个多元价值观并存的社会，在各种价值观的交锋和博弈中，没有一个统一的精神支撑，就难以形成强大的"合力"来推动社会发展进步，因而，在全体社会成员中凝聚起一种统一的精神力量，在多元社会的大环境下便显得尤为重要。新闻媒体在叙述新闻事实时，要注重倾听群众的利益诉求和价值愿望，找准人们思想的共鸣与交会点，创新改进形式，让群众主动参与、乐在其中。只有这样，才能汇聚起促进人的全面发展、引领社会全面进步、实现中国民族伟大复兴的社会共识。

社会共识作为一种意识形态，从在公众头脑中开始形成到不断地加深巩固，都离不开新闻传播在这一过程中的重要作用。我国的新闻媒体是党和政府的耳目喉舌、是人民的耳目喉舌，这就决定了新闻叙事人是为党和政府、为人民服务的，所以，新闻叙事人通过对新闻事实的选择，采用广大受众喜爱和能够接受的新闻话语来告知受众什么正确、什么错误、什么样的思想行为应当受到肯定和褒奖，什么样的思想行为应当受到否定和贬斥，让人们在内心形成思想或行动的共同的行为准则。

第四章　新闻叙事与生活方式引领

> 新闻报道的语言与日常生活的世界有着特殊联系，它既是一种理解，也是在引导一种理解，它重新建构了我们的日常世界。
>
> ——吉登斯（Anthony Giddens）

中共中央十二届三中全会《关于经济体制改革的决定》明确提出："经济体制的改革，不仅会引起人们经济生活的重大变化，而且会引起人们生活方式和精神状态的重大变化。在创立充满生机和活力的社会主义经济体制的同时，要努力在全社会形成适应现代生产力发展和社会进步要求的，文明的、健康的、科学的生活方式。"由此可见，早在20世纪80年代中期，生活方式的构建在党的纲领性文件中就放在了改革发展的全局性地位。

关于生活方式，最浅显的解释就是回答人们"怎样生活"的问题。然而，以人类的历史之长以及生活范围之广，要回答"怎样生活"是很不容易的。更何况，在不同的意义层面上，生活方式具有不同的内涵。比如，在社会学上，生活方式是人类在特定历史时期利用生活资料的方式；在心理学上，生活方式是自我认同的表达；在人类学中，生活方式生动地表达了特定的种族特性①。

随着社会的转型,"新闻传播的重点也发生了转移,即从原来较为单一的政治、经济的宏大叙事转移到日常的社会生活,显示出细腻、平凡然而也更贴近生活真实的特征。"② 当今,整个世界都在传媒的镜像里,新闻叙事构造与呈现怎样的"生活景观",必将引导怎样的生活方式。

第一节 生活方式是社会、文化的表征

表征(representation)是外部事物在心理活动中的内部再现,它反映并代表着客观事物,是一种显露于外的征象。同时,它又是被心理活动进一步加工的对象。表征作为动词,指的是用一个物体(符号)去代表另外的物体或观念,例如,俗世生活中的"玫瑰花"、宗教生活中的"十字架"。《表征——文化表象与意指实践》一书的编者、英国文化研究"伯明翰学派"的代表人物斯图亚特·霍尔(Stuart Hall)说:"简言之,表征是通过语言生产意义。"③ 他还说:"意义还通过种种不同的传媒生产出来,尤其是目前,通过复杂的技术,通过现代大众传媒这种全球通讯手段生产出来,这使得意义以历史上从未有过的规模和速度在不同的文化之间循环起来。"④

生活方式作为特定社会条件发展的产物,社会阶段的不同必然形成不同的生活方式,而不同的生活方式也必然是带有当时文化熏陶的痕迹,两者是互相联系并影响的。

---

① 何纯、张海寅:《传媒舆论引导与生活方式——多元的文化认同与文化实践》,《湘潭大学学报》(哲学社会科学版)2008年第4期。
② 同上。
③ [英]斯图亚特·霍尔编:《表征——文化表象与意指实践》,徐亮、陆新华译,商务印书馆2003年版,第16页。
④ 同上书,第3页。

一 生活方式的含义

生活方式原本是一个日常用语,19世纪中叶开始在学术性的著作里作为一个比较科学的概念出现。对于生活方式理论的研究,西方的发展历程大致经过了马克思、韦伯、凡勃伦以及布尔迪厄四个阶段。1845—1846年,马克思、恩格斯在合著的《德意志意识形态》中提出"生活方式"概念,并与"生产方式"相联系,来揭示一定时期的社会历史关系和社会过程,同时他们还强调"生活方式"是辨别社会阶级的有效指标。马克斯·韦伯(Max Weber)承继了马克思的思想,他在对阶级、地位和权力进行阐释的基础上提到"生活方式"问题。他认为人们可从生产关系上认识阶级,依据消费规律认识生活方式,并从生活方式上认识社会地位。托尔斯坦·凡勃伦(Thorstein B. Veblen)延续这种思路,从消费的角度系统阐述了特定的阶层和特定的生活方式间的关联,如他提出的"有闲"阶级和"炫耀性消费"。后来皮埃尔·布尔迪厄(Pierre Bourdieu)的研究使生活方式理论又更进一步。他采用习惯和场域的概念,认为两者的双重作用会系统化塑造包括生活方式在内的人们日常生活行为。

国内学者有自己的阐释。"关于生活方式的含义,学者们比较一致的看法是,生活方式是指人们依据一定的文化模式为满足自身生活需要而运用社会环境提供的各种物质的和精神文化资源的活动方式、'配置方式'"[1]。《中国大百科全书·社会学卷》对生活方式作了如下定义性表述:"不同的个人、群体或社会全体成员在一定的社会条件制约和价值观指导下,所形成的满足自身生活需要的全部活动形式与行为特征的体系。"从上述两种阐释中,我们可以看到,解释生活方式的落脚点都注重于人们满足自

---

[1] 王雅林:《生活方式研究评述》,《社会学研究》1995年第4期。

身生活的需要。但是，每个人对"生活"含义的理解是不相同的。一方面，广义的概念可以理解为人们所有的生活领域，包括政治、经济、文化、社会等，以及所涉及的所有方面。另一方面，则限于人们自身的日常生活领域如衣、食、住、行等狭义概念。除此之外，学者王雅林还提到一种解释是，"生活方式仅指由个人情趣、爱好、嗜好、价值取向决定的生活行为的独特表现形式和特殊的生活习惯、风度、气质等等"①。但这种概念的使用需基于特定的情况。从以上三种理解中，我们认为，如果把人们自身的生活需要仅仅限于衣、食、住、行等日常生活领域，是不全面也不科学的。日常生活领域包含着生活的传统、习俗和习惯，对于理解生活方式是不可缺失的部分。虽说对于生活方式的理解最简单直白的表述就是人们如何生活的问题，但是具体情况却复杂得多。

"生活方式这一术语，是主客体相对接、互动生成的一个综合性范畴，既是一种社会结构形态和事实存在，又是主体评价、选择、配置生活要素而生成的社会行为和日常方式。"② 我们在这里的研究可以视具体情况兼顾两种概念进行理解。

二 生活方式是特定社会条件发展的产物

生产方式在马克思的历史唯物主义中是一个重要的基本范畴。它是人类进行物质资料生产的社会活动方式，没有物质资料的生产，社会不可能前进与发展。在《德意志意识形态》中，马克思论道：人们为了能够"创造历史"，必须能够生活。但是为了生活，首先就需要吃、喝、住、穿以及其他一些东西。因此第一个历史活动就是生产满足这些需要的资料，即生产物质生活本

---

① 王雅林：《生活方式研究评述》，《社会学研究》1995年第4期。
② 同上。

身，而且这是这样的历史活动，一切历史的一种基本条件，人们单是为了能够生活就必须每日每时去完成它，现在和几千年前都是这样①。正如马克思所说，人们要先进行生产，而后才能生活。生产劳动使得人从原始自然界分化出来，产生语言，形成与动物根本不同的生活习惯和方式。

生产方式与生活方式是不同的两个概念。生产分为物质生产和精神生产，一般指物质资料生产。在物质、精神生产分离之后，又形成了精神生产领域。生活的领域不仅需要消费物质资料，还需要精神产品，同时还包括人们各自生活之间的关联，生活方式就是在这些领域中人们所有的活动形式之和。

生产方式与生活方式相互区别，但两者又是紧密联系在一起的，生产方式对生活方式的变革具有革命性的作用。社会的发展有赖于生产力和生产关系的进步，而生产方式是两者的统一。18世纪中期，在珍妮纺纱机出现之后，整个社会的生产方式开始发生翻天覆地的改变。马克思对这种机械发明带来的变化是这样评价的："它引起'生产方式上的改变'，并且由此引起生产关系上的改变，因而引起社会关系上的改变，'并且归根到底'引起'工人的生活方式上'的改变。"②珍妮纺纱机引发了英国的工业革命，资本主义大机器生产代替了工场手工业生产，劳动生产效率大大提高。从纺织业开始，采矿、冶金、磨面、制造和交通运输等各行各业相继飞速发展起来，比如，1807年美国人富尔顿发明汽船，1814年英国人斯蒂文森发明火车。这一切由生产方式的变革带来的社会改变，最终引起了人们生活方式上的改变。从这个角度来看，生产方式对整个社会生活具有某种决定性作用，而这也是马克思所强调的。所以，生活方式归根结底受生产

---

① 《马克思恩格斯选集》（第1卷），人民出版社1995年版，第79页。
② 《马克思恩格斯全集》（第47卷），人民出版社1979年版，第501页。

方式的决定和制约，甚至可以说生活方式就是社会生产发展的产物。"人们有什么样的生产方式，怎样进行生产，也就有与之相适应的生活方式。生产方式变革，生活方式也会随之发生变化。"① 生产关系的改变，导致生产资料所有制的变化、阶级对立的出现和社会各个阶层的形成，无不影响着生活方式。

除了生产方式，影响形成不同生活方式的因素还有如政治上层建筑、经济基础、文化、地理环境，等等。不同的社会由于众多因素作用的不同，形成的生活方式也是迥然不同的。周纪兰在《文化与生活方式》中举例解析了这种差异：

在原始社会，由于生产力水平极低，钻木取火，茹毛饮血，男的打猎，女的采集，工具是石器，没有私有财产，这就决定了他们的集体生活，群居群婚，以母系为中心，民只知有其母而不知有其父，日出而作，日入而息，击缶而歌，掘井而饮，甚至还有杀死女婴，或有灾荒年月吃女婴来减少人口的事情。尽管在今天看来，这些残酷无情的陋习和旧规是令人不可思议的，但在那种愚昧状态下的人们的生活状况却是与当时社会生产力的发展条件相呼应的。原始人并不会为此而悲伤，相反还认为它是一种合情合理的生活方式②。

不仅是原始社会，在人类发展的历程中，每一个不同的社会阶段都出现不同的生活方式。在奴隶社会，奴隶被当作奴隶主的工具，没有权利与自由；在漫长的中国的封建社会，"君君、臣臣、父父、子子"的儒家信条一直维系着封建统治，也成为日常生活的纲常伦理；而在西方资本主义社会的生活方式则是提倡平

---

① 王玉波：《生活方式浅探》，《晋阳学刊》1983年第6期。
② 周纪兰：《文化与生活方式》，《兰州学刊》1987年第2期。

等，崇尚个性的解放与自由，等等。"在很大程度上我们可以说，一部人类的发展史和社会史就是一部体现人的生成的生活史、生活方式史。"①

生活方式是历史唯物论范畴体系中的一个不可缺少的要素，自然与社会条件、物质与精神条件都能对人们产生影响，从而导致日常生活方式的改变。"任何历史时期，任何社会，任何阶级、民族、社会共同体和个人，都有一定的生活方式，这是历史的普遍存在着的一种重要的社会现象。只要有人类社会，就存在着社会主体的人的生活方式，没有生活方式，正如没有生产方式一样，是不可想象的。"②

三 生活方式是一定历史情境下文化发展的外在形式

学者雷蒙德·威廉斯（Raymond Williams）梳理了"文化"一词最有影响力的四个定义：

1）"高雅文化"，其意义与"艺术"和"文明"相近；
2）个人修养，比如我们可以说"有文化修养的人"；
3）文化产品，诸如书籍、电影和电视节目；
4）一个既定人群的"全部生活方式"。③

在上述第四点的定义中，威廉斯把文化界定为一个特定群体的人们的"全部生活方式"，他在其《文化与社会》一书中也提到这个观点：文化即是社会生活方式。作为一个马克思主义者，威廉斯虽然承认在资本主义社会中资产阶级对文化的控制权和支配权，但是他更强调："一个文化的范围，它似乎常常是与一个

---

① 王雅林：《生活方式研究的理论定位与当代意义——兼论马克思关于生活方式论述的当代价值》，《社会科学研究》2004 年第 2 期。
② 王玉波：《生活方式浅探》，《晋阳学刊》1983 年第 6 期。
③ ［英］戴维·英格利斯：《文化与日常生活》，张秋月、周雷亚译，中央编译出版社 2010 年版，第 8—9 页。

语言的范围相对称,而不是与一个阶级的范围相对称。"在这里,威廉斯认为,"相对于经济地位,共同的语言和生活习俗产生的影响更为持久和深远。经济地位的变迁要频繁得多,而语言和习俗是相对稳定的,文化也是相对稳定的。"① 对于个体来说,当他降生于社会时,他已被这个社会特定的既有的生活习俗和语言所包围和影响。个体在这一环境中成长,也就只能从所属的社会文化中汲取养分,不可能抛弃既有的资源而独立门户。对于群体来说,戴维·英格利斯(David Inglis)有言:"每一个群体的生活世界是由这个群体的文化所塑造的。个人的生活世界,是由他们所属的不同群体中所有相互交织的文化力量组成,并且由他们生活其中的社会语境所构建。"② 人类社会得以历经几千年而繁衍生息,每个国家每个地区形成不同居住群体,每个群体又有不同的习俗和生活方式,这种生活传统的一代代传承虽会随着社会生产发展而产生些许改变,但根基上还是依托着祖先流传下来的既有的生活文化遗产。

生产方式决定着生活方式,生活方式随着社会历史的发展,不断改变着形式。人类社会由低级到高级,由野蛮到文明,由愚昧到开化,人类的生活方式也随即由落后到进步,由简单到复杂。生活方式的演化变迁,是与社会时代同步的。一定的社会历史条件下人们的生活方式明显地带有当时文化熏陶的痕迹。比如:

当时全体国民崇尚军队,风行景从,最高的职业象征,只有军容军装。此外,国家体育并不废除,代表了蓬勃朝

---

① 蒋原伦:《媒体文化与消费时代》,中央编译出版社2004年版,第19页。
② [英]戴维·英格利斯:《文化与日常生活》,张秋月、周雷亚译,中央编译出版社2010年版,第15页。

气,也因上海体育系统"上体司"红卫兵,一枝独秀。军装与运动装的趣味结合,引为时尚。当时上海的市民服饰,普遍为蓝灰黑打扮,其中出现这类出挑的男女,就有电影效果,满街蓝灰黑的沉闷色调,出现一个女青年,娟娟独步,照例身穿三到四件,彩色拉链运动衫,领口璀璨耀眼,裤脚绽露红、蓝裤边,外露脚背的红袜、蓝袜或者黄袜,这种视觉效果,既是端丽可喜,也等于蜺螭乘驾,驰骤其间,醒目显眼,见者无不惊赏,这种实力、色谱、趣味、精神内涵,实在与前后历朝历代,任何细节文化元素、扮相、品格、质地,无法相较……①

一歇工夫,两个女子下来,辛西娅超短小睏裙,大腿发亮,高跟拖鞋,先为沪生泡茶。加代子曳地长袍遍身褶皱,两人旁若无人,移来移去,香风阵阵,到账台大镜前梳头,进出卫生间,上下阁楼,窸窸窣窣,忙前忙后,最后换了一粉一灰两套小洋装。②

两段文字均出自获得 2015 年茅盾文学奖的长篇小说《繁花》(作者金宇澄),第一段描写的是"文革"时期,第二段是 21 世纪初期,《繁花》通篇讲述的都是"新旧交错"的"中国生活"。在这里,社会生活的变迁之大,从人物服装上一眼便知,"文化大革命"时期最为时尚的军装运动装与改革开放之后最为日常的休闲装束——哪怕是"遍身褶皱"的曳地长袍,其符号的意义都不可同日而语,新时期两个从乡下来到上海小酒店的打工妹,就连名字都透着"洋气"!生活方式反映的是人们最普通的日常生

---

① 金宇澄:《繁花》,上海文艺出版社 2013 年版,第 199 页。
② 同上书,第 433 页。

活的具体内容,人们通过服饰等物质的变化,感受到时代和社会的变化,感受到文化的变迁。"因为日常生活包含的内容比我们想象的要有意义得多。正如格奥尔格·齐美尔(Georg Simmel)所指出的'即使是最为普通、不起眼的生活形态',也是对更为普通的社会和文化秩序的表达"。戴维·英格利斯在《文化与日常生活》中还举例说道:

> "在这里,我想以英语日记作者赛缪尔·佩皮斯1660年10月20日星期六在刊物中的一篇文章为例来进一步说明这点:
>
> 早上,[某]一人来向我建议在我的地窖安装一扇窗户,代替那扇[曾被]……堵住的窗户,我进到地窖里面,碰到一堆粪便,于是我发现特纳先生的办公室[里的厕所]满了并且溢到我的地窖里,这让我很是烦恼,不过我能补救它。
>
> 在那个特定的星期六,佩皮斯发现邻居的厕所污物漫溢到自己地窖中。他生活在冲水马桶尚未在英国普及的200多年前,所以当发现地窖里的一堆粪便时,他的态度就与我们现在可能的态度相当不同。那时候的人对诸如此类的事情更加乐观,反之,现在的我们则更容易对人类的排泄物产生嫌恶。佩皮斯的生活世界是这样的,虽然这种混乱状况的确让人困扰,但是他耸耸肩表明'我能解决它'。生活在对于这种事情不能容忍的文化环境中的现代日记作者,对于这种事情的处理,可能就不会采取这里描述的平常方式。"[①]

佩皮斯写作于17世纪的后半叶,他描述的所有事情都是他的日

---

① [英]戴维·英格利斯:《文化与日常生活》,张秋月、周雷亚译,中央编译出版社2010年版,第17页。

常生活并且相当"正常"。但是对于我们来说，由于我们生活在与他们不同的生活世界，所以我们能感受到佩皮斯在日常惯例中表现出来的不同的文化力量，这种文化力量产生的影响是他们自己普遍没有意识到并且习以为常的。

总的来说，一定的生活方式，是与当时的文化相互影响的。生活方式是一定历史下文化发展的外在形式，而文化的发展体现在人们日常生活的点滴之中，同时又潜移默化地影响和塑造着人们的生活方式，使生活方式随之发生改变。

第二节 新闻叙事与"生活景观"

20世纪60年代，著名媒介理论家马歇尔·麦克卢汉（Marshall McLuhan）提出"媒介即讯息"的理论。自此，人们便越来越关注到具体的媒介方式。特别是在媒体发挥巨大功能的时代，媒介方式已不仅仅局限于单纯的文字和图片，媒体形式也不再是传统的报刊、广播和电视。如今以互联网和移动客户端（application，APP）为代表的新媒体发展日新月异，其影响力无处不在且越来越大。它"干预"着我们的日常生活，深度参与到我们的日常生活之中，甚至可以说它们就是社会生活的一个重要组成部分。"借助于互联网、大数据、新媒体，传播广泛地介入社会，社会普遍地运用传播，大众参与传播的广度、融入传播的深度空前，人们的交友、交易、交换、购物、阅读、传递、体验等线上传播活动无处不在，无时不有，传播引起的社会生活方式的变化快速剧烈，趋势不可预料。"[①] 李普曼提出的"拟态环境"不仅没有过时，相反，更使我们深刻领会到媒体的魔力：它建构着我

---

① 尹明华：《新闻传播教学的"变"与"不变"》，《新闻与写作》2015年第11期。

们的生活世界，通过其新闻报道反映着我们的日常生活，也就是通过新闻叙事形式影响着我们的日常生活，为我们构筑出媒体社会中的"生活景观"。

一 媒介发展与我们的生活

随着社会的发展，人类自身的传播能力也不断扩展。从原始的声、光、火到文字，再到电波，从低级走向高级。在此过程中，新的传播媒介也不断被发现并创造出来，使得整个社会的信息传播系统日趋发达和完善。而传播媒介的发展，同样作用于人类社会和自身生活，使之发生变化。

（一）口语时代

菲利浦·列伯曼（Phillip Liberman）在《人类说话的进化》中推断：人类的远祖大约在9万年前的某个时候开始"说话"，大约在3.5万年前的某一时期开始使用语言。在原始社会，人类要生存下来，无外乎是温饱和安全两大问题。这两大问题的解决都需要群体合作的劳动，不管是狩猎、种植，还是抵御外来凶猛生物的侵袭，其过程中的相互交流、交换信息是非常重要的，语言由此渐渐产生了。从这个角度来讲，劳动最终促使了语言的产生，它使人类摆脱了动物信号传播的桎梏，踏上语言传播的大道。从此，"语言成了人类进行交际与传播的工具和媒介，使个人经验和见闻为大家所共享，也使前人的文化积累为后人所继承。"[①] 在这种情况下，我们的祖先逐渐解决了温饱和安全问题，并将钻木取火、保存火种、贮藏食物、纺织、冶炼的知识和技术一代代传承下来。所有这些都使得人类社会中充满交流，生活方式发生了根本上的改变。

---

① 郭庆光：《传播学教程》，中国人民大学出版社2011年版，第5页。

(二) 文字印刷时代

语言的产生使人从根本上脱离了动物的状态，文字的出现则使这种状态向更高的文明阶段发展。"我国《易经·系词下》中有'上古结绳而治，后世圣人易之以书契'的记载；日本历史上也曾有过'绳文时代'。在文字产生以前，世界上许多国家和民族都经历过结绳记事的时代。人们将重要的事情用结绳符号记录下来，久而久之，这些符号演变为图画，成为文字的重要源泉。"[1] 在时间和空间两个领域的传播，都因为文字的产生发生了重大变革。而后来的造纸术和印刷术，则为世界文明和人类传播的发展做出了重大贡献。"古登堡的印刷术标志着印刷时代的新纪元。印刷机的出现迎来了近代报刊的诞生，伴随着读写能力的普及，印刷媒介开始在社会变革和社会生活中扮演越来越重要的角色。"[2]

19世纪30年代，"人人都爱看的报纸"——廉价"便士报"出现，使报刊开始成为大众传播媒介。廉价报纸以新闻、信息尤其是社会事件和娱乐报道为主，贴近普通大众的生活。它的出现，大大刺激了人们的求知欲望。人们的生活不再局限于埋头进行生产劳动，还有对教育、科学、文化知识的渴求，有对外界其他地区新鲜事物的渴求。报刊使得区域之间的交流越发频繁和密切，由于媒体提供了各种信息，人们的生活开始变得有选择，也变得丰富多彩起来，而社会则在这种变化中加速前进。

(三) 电子时代

印刷术实现了文字的大批量生产和复制，信息得以大范围传播并能得到保存，而电子传播则实现了信息的远距离快速传输，由最初的电报、广播发展到如今的电视、互联网，成为人类传播

---

[1] 郭庆光：《传播学教程》，中国人民大学出版社2011年版，第26页。
[2] 同上。

史上最重要的贡献之一。如果说印刷报刊媒介的产生只是一个平面信息的交流,那么电子时代媒介的产生,则使人类社会生活完全被包围在立体信息当中。这些媒介提供新闻和知识,有利于获取资讯;提供生活中的有用信息,帮助人们有效地安排日常生活;提供文化享受,丰富人们的精神世界;提供电视、电影等娱乐,使人们在紧张的压力之下获得轻松和闲适。

小到工作、学习和衣、食、住、行,大到社会、政治、经济和文化,电子时代的传播媒介提供给我们的不仅是生活的服务,在这里我们要注意还有一种改造的力量:对人的意识和生活行为产生影响。美国传播学者约书亚·梅罗维茨(Joshua Meyrowitz)认为电子媒介本身构成了一种文化环境,并对人们的生活方式产生影响。他在《消失的地域:电子媒介对社会行为的影响》中认为:无孔不入的电子媒介,重组了社会空间和场景地理,同时还改变了私人情境与公共情境的界限,"电子媒介最根本的不是通过其内容来影响我们,而是通过改变社会生活的'场景地理'来产生影响。"[①] 但是这种改造和影响未必全是正向的和积极的。日本学者林雄二郎在《信息化社会:硬件社会向软件社会的转变》中提出了"电视人"概念,"所谓'电视人'指的是伴随着电视的普及而诞生和成长的一代,他们在电视画面和音响的感官刺激环境中长大,是注重感觉的'感觉人',表现在行为方式上是'跟着感觉走'"[②]。另一位日本学者中野牧在《现代人的信息行为》中用"容器人"描述现代人的行为特点,他认为"容器人注重自我意志的自由,对任何外部强制和权威都不采取认同的态度,却很容易接受大众传播媒介的影响"[③]。"电视人""容器

[①] [美]约书亚·梅罗维茨:《消失的地域:电子媒介对社会行为的影响》,肖志军译,清华大学出版社2002年版,第6页。
[②] 郭庆光:《传播学教程》,中国人民大学出版社2011年版,第121—122页。
[③] 同上书,第122页。

人"都是"媒介依存症"的表现，是一种社会病理现象。我们需要承认，媒介的发展对社会以及人们的生活产生的影响和冲击是巨大的，但同时又因为某些原因人们受制于它。从最开始依靠媒介进行简单的信息交流，到如今随着科技的发展使媒介为我所用，媒介无处不在，人们的生活方式也从低级走向高级，从单一走向丰富多样。我们在为这种变化而自豪和骄傲的同时，也应该明确媒介的社会影响不仅取决于它的技术或者特性，更在于掌握和运作它的人。我们应当理性利用这种变革，良性改善我们的生活和生活方式。

二 媒体社会构造世界感

学者蒋原伦在其专著《媒体文化与消费时代》中揭示了媒体在当今社会中的角色、地位及影响力："如果说在200年前，或者170年前（因为西方有的传播学者将现代大众媒体兴起的年代定在1830年，在那个年头，巴黎和纽约出现了廉价的、发行量较大的报纸和专门以采集信息为业务的新闻通讯社），大众媒体仅仅是以某一社会现象和社会事件的见证人这样一个外在的观察者和记录者开始参与到社会中来的话，那么在今天，不能设想在大众媒体缺席的情况下，人们怎么来组织社会生活。夸张一点说，大众媒体的缺席会导致整个社会生活的瘫痪。"[1]

大众媒体是指19世纪以来的新兴媒体，从报刊、广播、大量发行的书籍到电视，再到如今的互联网以及移动客户端。它200多年的历史与人类社会几千年的文明史相比虽只是一瞬，但是由于其规模的迅速扩展，几乎渗透到社会的每一个角落，并且从它问世起，就从不间断地、持续地、全面参与社会生活，发挥着自己的影响力。"因为电子传媒的发展，我们可以不识字也足

---

[1] 蒋原伦：《媒体文化与消费时代》，中央编译出版社2004年版，第2—3页。

不出户就知晓全世界的事情,我们甚至说我们'了解'了,远方再没有神秘的气息,因为我们'看'过了。"①

2015年9月3日是我国抗日战争暨世界反法西斯战争胜利70周年纪念日,当天在首都北京举行了盛大的阅兵仪式。许多人虽不能到达阅兵现场,但都能或在电视机前,或用智能手机、平板电脑、车载广播来阅听直播。在新浪网的《大数据解读"9·3大阅兵":苹果用户热情高》中,显示了来自中国电信上海公司的相关数据:"在通过移动端收看阅兵活动的上海市民中,72%的人通过智能手机收看,28%的人则通过平板电脑收看阅兵式。从细分数据来看,15.9的上海市民选择通过爱奇艺视频网站收看阅兵庆典活动,占比排名第一;央视网紧随其后,占比12.1%;之后依次是优酷网、乐视网和腾讯视频,占比分别为11.2%、10.6%和10.4%。在移动客户端上,优酷视频APP得到了上海大部分市民的青睐,占比达25.8%,超过1/4,排名第一;腾讯视频APP排名第二,占比21.4%;然后依次是爱奇艺APP、乐视网APP和搜狐视频APP,占比分别为13.6%、6.6%和6.1%。这些占有率较高的Top 5的APP累计占比达到了74.5%。"② 从这些数据可以看出,网络上的各大搜索引擎以及移动客户端上的APP成为市民了解阅兵式信息的首要途径。不仅如此,我们甚至还能通过这些新媒体上实时更新的新闻信息,或了解世界上其他国家是如何报道作为中国盛事的阅兵仪式,或知晓他们对阅兵仪式前的准备工作以及整个阅兵仪式的观点、态度和评价。请看下面两则分别来自新华网和人民网的报道。

---

① 何纯、张海寅:《传媒舆论引导与生活方式——多元的文化认同与文化实践》,《湘潭大学学报》(哲学社会科学版)2008年第4期。
② 钱立富:《大数据解读"9·3"大阅兵:苹果用户热情高》,2015年9月21日,新浪网,http://tech.sina.com.cn/i/2015-09-21/doc-ifxhytwu5774305.shtml。

白俄罗斯"最帅"仪仗兵将亮相北京
参加"9·3阅兵"

国际文传电讯社明斯克 8 月 17 日电　白俄罗斯国防部在其官网发布消息称，该国武装力量仪仗队将前往中国，参加即将于 9 月初在北京举行的纪念抗战胜利 70 周年大阅兵。

据介绍，这批军人"备战阅兵式已非一日"，很快就将前往北京，与中国军人一道训练。行前，明斯克为此举行了盛大的招待会。

白俄罗斯国防部长助理沃伊诺夫少将表示，白俄罗斯人参加中国阅兵"将为两军的军事合作开辟更广阔的前景"，"两军在众多领域展开合作，且不止一年"。今年，在白俄罗斯境内，两国还举行了"神鹰—2015"联合反恐演习，双方"得以交流经验，加深队伍之间的协调，为彼此在军队联合培训方面的进一步发展奠定了基础"。

白俄罗斯仪仗队堪称白俄罗斯军中的精英，唯有身高 185 厘米以上、拥有斯拉夫面孔且健康指标最优者方能入选。[①]

在这个报道中，第一段导语部分告知了读者一个整体事实，即白俄罗斯会参与到"9·3阅兵式"中。第二段、第四段介绍了参与阅兵式的白俄罗斯仪仗队是经过严格选拔并已训练多时的精英方阵的背景资料，第三段着重阐述了白俄罗斯参加阅兵式的影响和意义，中间也穿插有两国曾举行反恐演习的历史背景资料。这样一来，我们足不出户，只需轻点鼠标，便能了解到在"9·3

---

① 滕雪：《白俄罗斯"最帅"仪仗兵将亮相北京　参加"9·3阅兵"》，2015 年 8 月 19 日，新华网，http://news.xinhuanet.com/overseas/2015-08/19/c_128144127.htm。

阅兵式"到来之前与白俄罗斯相关的基本概况。

日本最大视频网站直播"9·3阅兵"留言超12万条

人民网东京9月3日电（滕雪） 中国人民抗日战争暨世界反法西斯战争胜利70周年纪念大会今日上午10时在天安门广场举行。日本最大的视频网站Niconico于当地时间上午11时许开始直播中国"9·3阅兵"仪式。截至上午12时40分直播结束时，Niconico直播页面的在线人数达8万人以上，留言数超过12万条。

日本网友、在日华人等共同观看直播并踊跃发表了意见。

部分日本网友的留言摘录如下：

——中国これからも頑張ってね！応援してます~

（翻译：希望中国继续努力！我会支持的。）

——日中友好！

——世界平和！

（翻译：日中友好！世界和平！）

——空が透きとおっているじゃないか。良かった良かった

（翻译：天空清澈湛蓝，太好了）

——普通に進行すごいな...自衛隊と大違い

（翻译：很震撼……（日本）自卫队不能比）

直播中，中国网友也纷纷留言：

——中日友好

——愿早日实现中华民族的伟大复兴

——扬我国威

直播结束后，实时进行的"你觉得本视频如何？"的调

查结果显示,有53.2%的网友评价视频"非常好",15.9%评价"很好"。①

在阅兵式进行时,我们同样可以通过媒体发出的报道,了解到与我们隔海相望的日本,在同一时刻他们对于阅兵式的感触,如"希望中国继续努力!我会支持的""日中友好,世界和平"等。不管是白俄罗斯也好,日本也好,他们的行动和观点,对于我们来说,都是世界的声音和图像。

除了互联网上这些报道之外,电视上的新闻栏目也是实时滚动播报,及时更新。而不能通过电视机和电脑观看阅兵式的人,也能通过诸如车载广播、微博、微信上的有关资讯了解最新的动态。可以说,我们无时无刻不被大众传媒提供的信息所包围。通过媒体传达的这些信息,我们能够感知到,中国在日新月异的发展中愈加强大,在国际上也更有影响力,因此在许多国际事务上也担当着更多的道义与责任。保卫这个年代来之不易的和平,与世界上其他国家友好相处,共同进步,一直都是中国致力的目标。从这个意义上我们可以说,"大众媒体决定着当代人感知外部世界的方式,人们的世界感就是建立在此基础上的"②。

另一方面,国家大事与每个人都息息相关,积极主动了解这些大事,是我们参与国家政治事务的一部分,也是我们日常生活的一部分。大众媒体通过新闻叙事,引领我们自觉或不自觉地参与国家事务,构建着我们的生活方式。在21世纪的今天,我们已无法将大众媒体与自身生活分离开来:"无论在都市还是在乡村,无论在旅途还是在住地,无论在卧室还是在大街上,我们都

---

① 人民网:《日本最大视频网站直播"9·3阅兵"留言超12万条》,2015年9月3日,人民网,http://world.people.com.cn/n/2015/0903/c1002-27543569.html。
② 蒋原伦:《媒体文化与消费时代》,中央编译出版社2004年版,第7页。

已被各种媒体所包围,我们的直觉首先是对传媒世界的直觉。我们早已习惯于透过各种媒体来观察和理解世界甚至理解自身。我们甚至无法离开大众媒体,它们几乎就是社会生活的空气,远离它们就会感到窒息。"① 从某种意义上说,无论是西方社会还是我国社会,都逐渐成为媒体社会。媒体利用各种工具和技术手段向我们传送着各种各样的信息,提供并选择性地建构了社会知识、社会影像。不管接受与否,我们都已被深深地影响着。

三 新闻叙事与生活方式

提起新闻与社会,很容易联想到李普曼。在20世纪20年代,他的《公众舆论》就告诉我们,在人和环境之间被嵌入了一个虚拟的环境,这个虚拟环境(拟态环境)就是媒体对环境的描写。通过文本、图片、视频、影像等形式的新闻报道,媒体将人们的生活环境描述出来,同时又呈现给人们。

吉登斯论道:"新闻报道的语言与日常生活的世界有着特殊联系,它既是一种理解,也是在引导一种理解,它重新建构了我们的日常世界。"② 传媒技术的高速发展,造成了信息的铺天盖地以及媒体的多样化,使得人们对于媒介的依赖越来越超过对自身感知的信赖。这种依赖正凸显了新闻媒体在日常生活中的作用是日益重要的:新闻媒体不仅在生存方面为人们提供了足够的物质资料生产信息,而且它还通过自身的叙事技巧与方式,对人们的精神世界进行着重构,从而影响人们的行为和生活方式。

新闻是一种叙事,新闻叙事所叙说的是客观世界真真实实的存在,是新近发生和正在发生的我们生活中的事实。那么新闻通

---

① 蒋原伦:《媒体文化与消费时代》,中央编译出版社2004年版,第98页。
② [美]盖伊·塔奇曼:《做新闻》,麻争旗等译,华夏出版社2008年版,第113页。

过叙事何以影响人们的生活和行为，我们认为可从两个方面考虑：一是新闻媒体是具有意识形态属性的，它所有的叙事都是不自觉带有意识形态特征的，我们在这里且把它称为"无意而为之"的叙事；二是不同的新闻媒体有各自的叙事意图，它传达给人们特定的观念，从而影响人们的行为和生活，这里可以称为"有意而为之"的叙事。

（一）"无意而为之"

法国著名哲学家路易·皮埃尔·阿尔都塞（Louis Pierre Althusser）认为任何实践在意识形态之内，意识形态是普遍存在的无意识的结构。"人，本质上也是一种意识形态的动物。"这样看来，新闻其实就是人利用某些意识形态在意识形态之内进行的实践。

学者赵月枝也曾提出一个观点：新闻是由人做出来的，而且问题的关键是，新闻是由有特定的意识形态和文化价值观的有专业资格的人在特定的民族国家中的特定的新闻体制中的特定的新闻机构里做出来的，新闻还是由在特定的民族国家中的有特定的意识形态和文化价值观念的人解读的。这段话非常明确地表述了新闻是具有意识形态属性的。那么，新闻如何通过意识形态对人们生活产生影响呢？请看下列各则报道的标题：

《19 岁小伙需换血　41 人献出 15800 毫升血液》
——新华网 2015 年 10 月 8 日
《政策利好不断　四季度楼市或持续上行》
——人民网 2015 年 10 月 8 日
《人社部将推大中城市联合招聘　方便跨地区求职》
——新民网 2015 年 10 月 8 日
《经济不振，巴西人自主创业多起来》
——人民网 2015 年 10 月 8 日

《生命通道被堵源于规则意识缺失》

——人民网 2015 年 10 月 8 日

《在职教师有偿补课屡禁不止　家长"不补不放心"》

——中国新闻网 2015 年 10 月 8 日

《青岛处分"天价虾"事件责任人》

——新华网 2015 年 10 月 8 日

《南京大屠杀申遗进入评审阶段　日曾要求撤回申报》

——人民网 2015 年 10 月 8 日

《苹果两个月三上避税榜　已避约 592 亿美元》

——新华网 2015 年 10 月 8 日

以上九则新闻报道，是随机选取的 2015 年 10 月 8 日当天国内主流媒体官网上的内容。这九则报道涉及政府政策、社会就业、经济、生活、旅游、文化历史以及科技产品几大方面，它们虽然不是发生在我们身边，但却与我们每一个人的生活息息相关。而且我们可以发现，九则消息中有正面报道如楼市政策给人们带来购房利好、人社部推出大中城市联合招聘方便人才的求职、社会爱心力量传递挽救了一个 19 岁的年轻生命等，也有负面报道如突发事件中民众救援意识淡薄阻塞应急通道、青岛大排档店家"十一黄金周"旅游旺季宰客以及美国苹果公司避税不交等。从新闻的立意或者叙事角度来看，上述标题表明，媒体的叙事其实在不自觉地弘扬社会的主流价值观念，赞扬真善美，揭露假恶丑，如肯定爱心奉献、指责在职教师有偿补课等。同时，对其他国家的报道也是如此，如宣传巴西自主创业的精神、对日本否认历史事实表示不满等。这些立意或者说叙事角度，事实上就是一种意识形态属性，它就像是新闻报道背后那只看不见的手，掌控着新闻叙事人说什么、不说什么以及怎么说，掌控着整个新闻报道叙事声音的发出机制和意义的生产机制。

"因为'看不见',这种'幕后管制',这种'说与不说'在新闻叙事过程中是不着痕迹的,乃至是自然化了的。"① 所以,意识形态产生的影响是潜移默化的。在黄旦教授为盖伊·塔奇曼的《做新闻》撰写的"导读"中,我们可以更好地理解意识形态对人们生活不露痕迹的影响:"当人们接触每天源源不断的新闻时,其实也就被强制按入事先所设定的事件逻辑,并按着这样的逻辑读解每天的生活。自然,新闻生产本来就没有打算忤逆现有的社会一般价值,相反,是顺从原有的价值观念,并以此为基础设定自己的种种做法。每天所生产出来的新闻,必然是对社会秩序、价值及其现状合法性的再一次确认。新闻生产就是这样与社会互动,在完成了自己任务的同时,它重构并加深了读者对日常生活的印象和理解。"②

新闻叙事彰显社会生活中的好与坏,让人们知晓好与坏,践行真善美,杜绝假恶丑,达到鼓励或警戒的作用。而人们阅读新闻报道,也是在接受媒体叙事传递出来的价值观念。如上述第五则新闻"生命通道被堵源于规则意识缺失",它在报道突发事件中人们堵塞应急通道导致不良后果发生时,也是在告诉人们,生活中万一遇到类似事件应当提高自身救援意识,让出应急生命通道,为救援争取更多时间,同时也应当在生活中学会些紧急情况的处理技巧。这就是在引领人们日常生活的行为,这就是在构筑人们日常的生活方式。

(二)"有意而为之"

新闻媒体的定位不同,基于不同受众群体所发出的报道自然有着不同的叙事意图,呈现出的生活景观也是各不一样的。即以我

---

① 何纯:《新闻叙事学》(修订版),岳麓书社2014年版,第34页。
② [美]盖伊·塔奇曼:《做新闻》,麻争旗等译,华夏出版社2008年版,第1页。

国目前的报纸种类来说，有党委机关报如《人民日报》，代表的便是党和国家的意志，其新闻叙事主要在于国家主体和政府主体的彰显，同时向人们宣传党的基本方针、政策、决策，达到提升国家、政府主体形象的叙事效果。它的叙事风格是严肃的，它所呈现的政治生活景观，大部分是在党和国家的领导下，中国是稳定的、建设的，并且是发展越来越好的，全然不是西方媒体眼中"妖魔化"了的中国。有都市报如《南方都市报》《都市快报》，作为"市民生活的贴心人""都市潮流的引领者"，它定位于普通市民百姓，以都市生活为特色，其新闻叙事主要是市民个人生活需求和都市生活景观的彰显。有晚报如《羊城晚报》《北京晚报》，这类报纸通常以软新闻、社会热点新闻、突发事件报道、生活服务指南和休闲类题材的内容居多。除此之外，还有周末报、专业报、对象类报纸等。每一类报纸都有自己的定位，都有自己的受众群体，都会针对定位需求以及受众需要进行内容生产。

不仅是报纸，电视、网络同样基于自身的媒介定位以及想要达到的传播效果，呈现多个方面的生活景观。比如关于体育的有新浪体育、虎扑体育网站和央视网体育频道；关于财经的有东方财富网、和讯财经和CCTV-2财经频道。在这些专门类别的网站上，又细分出许多板块内容，像东方财富网，就有股票、基金、理财、商业创业等频道。至于新浪、网易、搜狐等一些综合性网站，其首页也同样划分了多个频道，有新闻、财经、科技、体育、娱乐、汽车、房产、读书、教育、时尚，等等。

请看一则来自新华网首页的新闻：

总理发话了，政府服务如何满足国人消费升级

2015年11月11日，天猫零点购物节开场后，仅过18秒，交易额突破1亿元；12分钟突破100亿元……7小时45

分，交易额突破417亿元；17小时28分，交易额突破719亿元，超过了去年全国平均单日零售额。

"双十一"阿里天猫一天销售912.17亿元，京东下单量超过3200万单，苏宁易购订单量达358%的高增长……

2009年前，11月11日不过是一个普普通通的日子，而到2012年，它却成了一个标志性节点，一个销售传奇，一个网络卖家、平台供应商、物流企业的必争之地。这个从"11·11"所谓"光棍节"衍生出来的"节日"是民间自封的，但它恐怕是中国近年来"最成功"的节日。环球时报评论称"它把中国最草根、也最'土豪'的事物纠集在一起，创造出最高大上的互联网商业奇迹，在世界范围内振聋发聩。"

"中国有13亿人口，中等收入者已有3亿人，这是任何国家都无法比拟的巨大消费力量。"李克强总理如是说。

消费作为拉动经济增长的"三驾马车"之一，其重要作用不容忽视。国家统计局近期公布10月份社会消费品零售总额数据。10月份，社会消费品零售总额同比名义增长11.0%，增速比上月提高0.1个百分点；扣除价格因素，实际增长11.0%，增速比上月加快0.2个百分点。1~10月份，名义增长10.6%，增速比前三季度提高0.1个百分点；实际增长10.6%，增速比前三季度提高0.1个百分点。

在世界经济整体格局持续低迷的今日，中国在消费领域所喷发的强大"潜力"为世界各国所歆羡，中国人在"双十一"海啸般的购物热情被世界各国瞩目。中国不缺消费潜力：三亿中等收入人口，相当于半个欧洲；中国人也不缺消费动力：由民间节日所衍生出的购物狂欢节已然证明。中国目前缺少的是面对虎视眈眈的各国企业的竞争，本土企业如何提高自己的"品牌优势""产品质量"，将这种消费红利以市场化的方式留在本土；面对国人日益升级的消费需求，中国政府应该如何转变自己的思路、提高服务意识，创造健康有序的市场环境，保护新兴消费萌芽，让拉动经济增长的"消费马车"动力更强劲，进而反哺国民经济，实现全年经济发展目标。

很显然，对此，中国政府有着非常清醒的认识，11月11日国务院常务会上李克强总理对与会各部门负责人提了如下四点要求：要出台政策鼓励国内企业积极适应消费者需求；要顺应民众对消费品需求的新变化，扩大内需；要让消费者有更多选择自由，不能关闭国门，更不能限制大家出国买东西；要以民众消费需求升级，促进国内消费品产业升级。

发改委副主任林念修也在近期表示，为贯彻中央领导同志的有关指示精神，发改委研究起草了《加快发展生活性服务业促进消费结构升级的指导意见》《关于积极发挥新消费引领作用加快培育形成新供给、新动力的指导意见》两文件将于近日公布。他认为，加快发展生活性服务业，积极发挥新消费的引领作用，是推动经济提质、经济增长动力转换的重要抓手，有助于实现经济提质增效、转型升级。同时也是改善民生、扩大就业的一个非常重要的举措。当前我国正处于全面建成小康社会的关键时期，同时也处于完成本年度国民经济全年目标的关键时期，因而加快发展现代服务业，发展新消费，培育新供给、新动力，既关系当前，也影响长远。

高层"号角"已然吹起，百姓兜里也不缺"银子"，然而当前中国消费品市场仍然存在着较大的问题：从低端消费品层面分析，从前依靠人口红利"中国制造"的生活类小商品，在国际市场上已然不再具备价格优势，国人通过旅游、或者海淘等低成本消费方式，将目光更多投向世界市场，因而出现国人出国旅游海外抢购马桶盖之奇观,价格优势不再,产品质量和信誉即成为"中国制造"突围的关键,本土企业不但要努力提高自己产品质量,降低生产成本,还应该像爱护生命一样,保护自己的"品牌信誉""产品口碑",同时政府质量监管部门应负起责任,设计合理制度,为百姓把好最后一道质量关口,以免个别企业因利损害"中国制造"的全民口碑。

从中高端消费品层面分析,"中高端购买力"持续外流折射我国零售业和制造业发展状况无法满足"消费升级"要求。国务院相关部门已经从降低进口商品关税、消费税,增设和恢复口岸进境免税店,合理扩大免税品种,增加一定数量的免税购物额等多方面做出部署,以期引导中国"跨境消费"回流。政府"磨刀霍霍",百姓买不买账还得看"中国品牌""中国产品"自身竞争力,中国经济面临转型升级,面对已然不再的人口红利,环境压力,中国政府、中国企业如何在此重重困境下,华丽转身,作为中国人,笔者万分期待,期待若干年后,国人出国旅游的目的仅仅是欣赏异国之景,而非抢购区区一"马桶盖"。①

消费是人民生活的基本保障,是人民生活水平的重要标志,也是拉动经济增长的"三驾马车"之一,关乎国计民生,政府尤应全力为之。该文以国务院总理在国务院常务会议上所提的四点要求为核心,"自觉"强调政府服务应跟进、应满足国人的消费升级。文章从"双十一"互联网"商业奇迹"的事实导入,继而以数据事实为例,表达出中国具有的消费潜力与消费动力,具有"任

---

① 俞木:《总理发话了,政府服务如何满足国人消费升级》,2015 年 11 月 17 日,新华网,http://news.xinhuanet.com/politics/2015-11/17/c_1117161723.htm。

何国家都无法比拟的巨大消费力量"。以此为据，进而分析问题，强调中国制造与政府服务满足消费升级的重要性。文末捎带对非理性的"抢购区区马桶盖"的消费行为略略讥讽，其实也是对生活方式的引领。

　　由此我们可以看出，媒体这种有针对性的叙事报道，一方面可以解读宏观的生活环境，告知人们时尚潮流、消费热点、购物便利乃至生活小窍门等内容，迎合人们生活中的各种需求。但至于人们是否会受此影响而产生某种行为如出国旅游、购物消费、健康体检，则需依具体情况而定。而另一方面，也可以在新闻叙事中或直接进行宣传、鼓励，"赤裸裸"地建议人们应该做什么、不应该做什么以及怎样做。即如报道某人家中遇贼失窃，也是告诫人们平时需谨慎防盗。不管哪个方面，说到底，新闻媒体这种"有意而为之"的叙事，更直接地以引导或告诫的方式，清晰明了地对人们的生活方式及行为习惯产生影响。这就是媒体的新闻叙事引领人们生活方式的魅力。

第三节　新闻叙事偏颇：消费主义对生活方式的渲染

　　随着新闻媒体在人们日常生活中发挥的作用越来越重要，人们的价值观念和生活方式也因此受到不同程度的影响。在我国，因为面向市场进行信息生产以及产业属性得到强调，媒介产业已成为市场经济中蓬勃发展的产业。随着中国改革开放的深入和融入世界步伐的加快，消费主义作为一种文化意识形态随着全球化的发展，借助跨国公司、广告等形式陆续进入我国，日益渗透到中国社会大众的日常生活领域。而在此过程中，新闻媒体报道的呈现方式和传播倾向也必然受此影响发生某些变化，乃至出现叙事偏颇，如在报道中有过多对声色犬马眼球经济的追逐，有对商品消费的过度追捧，有对设想的消费主义美好生活方式的过度渲染等，从而将这些不良思潮浸渗到人们的日常生活中，诱导不健康的生活方式。

一 消费主义简说

消费主义源起于现代资本主义社会。在20世纪初，大多数西方国家都基本实现了向工业社会的转变，经济迅速发展，人们生活水平提高，开始追求物质消费和精神享受。二三十年代爆发经济危机，英国经济学家凯恩斯主张由国家干预市场，刺激社会消费。这一主张继而成为其他资本主义国家解决危机的首要选择，消费观念加快支配着人们日常行为的步伐，推动了消费主义的形成。

对消费主义的研究，国外起步较早。除了凯恩斯主义，后来的福特主义和后福特主义对消费主义理论的研究也产生了影响。西方消费主义研究大致经历了几大阶段，首先可追溯到齐美尔和凡勃伦的早期研究，凡勃伦从社会心理文化角度提出"炫耀性消费"，齐美尔则侧重揭示消费主义的现代意义，专注于消费主义给人们日常生活带来的影响。其次是法兰克福学派提出精英主义的批判立场，他们认为消费主义在现代社会的商品和文化领域出现异化，并对这种异化持悲观态度。到了20世纪六七十年代，消费主义的研究进入大繁荣时期，主要代表有鲍德里亚、贝尔、布尔迪厄、英国文化研究学派等。让·鲍德里亚（Jean Baudrillard）在深刻研究消费社会的基础上，强调消费的文化意义以及对社会政治经济方面的渗透，代表作有《消费社会》。美国著名学者丹尼尔·贝尔（Daniel Bell）从人的追求与需要出发，考察消费社会带来的文化危机——享乐主义的泛滥。布尔迪厄则更关注中产阶级的日常生活消费，认为通过消费可以体现生活方式的等级和品位差别。进入20世纪80年代以后，理论研究队伍不断壮大，不少相关学科的研究汇聚起来，使消费主义理论研究系统更加完善。

国内的消费主义研究在借鉴国外理论的基础上，形成了不同的表述。例如，杨魁、董雅丽认为消费主义通过商品的推销对人们产生潜移默化的影响，使人们接受消费至上的观念和生活方式，以求得物质享受的满足（《中国消费文化观念的媒介呈现研究》，2015）；张文伟认为消费主义随着工业化和城市化的进程产生并发展，促使人们追求超过生活需求之外的欲求，是向社会各方面不断渗透的价值观念和文化态度（《美国"消费主义"兴起的背景分析》，2008）。

可以看出，消费主义在表层是一种经济现象，以重视物质消费的物质主义为鲜明特征，但在深层意义上消费主义是一种文化现象。正如有学者所言："消费主义指在社会中普遍存在的一种生活方式：消费的目的不是为了传统意义上实际生存需要（needs）的满足，而是为了被现代文化刺激起来的欲望（wants）的满足。换句话说，人们消费的不是商品和服务的使用价值，而是它们在一种文化中的符号象征意义。"[1] 消费主义的刺激与渗透，使得人们把满足欲望当成人生意义。从某种程度上讲，消费主义已经是一种融合在当代社会与生活中的意识形态，在人们形成对自身与社会的理解和认同过程中产生无形的影响。

二 消费时代新闻叙事的叙事偏颇

随着全球经济的发展，消费主义作为一种意识形态和生活方式得以蔓延。而我国自1978年实行改革开放，经济出现迅速增长，社会结构急剧转型，从以"生产"为主导的社会逐步向以

---

[1] 徐肖楠：《从经典气息到时尚风情：当代中国生活与文学的选择》，华南理工大学出版社2014年版，第90页。

"消费"为主导的社会迈进，便也受到了消费主义的影响。以前物资匮乏，而现在商品相当丰富。鲍德里亚在讨论消费社会时首先就强调物的丰盛和商品的系列化与系统化，他认为在消费社会中最根本的变化是："今天，在我们的周围，存在着一种由不断增长的物、服务和物质财富所构成的惊人的消费和丰盛现象……恰当地说，富裕的人们不再像过去那样受到人的包围，而是受到物的包围。"①

基于我国经济的发展以及西方消费主义的影响，一种鼓励人们扩大消费的社会情境应运而生。人们的消费观念发生变化，生活方式也日渐不同。比如，城市家庭开始追求高档音响、大屏幕彩电，以名牌服装、私人汽车来显示自己与众不同的"档次"和"品位"等。为了满足受众对于各种消费信息资讯的需求，新闻媒体势必在时尚、休闲、娱乐、居住等方面增加更多报道，以更好服务大众，并以此拉动内需，促进国民经济发展。比如，出现更多的时尚类杂志和报纸，出现美食、旅游类的电视节目，而单纯的资讯类节目也逐渐娱乐化……如此一来，新闻传媒便不自觉带上消费主义色彩，其"消费时代"图景的呈现在某种意义上也就有了必然性。

但"消费主义往往是一个贬义词，它煽动人们的消费激情，刺激人们的购买欲望"②，在此影响之下，新闻报道的叙事出现偏颇也是意料之中，如越来越多的娱乐报道越来越多地关注影视娱乐明星与体育明星，其穿着、发型、喜好的食物都因此受到追捧，成为人们消费的"模范和榜样"。用鲍德里亚的描述就是，"透过大众传播，各类新闻中的伪善煽情都用种种灾难符号（死亡、凶杀、强暴、革命）作为反衬来颂扬日常生活的宁静。而符

---

① ［法］让·鲍德里亚：《消费社会》，刘成富、全志钢译，南京大学出版社2001年版，第1页。

② 王宁：《消费社会学》，社会科学文献出版社2001年版，第145页。

号的这种冗长煽情随处可见：对青春和耄耋的称颂、为贵族婚礼而激动不已的头版头条、对身体和性进行歌颂的大众传媒——无论何处，人们都参与了对某些结构的历史性分解活动，即在消费符号下以某种方式同时庆祝着真实自我之消失和漫画般自我之复活。"①

（一）传媒商业化运作，叙事内容和形式深受消费主义影响

作为精神产品的生产者，中国的新闻媒体具有双重属性：意识形态属性和产业属性，而其产业属性又是基于新闻的商品属性。在计划经济时代，新闻媒体的意识形态属性得到片面强调，在很大程度上发挥着喉舌作用，宣传党和国家的方针政策，其新闻报道多是指导意义的"生产方式报道"，最典型的莫过于报道农业生产的"四季歌"——春种夏耘秋收冬藏，年年都报，年年也几乎是老一套。随着改革开放，我国市场经济体制逐渐建立，新闻媒体开始实行"事业单位，企业管理"，特别是1992年6月中共中央、国务院发布了《关于加快发展第三产业的决定》，《决定》将新闻传媒划出了党政机关的行列，归属于第三产业的范围，由此一来，新闻传媒作为信息产业和文化产业进入市场，传媒属性和运行机制都发生了迅速变革。在政治上，大的导向还是受国家严格调控，但在经济上许多媒体已经自主经营，以市场导向为主要取向，在运营的模式和编辑方针上进行调整来突出商业化，吸引市场注意力。与其他市场主体一样，在市场竞争中遵循这样一条经济规律：什么商品最好销，消费群最大，就生产什么；哪些商品投入小产出大，就着力经营哪些商品。这种自主运营、自负盈亏的运作使得媒体需要想方设法去适应新的环境，追逐效益和利润。如此一来，它的新闻叙事内容和形式就不得不被

---

① [法] 让·鲍德里亚：《消费社会》，刘成富、全志钢译，南京大学出版社2001年版，第100页。

改写而适应利润增长的需要了。黄旦在谈"关隘重重：新闻生产过程中的多种控制"时特别谈到了"商业压力"，他引证道："也许没有比巴格迪坎更慷慨激昂的了。他用大量的证据说明媒介和广告客户如何合谋，在'独立的'新闻工作和娱乐的幌子下，宣告了下列评价：商人们都是好的……一切战争都是人道的。现状妙极了。所有杂货铺、面包房、医药公司、餐馆和洗衣店也都好极了……"① 正是因为商业压力，媒体便不得不与消费主义打上了交道。

由此，消费主义的出现深刻影响着我国新闻媒体，它的"一切都是商品"的消费理念在强化商品观念的同时，促使消费成为媒体报道的关注点。在这样的逻辑下，消费主义就像是给一向相对中规中矩的新闻报道打开一扇全新的大门，日常生活中的娱乐、时尚、家居、健康等方面的报道比例慢慢增加，并成为人们消费的指南导向，比如1998年《人民日报》创办了《假日周刊》，专门针对旅游和购物提出消费建议和意见。而有着"消费主义时代的抒情诗"之名的广告，在这些生活方式报道中可谓充当着渲染消费主义的意见领袖。

广告可以说是现代社会最直接的新的生活方式的吁求和推销。"在当代所有的社会化制度中，广告是最具影响力的一种。正如丹尼尔·贝尔所言，广告就在我们文明的门面上打下'烙印'。它是商品形象的标记，是新生活方式的展示和新价值观的预告。"② 我们曾说道，当今生活的消费实际上是在消费商品符号的象征意义。鲍德里亚就认为，要构成消费的对象，物必须成为符号。而将商品变为符号，没有比新闻传媒更适合的了。它利

---

① 黄旦：《传者图像：新闻专业主义的建构与消解》，复旦大学出版社2005年版，第203页。
② 鞠惠冰：《当代广告的文化表征》，《天涯》2014年第4期。

用广告和报道，将商品的"实用"与"符号"完美结合，通过创造身份、地位、修养等各种新的符号意义去制造人们永无休止的消费欲望，从而诱导人们进行消费。蒋原伦论道："媒体文化对社会消费的引导可以从三个方面进行理解：首先是传媒对具体的、个别的商品的购买和消费；其次是传媒对生活方式消费的组织和引导；最后是传媒开辟新的生活风尚和消费领域。"① 而广告在这三个方面是贯穿始终且无处不在的。又如在新闻报道中常常关注"成功人士"，而这些报道所关注的重点却在于成功人士的生活习惯、服饰打扮及私生活等方面。很大程度上这些新闻不是在报道，而是通过其叙事内容潜移默化地促使消费者模仿那些成功人士的生活方式、消费行为。以第一个方面为例，2015年5月13日，智能手机vivo在《人民日报》投放了一则神秘的"无字天书"广告，引来各界的广泛热议。在当天的《人民日报》上，有第9版、第11版、第13版和第16版共四个广告版面，从第9版开始到第13版的前三个广告版面几乎都是空白，除了正中一个二维码和右上角vivo的LOGO外，别无他物。到了第16版，谜底终于揭晓，"再美的文字赞美这部手机都是苍白的，vivoX5Pro手品之美，2015.5.14，微信见"。能在我国最权威的党报上买下一期所有的广告版面，是一件非常大胆的事。而《人民日报》"大开天窗"，为的只是推销一部手机。四个版面的空间和一句文案，《人民日报》似乎在告诉人们：这部手机已经美到无法用文字来赞美，想要最美的手机，就买vivoX5Pro。我们在感叹vivo手机出色的广告营销的同时，不得不说新闻媒体利用广告正在我们的日常生活中创造着一个个现代神话。

（二）新闻叙事过度渲染消费主义，引导不良生活方式

李普曼在其经典著作《公众舆论》中提出一个著名的观点

---

① 蒋原伦：《媒体文化与消费时代》，中央编译出版社2004年版，第134页。

"新闻媒介影响我们头脑中的画像"。他曾提出三种与人们行为相关联的"现实"。首先是客观现实，它是真实存在的。其次是象征性现实，是媒体选择性提供的。最后是主观现实，是人们依据客观现实和象征性现实形成在自己头脑中的图像。在传统媒体占主导地位的社会，人们获得的信息往往都是对客观世界较为准确和直接的反映。而在如今媒介融合的环境里，人们生活在新旧媒体层层包围中，媒介的影响力强势地深入到整个社会的角角落落，它所提供的现实环境在人们形成主观现实的过程中起着决定性的作用，这样一来，使得无论是组织还是个人，都已高度依赖大众传播媒介了。

在消费时代，新闻叙事受到消费主义的影响，在报道中或明或暗进行广告、消费品的宣传，这其实无可厚非。但如若媒体在叙事报道中过度渲染消费主义等不良思潮，导致人们产生不当消费、过度消费的行为，这就会形成新闻叙事的偏颇从而导致生活方式的偏颇。比如，在我国，每年国庆、春节等长假总是会掀起旅游高潮。而随着经济的发展，人们财富增多、生活水平提高，出国游成了热门的休闲方式。由此而生的旅游攻略、境外化妆品奢侈品采购、代购攻略此时也占据着各大媒体的热门词汇榜。请看下面的报道（摘录或标题）：

出国旅游十大奢侈品血拼圣地

随着人们的生活越来越好，出境游成了很多人的假日首选。在异地感受别样的假日，当然也免不了逛一逛那些充满诱惑力的奢侈品名店。下面重庆中青旅为你推荐出国旅游十大奢侈品血拼圣地，那些散落在各地的奢侈品大街，能够让你的腰包在瞬间变瘪的大街。

（以下罗列了包括法国巴黎香榭丽舍大街、美国纽约第五大道、加拿大蒙特利尔地下城、英国伦敦牛津、意大利米兰黄金四角区等在内的所谓"十大血拼圣地"。——引者注。)①

——搜狐网 2015 年 6 月 10 日

醉翁之意不在"游":国内攒钱国外花成时尚
你出国购了吗

奢侈品专业研究和顾问机构财富品质研究院最新发布《中国奢侈品报告》显示,中国人 2014 年买走全球 46% 的奢侈品,是全球奢侈品市场无可争议的最大买家。

国人奢侈品消费 76% 在境外 报告指出,2014 年中国消费者全球奢侈品消费达到 1060 亿美元(约合 6400 亿人民币),同比增长 4%,而全球奢侈品市场总容量达到创纪录的 2320 亿美元。

……

中国消费者境外消费却进一步加强。报告中称,2014 年中国出境旅游人数连续第五年以 20% 左右的速度增长,中国出境游人数由 2010 年的 5300 多万人到 2014 年的 1.17 亿人,且人均境外购物消费达 632 美元,为全球最高,主要是奢侈品消费。而 2014 年中国消费者境外奢侈品消费总量为 810 亿美元(全球为 1060 亿美元),说明大约 76% 的奢侈品消费发生在境外,这个比例还在继续增长。

……②

——中国网 2015 年 9 月 19 日(原标题来自光明网 2015

---

① 《出国旅游十大奢侈品血拼圣地》,2015 年 6 月 10 日,搜狐网,http://mt.sohu.com/20150610/n414774876.shtml。

② 《醉翁之意不在"游":国内攒钱国外花成时尚 你出国购了吗》,2015 年 9 月 19 日,中国网,http://jiangsu.china.com.cn/html/finance/finances/2528467_1.html。

年9月19日：《全球奢侈品被国人收入囊中 国内挣钱国外花成时尚》）

单从标题来看，这两篇报道都是在赤裸裸地向人们宣扬购买奢侈品，"血拼圣地""国内攒钱国外花成时尚"成为叙事的关键字眼。第二则报道的标题与原标题也有不同之处，陈述句改为了疑问句，表述事实变成提问读者，似乎在暗示人们不出国买奢侈品就落伍了。这种为了增加阅读量成为标题党的新闻叙事，更是助推了人们在阅读中接受消费主义等不良思潮观念，为奢侈品而出国采购，出现过度消费等不理性行为。又如：

《信用卡分期付款提前消费：真正看懂才能玩转》

——搜狐网 2011 年 6 月 5 日

《玩转信用卡 提前消费优惠多》

——《西安晚报》2014 年 3 月 31 日第 15 版

《涨姿势：揭秘信用卡还款八大潜规则》

——新浪网 2015 年 6 月 4 日

《使用信用卡的九大好处！你知道几个？》

——网易网 2015 年 8 月 20 日

信用卡满足的是消费欲望。信用卡可以提前透支金钱来消费，还款日期也是分期进行，这样既能满足消费需求，又不至于有太大压力。如今，使用信用卡并不新鲜，但它却是一把"双刃剑"，切不可无尺度、无限制地提前消费。单从上述四则报道的标题，我们就只知使用信用卡好处多多，而且还能玩转潜规则，有效分期还款，减小压力。这极易促使人们自觉或不自觉增加信用卡使用频率，长期浸濡其中，其生活方式和价值观念会深受新闻叙事中消费主义的影响，失去对消费尺度的准确把握，导致不当消费等行为的发生。而这也恰恰说明一点，在消费主义促使新闻媒体的叙事内容和形式发生改变，使之在更多生活领域为人们服务的同时，这种改变也会发生某种反作用，即媒体过度宣扬不良思潮，导致人们的生活方式和习惯走入误区。

这种反作用的发生，很大程度上是由于大众媒介拥有制造现代神话的力量。神话理论由法国思想界先锋人物罗兰·巴尔特（Roland Barthes）提出。他以索绪尔的语言符号学理论为基础，结合消费主义领域进行研究而提出"神话"概念。这里的"神话"并非指我们日常生活中所认知的上古开天辟地的故事，而是指"一个社会构造出来以维持和证实自身存在的各种意象和信仰的复杂系统，是渗透着意识形态的符号文本"。

费尔迪南·德·索绪尔（Ferdinand de Saussure）认为，能指和所指是语言符号的两方面，且不可分割。能指是包括声音形象在内的音响形象，比如"花"这个词，它的中文拼音 hua、英文 flower 就是它的能指；所指是语言反映出来的物体概念，如我们读到 hua 或者 flower，头脑中就会呈现出颜色鲜艳的花瓣、绿色的花托和萼片的形象，这种实在的形象就是"花"的所指。

罗兰·巴尔特对索绪尔理论进行了进一步的阐释和延伸，提出"换挡加速"理论。他将索绪尔的能指和所指归为第一系统，两者在第二系统中结合成为一个新的能指，然后指向第二系统中的所指。比如玫瑰花，第一系统是音响形象 rose、meiguihua 以及所唤起的实在图像构成，第二系统则是鲜活的实体玫瑰花和它所象征的浪漫爱情构成。玫瑰花被赋予浪漫可人的爱情寓意，就是巴尔特的神话作用。

在巴尔特的著作《神话学》中，基本观点就是大众文化的运作与神话非常相似，以前人们共同的社会价值观由诗歌和神话提供，而现在则成为明星和广告的工作。在传播媒介发达的现代社会，明星和广告铺天盖地，大众媒介则利用这种铺天盖地，极尽手段和形式来展现商品和个人价值之间的联系，通过神话作用赋予物体文化意义，如前文中提到的出国游标志着财富与地位、购买奢侈品显示生活方式的前卫等。无论是茶具还是乐器，无论是汽车还是香水，无论日常用品还是奢侈品，所有的东西在媒介神话作用下拥有了彰显社会地位等级的功能，这一切都使得消费主义的身影无处不在。

在消费新概念引导之下的生活方式，由一系列消费行为组成，这一系列消费行为看似随意，出自消费者自身的生活需求或文化需求，实际上是经过媒体文化精心设计的，并通过诱导或隐喻的方式来启动消费者的心灵[1]。媒介在内容和形式方面都力图引起受众的物质消费和精神消费的欲望，同时它又极尽所能通过叙事技巧，渲染消费主义，诱导消费者去满足这些无法控制的欲望，久而久之形成不良生活方式，这就是新闻媒体叙事之偏颇的直接表现。正因为认识到这种危害，湖南省新闻出版广电局和湖南省新闻工作者协会2015年11月30日联合下发了《新闻从业人员"十不准"》，其中第一条就是"不准报道危害国家安全、影响社会稳定、违背社会公德、损害公共利益以及宣扬利己主义、拜金主义、享乐主义人生观、价值观和生活方式的内容"[2]。

第四节 新闻叙事引领文明健康科学的生活方式

当前社会处于日新月异的发展之中，生产力的进步、物质的丰富、社会交往的全面开放等使得各种思想观念从四面八方涌入人们的日常生活，形成多样化的生活方式。在各种观念涌入的过

---

[1] 蒋原伦：《媒体文化与消费时代》，中央编译出版社2004年版，第136页。
[2] 徐海瑞：《湖南出台新闻从业人员"十不准"》，《潇湘晨报》2015年12月1日第A3版。

程中，新闻媒体扮演着重要的推手，它依据划定的标准，在客观世界的新鲜事物中进行筛选，使某些事物被放大在公共平台上让更多的人去认识、了解、接受，抑或是使某些部分被"藏匿"从而淡出人们的视线。新闻是叙事的，它就是有这样一种"技能"，通过事实和观点的呈现，打破事物本有的外在，进行内容和形式的重构。但在这种叙事过程中难免会出现偏差，误导人们形成不良的生活方式。作为叙事主体的新闻媒体要减少或是避免偏差的出现，就要从报道的叙事内容和灌注其中的叙事态度入手，避免渲染不良思潮，理性引导当代健康文明科学的生活方式。

一 何谓文明健康科学的生活方式

多样化的生活方式为人们的生活提供了广阔的选择空间，而这种多样化其实是有着高下优劣之分的。中共中央十二届三中全会提出了"要努力在全社会形成适应现代生产力发展和社会进步要求的，文明的、健康的、科学的生活方式"。

健康是包括生理健康和心理健康两方面的。因此，根据对个人乃至身边人群的身心健康产生的影响，我们可以说生活方式有健康和不健康之分。比如，长期吸烟酗酒就有害自身的健康，而同时产生的二手烟以及酒后驾车等不当行为则可能还间接危害到周围人群的健康。再如，沉迷于互联网容易使人产生网络依赖症，其典型症状表现为情绪低落、睡眠障碍、生物钟紊乱、食欲下降、精力不足等，而在互联网上存在的黄色网站更是有害身心健康，同时还败坏社会风气。

文明指一种社会进步状态，一般与"野蛮"相对。那么根据对生产方式以及整个社会的发展所起的作用，我们可以将生活方式分为文明和不文明两种类型。在当前条件下，文明的生活方式包括物质文明和精神文明。比如，在科学文化方面，社会的知识、智慧的状况，教育、科学、文化、艺术、卫生等事业的发展规模和水平都处于进步的状态；在思想道德方面，社会的政治思想、道德面貌、社会风尚和人们的世界观、情操、觉悟、信念以及组织性、纪律性的状况也处于提高状态。而不文明的生活方式则不利于社会经济以及相应的政治文化的发展，比如在落后农村地区还有旧社会中所谓迷信风气的存在：有病不医而请巫师作法，家中发生不幸则归结为房屋风水不好，等等。

科学的释义有多种，如反映自然、社会、思维等的客观规律的分科知识体系，或特指自然科学，同时也有合理的意思等。有学者认为科学的生活方式是"指在科学理论和科学知识的指导下，合理、和谐、稳定、自然的生活方式"①。合理，即合乎理性与客观，和谐即人与生态自然、人与社会要求达到平衡、稳定的状态。这样一种科学的生活方式就要求我们在日常生活中，要"考虑以人为本、考虑以人与自然为本、考虑生态平衡、考虑可持续发展"②，要把握自己的生活节奏，有意识规范自己的生活习惯，合理安排，形成有规律、有度的生活方式，比如不奢侈消费、不浪费财物、不滥用药物，等等。

但另一方面问题在于，我们在享受物质文明和精神文明带来的成果时，也会接触到物质垃圾和精神污染。只有既健康又文明的生活方式才是我们现在应当倡导的。比如，汽车作为近现代社会发展的产物，是人类交通工具领域里程碑式的发展，它是进步的，有利于社会文明的发展。但过度的汽车消费却会导致资源浪费，也会因尾气排放过多造成空气污染，因不恰当驾驶行为如酒驾、毒驾带来社会危害，而这些都会有害于人们身心健康。

---

① 唐国战：《大学生文明、健康、科学生活方式的教育与引导》，《信阳师范学院学报》（哲学社会科学版）2009年第3期。
② 方心清：《道德精神与科学生活方式的构建——从"以人为本"的消费观谈起》，《江苏社会科学》2005年第1期。

二 如何引领（一）：凸显事实之价值

我们常说，新闻是选择的艺术。这个选择，即对新闻叙事的选择。李良荣说："从新闻生产的专业视角来看，新闻选择是新闻学专业知识、新闻工作经验和其他社会科学、自然科学知识的综合运用。新闻选择是新闻生产中最重要的工作之一。"① 可以说，没有选择就没有新闻生产即没有新闻叙事。

选择是主体对客体的行为，毋庸置疑具有很大的主观性。虽然新闻叙事内容选择的客观标准是新闻价值，即时新性、重要性、接近性、显著性以及趣味性，但它却时常受叙事人主观意识的冲击。也就是说，叙事人总是根据自己对事实的本质属性和特征的认识，来选择报道新闻。"新闻就是人们的主观意识对于客观存在的反映，但这个反映不是被动的、机械的，而是能动的、鲜活的。这种能动而鲜活的反映，表明了人们的主观意识正在自觉不自觉地对客观存在进行选择。所以，从某种意义上讲，新闻是人们对客观存在的主观选择。"② 从这个意义上讲，新闻叙事选择是主观和客观相结合的过程，叙事人对事实的准确把握和认识是新闻报道得到人们接受和认可尤为重要的一步。然而社会上每天发生的事实千姿百态，一个与人们日常生活相关的新闻报道，都涉及很多事实，新闻叙事人依据什么标准、如何进行选择，才能引导人们健康文明生活方式的建构，是不能不斟酌考虑的。

既然新闻选择是主观与客观相结合的过程，那么必然要体现叙事者的意图和目标，就生活方式方面而言，即引导人们构建良好的生活方式。一方面，叙事人要避免呈现过度渲染消费主义等

---

① 李良荣：《新闻学概论》，复旦大学出版社2013年版，第338页。
② 尹韵公：《试论新闻的真实性原则》，《现代传播》2006年第5期。

不良思潮的内容。另一方面，所叙之事本身要"有益""有用"和"有趣"，才能使之易于接受。

在前文中我们说到，消费主义的影响使得新闻叙事产生偏颇。通过日常生活中新闻报道的放大与渲染，消费主义引发了某些不当消费行为和模式。"消费主义把原属于公共领域的空间逐步让位于商业利益表达，让消费性信息挤走公共事务，以诱惑人的消费欲望成为公共话语。使大众感受到的一是广告量不断加大，二是新闻中富人形象、奢侈生活场景越来越突出，三是娱乐信息充斥荧屏和版面。大众从传媒那里不断强化这样的观念：做个有钱人，做个快乐人，过上'幸福'的小资生活。"[1] 而事实上，西方学者对消费主义也是普遍持有一种贬斥态度，如凡勃伦对"炫耀性消费"的鄙夷，法兰克福学派关于"虚假需求"和"消费异化"的批判，以及后现代主义者鲍德里亚对"消费社会的神话"的揭露，等等。在日常生活中，消费主义也确实总是会与能源和资源的浪费、环境恶化、传统断裂、主体性丧失等社会文化现象联系在一起，如2013年十大新闻热词、网络热度词汇"光盘行动"[2]，其实就是对日常生活中在饭店讲排场、大吃大喝铺张浪费的消费现象的抵制。因此，从某种程度上来说，消费主义是一种"异化的生活方式"。在新闻叙事中，过度渲染消费主义，只会破坏人们的社会价值观和社会主流意识形态，使人们以物质至上，沦为物的奴隶。

除此之外，市场经济下传媒商业化，也催生了我国新闻过度娱乐化现象。适当的娱乐化其实反倒使平日严肃的新闻读起来更

---

[1] 王亚南：《中国语境下的消费主义研究》，博士学位论文，华东师范大学，2009年，第93页。

[2] "光盘行动"倡导厉行节约，反对铺张浪费，带动大家珍惜粮食、吃光盘子中的食物，得到民众的支持，成为2013年十大新闻热词、网络热度词汇，也是最知名公益品牌之一。

有趣味，但过度地追求名人趣事、带煽情性刺激性的犯罪新闻、暴力事件、花边新闻等软性内容，竭力挖掘娱乐价值，只为满足人们的八卦心、窥探欲，赚取阅读量。这样的报道极可能引发不良行为，如狂热地追星、效仿新闻中的犯罪行为、进行暴力打砸等，甚至可能成为某些人的日常生活习惯。

2015年10月8日，演员黄晓明与杨颖（Angelababy）结了个婚，却成了当日乃至一段时日最"轰动"的新闻，微博、微信朋友圈、网站热搜榜都被这一娱乐新闻刷屏，还有媒体滚动直播婚礼进程，抑或是专门发布报道，连人民日报客户端也连发37张图片，不厌其烦地介绍婚礼上两位新人的礼服有多少套，是在哪个高级品牌定制的，婚戒钻石有多少克拉，礼金有多少千万元，伴郎伴娘阵容有多么庞大，婚礼现场多么豪华，等等。这种极尽渲染，虽极尽所能地满足了人们的八卦心理，但也可能引发某些追星欲望，产生凡事讲排场、讲奢华等不当效仿行为乃至更深层次的社会不良影响。有网友就这样质疑：

> 黄晓明的婚礼，让人们看到一场不亚于《2012》画面的拜金主义狂潮，掀天动地。精制的婚纱、千万的贺金、庞大的明星阵容、铺天盖地的媒体追踪报道、巨大的迎亲架式，无不把一个"富"字炫得让人头晕目眩。而这场婚礼所要表达的内容何在呢？内，是追求利益者将其当作一个炒作自己的舞台；外，是向世人宣告：我有名利，我就任性！
>
> 黄晓明忘记了自己的公众形象，只想着炫人气；媒体忘记了社会责任，只想着吸引眼球；王思聪忘记了他微博里的话语，只想着宣传他的游戏；粉丝们忘记了自己的处境，只想着有朝一日也能如此。在范冰冰一出手就是百万贺礼的当儿，我们还有什么指望，让这些名角们在银幕屏幕上引导道

德风尚？他们竟然不知道，炫富、拜金是一种堕落！不是无知，是什么？①

由此，在新闻中，叙事人要在乎"有益"，避免过度渲染类似的不良思潮，不能一味为了追求眼球效应和经济效益大肆生产商业化娱乐化的新闻报道。另一方面，还应凸显所叙之事的价值上的"有用"和"有趣"。

在新闻事件中，评价一个事实的客观标准是新闻价值，但普通读者是不会去考虑事件的新闻价值的，因为他们看到的只是媒体生产出来的成品。而新闻选择，则必须把读者的需求和认可列为首要目标。所以，为了达到引领文明健康科学生活方式的目标，事实的选择其实应当凸显其本身的有用和有趣。有用，是看能否对读者的日常生活产生积极作用，且有时候往往与重要性相关联。如当年"非典""禽流感"肆虐时，媒体会在报道中告诉人们如何做好措施进行预防、哪些症状是发病特征以便人们进行自我检查。"麦克马纳斯将新闻事实的重要性分为社会重要性和个人重要性，将社会重要性界定为'事件或信息具有的某种潜在可能性，即通过改变对环境的理解，直接或间接地改变社会环境或政治环境'。个人重要性则界定为'事件或信息具有的某种用途和潜在可能性，即能够帮助公民以某些方式发展自身或改善生活'。"② 类似上述的影响国人生命健康的大事件，或是政府发布的事关国计民生的重要决策等内容的报道，都是与普通百姓日常生活利益息息相关的，都是人们能够好好利用报道做出积极选择的。

---

① 周非：《无知的婚礼、无耻的大虾、无畏的油画》，2015年10月21日，360doc，http://www.360doc.com/content/15/1021/07/9232250_507220965.shtml。

② 郭子辉：《试论新闻逻辑和市场逻辑双重制约下都市新闻的事实选择》，硕士学位论文，湖南师范大学，2006年，第12页。

有趣，是看事实所包含的信息能否激起读者的好奇心，是否抓住了读者的阅读需求，目的是使读者乐于接受。因为太过严肃的新闻所达到的传播效果，并不如有趣味性的软新闻来得好。"在西方新闻学者的笔下，趣味性常常被解释为人情味，并包括反常性、奇特性和冲突性。比如，毛孩、飞碟、云南白猴等奇特的事情和世界杯、F1方程式赛车等冲突性强的事件。"①但在这里必须要注意，读者的新闻需求本身是极其复杂的，有些合理，有些不合理。而且这些需要也是多方面、多角度的。所以新闻的叙事必须都有一个"度"，不能一味为了满足好奇心而没有底线，不能失去新闻行业该有的职业操守和道德标准。否则，不仅无法构建良好生活方式，还会破坏本有的健康文明科学的生活方式。

三 如何引领（二）：倾注叙事之态度

伯格表示，"我们了解世界和了解自我最重要的途径之一就是通过叙事。洛朗·理查森写道：'叙事是人们将各种经验组织成为有现实意义的事件的基本方式……叙事既是一种推理模式，也是一种表达模式，人们可以通过叙事理解世界，也可以通过叙事讲述世界。'"② "叙事提供了教育人们和传达思想的有力方式。"③ 新闻是叙事的，它通过新闻报道的叙事形式再现现实生活中新近发生的事实。然而在再现的过程中，人脑会作用于客观世界中的事实存在，伴随着叙事人的身体经验、思维能力、感知觉能力等个人认知和整个社会语境的影响。由此而形成的新闻报

---

① 郭子辉：《试论新闻逻辑和市场逻辑双重制约下都市新闻的事实选择》，硕士学位论文，湖南师范大学，2006年，第11页。
② [美]伯格：《通俗文化、媒介和日常生活中的叙事》，姚媛译，南京大学出版社2000年版，第11页。
③ 同上书，第2页。

道，是自觉或不自觉带有叙事人对事件或事件人物的立场、情感态度的渗透，它包含了叙事人的剪裁和加工，使再现的新闻事件并不完全等同于原事件。这种渗透就是叙事的观点，或者说是通过叙事所表现出来的观点，即新闻叙事中态度的表现。也因此成为"教育人们和传达思想的有力方式"。

美籍日裔著名语义学家早川认为陈述方式有三种：报告、推论和评判。报告是能够被证实的，评判则是"对作者陈述的事件、事物表达出自己的好恶"①。在新闻报道中，这种"好恶"即肯定或否定、赞扬或批判的态度会对读者的叙事接受产生影响和引导。

在新闻报道中，叙事人进行表达与分析主要有两种方式：一是主观方式，即评论，由新闻叙事人通过对事件的分析与把握，直接陈述自己的观点，对新闻事件作出评价；二是客观方式，即"用事实说话"，新闻叙事人在报道新闻事件时，除客观地描述整个新闻事件的来龙去脉，同时也将事件发生后相关人员，包括当事人、局外人、专家学者，甚至是普通民众对事件发表的意见、看法、分析进行转述，而不阐述自己的意见、观点，所谓"借嘴说话"。这两种方式，或直接干预人们的看法，或借他人之口进行评价，看似都是在叙事，但其实却包含了叙事者的意识活动，隐藏着叙事人的叙事态度。

拜金主义要不得
中央人民广播电台评论员

在我们步步推进社会主义市场经济建设的时候，这样一个声音越来越清晰地回响在我们耳边：还是要讲艰苦奋斗，

---

① ［日］早川：《思想和行动中的语言》，载张国良主编《20世纪传播学经典文本》，复旦大学出版社2003年版，第259—264页。

讲高尚的人生观、价值观，拜金主义、奢侈挥霍之风要不得。改革开放使人们手里的钱多了，这是好事，可钱怎么花却大有学问。对占人口绝大多数的工农大众来说，从国民经济大局来看，"勤俭是咱们的传家宝"依然是最动听的旋律，可偏偏有人对此不以为然，于是人们看到了一些奇怪的现象：

在杭州，有两个"大款"为了斗富，竟在众目睽睽之下，比赛烧人民币，每人烧掉2000多元而面不改色；

在长春，一家卡拉OK厅，一个富翁宣布：包下当晚所有的"点歌费"，另一位大亨立即声明：买下全市当天所有的鲜花：你不让我点歌，你也别想献花。

……

这种种现象已经不仅仅是个怎么花钱的问题，它鲜明地反映出一些人的价值观、道德观，这种奢靡之风正在污染着社会环境，污染着社会主义的人际关系。艰苦奋斗、克勤克俭是我们中华民族永远值得骄傲的美德……[1]

这是获得第四届中国新闻奖一等奖的评论。20世纪90年代初，针对一部分人先富起来后的一些不良生活现象，作者撰写此文，在中央人民广播电台播出后引发社会各界广泛讨论，对社会风气以及人们的生活方式产生了积极的影响。

由此可以看出，新闻媒体要引导人们形成良好的生活方式和习惯，就要使自己的叙事态度含蓄且明了地灌注在所叙之事上，通过直接干预或评价，传递出该做什么、不该做什么、怎么做的信息，理性引导，使读者信服。

---

[1] 颜雄主编：《百年新闻经典》，湖南大学出版社2000年版，第363—365页。

北京晨报：毒死两虾拘五个月
诠释"生态是生命"

贵阳一男子为了捕捞河里的虾米，动用了农药"阿维高氯"。尽管说他只药死了两只虾米，但是执法部门并没有因为后果不严重而法外开恩，当地法院判决其5个月拘役。（10月11日《贵阳晚报》）

如果是在以往，毒死两只虾米，还到不了如此法律高度。至多会出现如下情形：其一，因为只毒死了两只虾米，即使有人举报，也不会有执法部门较真；其二，即使有执法部门较真，那也只是教育教育；其三，即使是很较真处罚，也只会是罚点钱款而已。

贵阳有关部门这次却狠狠较真了，直接走了法律程序。有人说，这样的处罚太过严厉，没有造成多大后果，不就是死了两只虾米吗？性质不在于死了几只虾米，而在于其危害性。如果所有想捕捞鱼虾的人都用如此暴力手段，对于河水的生态就是伤害。所以说他一点儿也不冤枉，在法律上有这样的条文，就应该不折不扣地执行。只有这样，才能让人们多些对法律威严的认识。

要像珍爱生命一样珍爱生态环境。"生态是生命"不能仅仅依靠一句话，就能达成共识。即使能够达成共识，在利益的驱使之下，也会成为耳旁风。看看污染的土地、大气、水流、山川，看看戴着口罩出行的人们，我们的污染何其严重？当媒体把"两个头的牛""六个腿的羊""八个尾巴的猪"当新闻报道的时候，能仅仅是开怀一笑吗？这背后就是生态越来越恶劣的罪过。

像爱护生命一样爱护生态，需要的是依据环保法律的严惩，需要的是放弃对污染经济的依赖，需要的是"没有花钱买排污指标"的严厉，需要的是不再有"罚款就可以生产"的利益交换。如果执法部门都能拿出"毒死两只虾拘役5个月"的执法态度，何愁没有天蓝蓝、水清清？①

这篇来自《北京晨报》的新闻评论，先是阐明新闻事件来由，再对事件发表个人观点以及鲜明的立场，指出破坏生态环境就理应受到法律的惩罚，最后是向广大百姓和有关执法部门发出呼吁与号召，"要像珍爱生命一样珍爱生态环境"，也要"依据环保法律进行严惩"。这样的新闻评论就是通过干预的方式，在文中阐明态度，直接告诉大家在日常生活中要注意爱护环境，共建美好家园生态文明。

"叙述者干预一般通过叙述者对人物、事件甚至文本本身进行评论的方式来进行。"② 在文学叙事中，干预分为两种，一是对叙述形式的干预，称为指点干预也称话语干预，如在行文中用括号加注；另一种是对叙述内容的干预，称为评论干预。在新闻叙事中，两种干预都可见到，但更多的是叙事人的评论干预，常见于叙事过程中的直接议论。③ 上述这篇新闻评论，就是评论干预。而在前文中讲到的"用事实说话"这种借他人之口表达出来的隐性观点，其实也是一种干预。

既然叙事人的干预在新闻报道的传播过程中如此重要，那从引导人们日常生活的效果层面来讲，叙事人在新闻报道中就要依据准确的价值判断，对人们进行理性引导、理性干预。有利于社会发展和人们日常生活利益的事，要有肯定或赞扬的态度；破坏

---

① 北京晨报：《毒死两虾拘五个月 诠释"生态是生命"》，2015年10月12日，人民网，http://go2.10086.cn/opinion.people.com.cn/n/2015/1012/c159301-27684910.html。

② 谭君强：《叙事作品中的叙述者干预与意识形态》，《江西社会科学》2015年第3期。

③ 何纯：《新闻叙事学》，岳麓书社2006年版，第83页。

社会主流价值观和意识形态的行为，要进行否定或批判。培养公众健康向上的精神需求，营造良好的社会文化氛围，引导健康文明科学的生活方式。具体到新闻叙事的文本写作中，我们认为在词汇和句式选择上，可以体现叙事者的干预和叙事态度。

喂饭空姐：每个人都会老去，我们也都有父母

樊雪松，31岁，兰州姑娘，海南航空HU7302航班乘务长，12月8日，在她值航的郑州飞海南的航班上，一位老人因患有脑梗无法握勺进食，樊雪松跪在老人身边喂他吃饭。这一幕被飞机上的乘客拍下，引发网友热议。

近期，有关航班"空中突发疾病自行爬下飞机""瓷娃娃下飞机没人帮忙"等新闻使得航班乘务员与乘客的关系成为人们关注的焦点，此时，樊雪松的行为无疑是从正面诠释了两者关系。①

该文看上去似乎是对一个时期之内航班乘务员与乘客不良关系的反拨，其实关涉的是当下社会的人际交往，也是生活态度生活方式的问题。"每个人都会老去，我们也都有父母"，以空姐樊雪松的直接引语为报道标题，叙事者的干预是明确的，这是一种很鲜明的提倡和推广。盖因此语推己及人，是孟子"老吾老以及人之老，幼吾幼以及人之幼"仁爱思想的延续，也是数千年来中华民族生活文明的延展。

祝克懿认为："叙事是一种言语行为"②。叙事态度可以通过

---

① 华商报：《喂饭空姐：每个人都会老去，我们也都有父母》，2015年12月12日，凤凰网，http://news.ifeng.com/a/20151212/46636038_0.shtml。
② 祝克懿：《"叙事"概念的现代意义》，《复旦学报》2007年第4期。

言语来实现。词汇方面，通过情感色彩不同的词语种类，人们能够感知到叙事人的喜怒哀乐以及对新闻事件态度的褒贬。形容词是明显带有叙事人的态度和立场的，如最美护士、美丽心灵、无私，等等。名词和动词，程度稍低于形容词，但也会影响读者的判断，如爱国同胞、致敬屠呦呦、经济发展成就、不法分子或利益交换等。此外还有情态副词，如必须、想要、可能等。句式选择方面，在新闻报道中，标题常见的是陈述句，也有疑问句。陈述句表明事实，疑问句对读者提出问题，其情感色彩更强烈。如前文列举的两个标题《醉翁之意不在"游"：国内攒钱国外花成时尚　你出国购了吗》和《全球奢侈品被国人收入囊中　国内挣钱国外花成时尚》，这两者对人们起到的诱导程度就完全不一样。通过对词语和句式选择粗浅的分析，我们大致可以看出叙事人的价值判断，其间也能表明叙事立场，使读者在报道中能意会到什么是好、什么是不好，哪些是有益而哪些是无益，进而做出自己的判断和行动。

在我国，新闻是国家意识形态和传媒自身意图体现的重要途径，传媒的社会服务功能一直被强调。在构建当代健康文明科学的生活方式过程中，新闻传媒无疑担当着教化、引导的责任。因此，新闻机构以及机构的专业记者、编辑自身的综合素质和职业水平也非常重要。但这种教化和引导，并不是一朝一夕之事。因为人们的日常生活是分层次的，第一层是人们日常生活的具体行为表现，第二层是具体行为背后的思想观念，第三层则是这些观念长期积淀形成的传统和信仰。引导人们良好的生活方式，需要新闻叙事发挥对人们潜移默化的作用，但更重要的还是人们自身要理解并接受这种健康文明科学生活的理念，同时将这种理念付诸于实践，养成文明健康科学生活的习惯。

本章结语

  生活方式是特定社会条件和历史文化背景下的产物，是为一定的价值观所支配的主体活动形式。它与生产方式共同构成社会的基本形态，体现着人们的物质生活和精神生活的统一，体现着社会发展的总效益和最高价值目标，因而健康文明科学的生活方式是一个社会发展良好的表征。当今，整个世界都在传媒的镜像里，媒体社会构造了我们的世界感，呈现给我们不同生活领域中的"生活景观"。它通过新闻报道中的叙事，表现其意识形态和叙事意图，借此引导着我们的生活方式。然而全球的政治、经济和文化始终相互交织并发生碰撞，每个国度都受此影响发生着改变。传媒也不例外，尤其是消费主义等思潮的影响，使得新闻传媒不再单纯存在于文化领域进行意义生产，而是包含着经济、政治、文化、社会等各个方面的价值观念。杂糅的意识形态难免使新闻叙事产生偏颇，对人们生活领域的传播造成负面影响，使人们自觉或不自觉地形成不当、不良的生活方式。因此，通过新闻中所叙之事的有效选择，以及叙事人态度的灌注，来揭示日常生活的本质和社会历史意义，理性引导当代社会健康文明科学的生活方式建构是极其必要也是势在必行的。

第五章　新闻叙事与文化消费观念

> 每一种消费行为，也都是文化生产行为，因为消费的过程，总是意义生产的过程。
>
> ——约翰·费斯克（John Fiske）

文化批评家朱大可认为："20世纪晚期，在美国硅谷的引领下，西方资本主义完成了从器物——实体资本主义的工业社会、向符号——数码资本主义的后工业社会的转型。这是一种惊心动魄的科技魔法，它溶解了实体经济的古老基石。与此同时，中国也在21世纪完成向消费社会的初级转型，一个庞大的文化消费市场开始涌现。"① 这其实表明，进入信息时代，也是进入了文化消费时代。

新闻叙事是运用多种符号系统表征、描述、重构新闻事实的行为。在新闻叙事的过程中，受述者即受众会受到新闻叙事所选择、再现与重构的事实的影响，而主要影响的是受众的认知观念、态度、意图等，这也意味着在一定程度上支配人们的消费心理、消费观念和消费行为，尤其是文化消费上的心理、观念和行

---

① 凤凰网文化频道编《洞见——不闹革命的文化批评》，作家出版社2015年版，第168—169页。

为。因而,"舆论引导"与文化消费不可避免地打上交道,形成割舍不断的联系。

第一节 文化消费是文化认同与生活方式的当代结合

文化消费与人们的生活息息相关,尤其是在经济社会发展到较高程度的当代,文化产品和文化服务日益丰富,文化消费正在逐渐走向主流化和大众化,成为一个时代的特有现象之一。从具体处着眼,文化消费主要通过人们在文化上的认同以及日常生活的方式来体现。文化认同体现的是人们在精神上的追求,是一种精神方面的文化理想。生活方式则注重于人们的日常行为,主要强调的是物质方面的需求。而要了解文化消费是文化认同与生活方式的结合,就需要了解文化消费的内涵、特点及功能,尤其要从本质、外在方式和内在价值及其彼此之间的关系上着眼。

一 文化消费的内涵、特点及功能

(一)文化消费的内涵

文化消费是伴随着经济发展与物质丰富而日益彰显的社会现象。在我国 1985 年召开的国家消费经济研讨会上,就较为明确地提出"文化消费"这一概念。2011 年党的十七届六中全会通过的《中共中央关于深化文化体制改革推动社会主义文化大发展大繁荣若干重大问题的决定》作出了"扩大文化消费"的决定。由此,文化消费现象越来越受专家学者的关注,逐渐成为一个重要的研究热点。从目前来看,学界对文化消费进行研究的取向主要为经济学、社会学和文艺学三种,社会学取向常见于西方的相关研究中,国内研究重点在经济学取向,而我们在新闻叙事学视域下的观照,主要从文化认同和生活方式的关系角度研究文化消费，偏重的是文艺学取向。

目前，我国学界关于文化消费的界定一般分为狭义和广义两种。关于狭义的文化消费，代表性的观点是"以文学艺术为主体，包括广播、音像、出版、图书及电子图书和与此相适应的文化艺术服务""为了这些文化产品和文化服务的消费就是文化消费"①。而广义的文化消费，各方表述渐趋一致，主要是指人们为了满足自己的精神文化生活而采取不同的方式来消费精神文化产品和精神文化服务的行为②。从广义的文化消费概念出发，有学者将其内涵概括为四点：一是文化需求属于高层次的精神需求；二是文化消费具有层次性，是由需求不同而产生；三是文化消费来源于具体的精神文化产品和精神文化服务；四是文化消费的内容丰富，形式多种多样③。

在阐述文化消费的具体内容时，因研究视角和研究范围的差异，表述时有不同。如有人认为精神文化消费主要包括教育消费、娱乐消费和体育消费等，其中，教育消费是指人们接受的各种教育服务、教育培训、科技培训等；娱乐消费是指人们日常生活中对文艺作品、音像影视作品、电子游戏、艺术表演等方面的消费；体育消费是指人们为了强身健体而进行的运动、健身消费以及赛事观赏等④。

新闻作为对新近发生、正在发生的事实的报道，必须通过叙事文本来传达事实变动的信息，也就是说，新闻是一种特殊的"艺术"，如著者多次强调的"新闻是选择和再现事实的艺术"，其特殊性主要在于新闻所叙之事必须是事实，是真实而非虚构。

---

① 施涛：《文化消费的特点和规律探析》，《广西社会科学》1993年第3期。
② 曹俊文：《精神文化消费统计指标体系的探讨》，《上海统计》2002年第4期。
③ 罗晓玲：《近年我国文化消费研究述评》，《华中农业大学学报》（社会科学版）2004年第3期。
④ 转引自欧翠珍《文化消费研究述评》，《经济学家》2010年第3期。

同时，新闻受众通过关注新闻信息得知世事变动并借此了解世界、提升自我抑或娱乐自我，满足的是精神上的需求。如此，新闻就是一种"精神文化产品和精神文化服务"，属于文化消费的内容范畴。新闻消费行为，如订阅报刊、收视收听广播电视、点击查看新闻网页等，均属于文化消费行为，同时又引导文化消费。

与物质消费相比较而言，文化消费的消费方式有其特殊性，特殊性就体现在文化消费品的品格和特点上。特里·洛威尔（Terry Lowell）有言："文化产品是一种特殊的商品，原因是，确切地说部分是，它们满足的需要来自幻想而非肠胃……精神的需要与物质需要不同，当所需的商品满足需要的时候，商品并不总要用完。"[①] 由此可见，文化消费消费的是"意义的生产"所生产的"商品"来满足心理的"幻想"（或"想象"），即满足精神需求。这使文化消费品除了具有商品的价值和使用价值以外，还必须包含文化性，即文化消费品是商品属性与文化属性的统一。此外，文化消费呈现边际递增规律，文化知识在消费过程中不断增值，不受物质消费一般遵循的边际效用递减规律的制约。同时，文化消费品的消费效果通常比物质消费更长久，对人的作用效果甚至可持续一生。

另外，为了更好地探讨文化消费，有必要将文化消费与消费文化两个容易混淆的概念稍作区分。简单来说，文化消费是对文化产品或文化服务的消费，如买书籍、看电影、听歌曲、观话剧等，比消费文化更为具体。消费者在消费时更多地考虑文化消费品所包含的文化意义。而消费文化是消费领域中，人们创造的物质财富和精神财富的总和，是人们消费方面的创造性表现，是人

[①] 特里·洛威尔：《文化生产》，载陆扬、王毅选编《大众文化研究》，上海三联书店2001年版，第122页。

们各种合理消费实践活动的升华和结晶①。具体而言，消费文化由物质消费文化和精神消费文化两部分构成，它受到人们的价值取向、习惯心理和行政规范的影响。作为一种文化，消费文化相对而言更抽象、更具有主观意识性质，也更具有消费哲学的意味。

（二）文化消费的特点

文化消费跨文化与经济等重要领域。具体而言，其特点主要表现在以下几个方面。

一是文化消费以经济发展为基础。社会经济发展带来的物质丰富解决了人们的温饱问题。学者刘瑜曾说"饱暖思游戏"，若以"人是游戏的动物"度之，这里的"游戏"广而言之亦可理解为精神需求。一般而言，当生存不是问题的时候，人们的精神需求会表现得更为强烈，对"精神文化产品和精神文化服务"的需求相应增加，文化消费随之变得更为普遍。另外，文化生产和文化消费总是建立在丰富的物质基础之上，以科学技术为代表的生产力的飞速发展将普通劳动者从沉重的工作劳动中解放出来，让其拥有闲暇时间和需求进行文化消费。可见社会生产力的发展是文化消费发展的动力。②

二是文化消费具有"产销不分"的模糊性。表现为"提供"和"享受"不可分，"继承"和"创造"不可分。比如，经常有作家声称自己很享受写作的过程，米兰·昆德拉把写作视为"高智商的游戏"，茅盾文学奖获得者阿来就认为"写作是为了获得享受"，此时"写作"对于该作家来说既是"提供"文化消费品，又是"享受"文化消费品，二者界限十分模糊。因此，文化

---

① 尹世杰：《加强对消费文化的研究》，《光明日报》1995年4月30日第7版。
② 罗晓玲：《近年我国文化消费研究述评》，《华中农业大学学报》（社会科学版）2004年第3期。

消费的这一特性，也造成了文化消费的创造者，可能也是文化消费的消费者。

三是文化消费具有层次性。文化消费与文化消费者的价值观、收入水平、受教育程度等因素具有较强的相关性，二者互相影响。文化需求层次的多样性主要是由消费者的综合素质决定。比如，在城镇人口中，由于文化素质大多较高，就能接受层次级别较高的文化消费行为，如参观博物馆、观小剧场话剧、听音乐会等。而在农村，由于各方面条件的限制，人们所接受的文化消费就比较简单，通常以接受作为大众文化代表的电视以及村社民俗活动等方面的文化消费为主。

四是文化消费对象的共享性。这种共享性既存在于生产者与消费者之间，又体现在消费者之间。前者体现为生产者在将文化消费品出售给文化消费者时，实际上只出售了文化消费品的物质载体而非全部文化积累，这种文化积累仍可作为生产者继续创作相关文化产品的思想基础和文化资料，并不会因为消费者的消费而被耗损。后者则体现为文化消费品可以被同时代的不同人消费，还可以被不同时代的人消费。这是文化传递性的体现。

除此之外，文化消费还具有较强的需求弹性、习惯性与继承性、多变求新、遵循边际递增规律等多种特征。随着时代发展，文化消费的内容、形式将日益扩充，它的特点也将随之不断转变和丰富。

（三）文化消费的功能

文化消费的功能呈现多面性，从不同角度可总结出不同的功能。总的来看，对个人而言，文化消费的功能主要包括启蒙、益智、发展个性等教育功能，了解信息、与人沟通等社交功能和愉悦身心等娱乐功能；对国家而言，文化消费主要体现在助推国民教化、进行舆论引导以促进社会和谐的政治功能，扩大消费、推动市场繁荣的经济功能，以及推动"百花齐放、百家争鸣"的文化艺术功能等。总之，文化消费对个人而言，意味着精神需求的满足；对国家而言则有利于精神文明建设，意味着整个国家的和谐、文明与进步。

二 文化消费：一种"物化"的文化认同现象

物化，是匈牙利马克思主义哲学家格奥尔格·卢卡奇（Georg Lucacs）在《历史与阶级意识》一书中提出的概念。他直接征引马克思在《资本论》中对商品拜物教的阐释来解释"物化"："商品形式的奥秘不过在于：商品形式在人们面前把人们本身劳动的社会性质反映成劳动产品本身的物的性质，反映成这些物的天然的社会属性，从而把生产者同总劳动的社会关系反映成存在于生产者之外的物与物之间的社会关系。由于这种转换，劳动产品成了商品，成了可感觉而又超感觉的物。"[1] 这是卢卡奇的物化概念的第一层含义，他视商品拜物教为资本主义最典型的物化现象。而物化概念的第二层含义也是最主要的含义，即"人自己的活动、人自己的劳动，作为某种客观的东西，某种不依赖于人的东西，某种通过异于人的自律性来控制人的东西，与人对立"[2]。人与人的关系变成了物与物的关系。在文化消费现象中，人们赋予文化消费品这一特殊商品的文化意义，最终变成商品的本质属性反过来影响人的文化认同，使文化消费在某种程度上变成一种"物化"的文化认同现象。

（一）文化消费促成文化认同"物化"的时代背景

自20世纪60、70年代起，由于社会发展的变化，人们越来越关注认同及其相关问题。20世纪90年代初期，国外学者在研

---

[1] ［匈］格奥尔格·卢卡奇：《历史和阶级意识》，杜章智等译，商务印书馆1992年版，第147页。

[2] 同上。

究中国问题时指出:"在中国面临的各种危机中,核心的危机是认同危机。"虽然中国的认同问题并不一定是核心危机,但是随着我国现代社会转型和全球化大趋势的影响,导致各种文化身份的流动、混杂与模糊,认同问题也越来越凸显出来①。一般说来,认同就是指对共同或相同的东西进行确认。"……认同总是存在于关系当中,或者说认同本身就是一种关系,而且认同关系就是指人与人、人与群体及人与社会之间的关系。"② 这说明,认同的过程既是对内的,也是对外的。对内的认同是围绕自我的,是一种内在意向性反应,是每个人对自我生命的终极追问:"我是谁?""我从哪里来?""我到哪里去?"是人们对自我的不断追问、寻找与确认;而对外的认同是围绕外界对象的,体现为上述"关系"的存在,即认同者和被认同者的双向互动和相互确认。

一般而言,当两种文化相遇时,"认同"问题随之出现,而文化能够传递认同信息。正如文化理论家雷蒙·威廉斯(Raymond Williams)认为,在现代社会,文化与认同常常结合起来形成特定的文化认同,作为个人或群体界定自我、区分他者、加强彼此同一感、拥有共同文化内涵的群体标志③。由此可知,文化认同是认同的核心部分。从宏观层面来看,不同学科或者不同的研究者考虑到心理机制、社会机制、自然条件等不同因素,对文化认同的基本界定有明显差别。人类学从强调群体成员的社会化过程界定文化认同;社会学则重视社会价值规范的作用;心理学强调个人或团体的情感归属感;文化研究则关注文化所带有的情感价值和情感意义。因而,探讨文化消费与文化认同之间的关

---

① 樊娟:《新生代大学生文化认同危机及其应对》,《中国青年研究》(调查研究版) 2009 年第 7 期。

② 崔新建:《文化认同及其根源》,《北京师范大学学报》(社会科学版) 2004 年第 4 期。

③ 何平立:《认同政治与政治认同——"第三条道路"与西方社会政治文化变迁》,《江淮论坛》2008 年第 4 期。

系，就要立足于文化视角来看待文化认同的问题，正如陈刚所定义的"文化认同（culture - identity）即文化身份，实即对自身文化身份和地位的一种自觉和把握"[1]。综上，在新闻叙事学视域下探讨这一问题，我们将文化认同的范畴限定为：人们通过对新闻的关注与解读而形成和展现的对自我的身份确认和对他人（个人或群体）的心理认同，即通过阅听新闻这样一种文化消费行为而形成和表现的文化认同。比如，人们在网站上对倡导骑自行车出行的新闻报道"点赞"的行为，就表现出自身对绿色环保这一理念的文化认同。

自改革开放以来，我国以经济建设为中心，发展有中国特色的社会主义市场经济，国民经济取得了迅速发展，物质也极大地丰富起来。据国家统计局数据显示，2011 年，我国城乡居民人均文化消费相比 2002 年增长 1.7 倍和 2.5 倍，年均增长 11.7 个百分点和 15.1 个百分点，分别达到 1102 元和 165 元[2]。又据《2014 年我国人均文化消费增长 16.4%》报道：根据国家统计局对全国 31 个省（自治区、直辖市）16 万户居民家庭开展的城乡一体化住户抽样调查，2014 年全国居民人均消费支出同比名义（不考虑价格因素）增长 9.6%，其中，人均文化娱乐消费支出增长 16.4%，远高于人均消费支出增速。2011 年至 2014 年我国城乡居民人均文化娱乐消费支出平均增长率在 12% 以上[3]。这些数据表明，我国城乡居民的文化消费得到了长足的发展。相应地，商品经济的发展使商品交换及其关系在我国社会经济中逐渐拥有举足轻重的地位。与此同时，全球化的发展大潮席卷中国，受马克思所言称的西方资本主义国家的商品拜

---

[1] 陈刚：《全球化与文化认同》，《江海学刊》2002 年第 5 期。
[2] 根据各年《中国统计年鉴》数据和城乡住户调查资料整理而成。
[3] 郑海鸥：《2014 年我国人均消费增长 16.4%》，2015 年 12 月 10 日，新华网，http://news.xinhuanet.com/politics/2015 - 12/10/c_ 128515065. htm。

物教文化的影响，人们的消费观和价值观日趋开放多元，鲍德里亚所描述的人们"受到物的包围"的现象在今日之中国已经越来越常见。这些变化为文化消费演化为文化认同的"物化"现象奠定了物质和思想基础。

（二）文化消费是文化认同的"物化"过程

基于以上的论述，我们认为"物化"过程是指"物化"所经历的程序和阶段。文化认同引起文化消费，将一种文化上的心理认同转化为文化消费需求，同时以物质的形式表现出来本来就是一种"物化"形式，在这种"物化"形式下，必然伴随着一系列的程序和有梯度的阶段，具体来说主要包括动力、中介、终结等程序和阶段，这些"物化"的程序和阶段的形成大都来自于文化认同的作用力，也是文化认同助推文化消费的必然过程。

首先，文化消费是文化认同的"物化"动力。文化认同要实现"物化"，必须有自身存在的内在动力，也需要来自于外界的动力。文化消费可以通过文化认同的主体产生内在的动力，也可以通过文化认同的客体产生外在的动力来源。文化认同的主体主要是指认同某种文化或者某种文化成分的社会群体及其成员，这些群体和成员都生活在物质消费和文化消费高度发达的现代社会，尤其是相关群体和成员的文化消费，构成了相互之间文化认同的作用力和附着力，即文化认同"物化"过程的内在动力和牵引力。另一方面，文化认同的客体承载着文化消费的物质内容，一旦这些物质内容让文化主体产生了消费方面的动力，也将加速群体或者成员之间文化认同的"物化"过程。具体到本著所谈及的文化认同来说，借助于新闻的传播力公信力影响力，尤其是时尚、养生、休闲、旅游等方面的新闻，可以激发新闻受众产生消费的欲望，通过自身或来自外界的驱动力，将内心所达成的文化认同感转化为文化消费行为，

· 255 ·

从而实现文化认同的"物化"。

其次，文化消费是文化认同的"物化"传播中介。我们所论及的"物化"传播中介就是指文化消费在文化认同"物化"过程中所起到的联系或者连接的作用形式。基于消费经济学理论，文化消费是建立在人们物质消费基本满足之上的，那么文化消费基本上属于消费能力比较强的群体和成员，也可以理解为文化消费属于经济地位、社会地位比较高的群体和成员。另外，在经济高度发达的现代社会，社会群体和成员要在文化上有认同感，必须具备一定的文化素质基础、共同的文化层次或者趋于一致的文化归属方向。从某种程度上来说，文化素质较高、文化层次相同或者文化归属方向一致的群体和成员，对文化消费的需求相对较大。文化认同属于社会意识的范畴，它产生和成长于社会物质之上，并且借助一定的物质载体进行传播和扩散。从文化消费构成的三个基本要素来看，文化商品、文化消费市场和文化消费者都存在于现实社会之中，而文化认同存在于社会成员和群体的意识之中，就新闻传播所带来的文化认同而言，如果仅仅借助于文化消费行为这种物质载体，无法实现其"物化"的全过程。比如，社会群体和成员通过新闻传媒所知晓的娱乐文化认同、体育文化认同、健康文化认同等，只有借助于实实在在的文化消费行为这一中介，才能促成文化认同的"物化"。

另外，文化消费意味着文化认同的"物化"终结。基于卢卡奇的"物化"理论，"物化"是一种状态行为，有起始亦有终结，文化消费的实现就意味着文化认同的"物化"过程终结。比如，社会群体和成员在日常生活中接受来自新闻传媒所传播的文化消费信息，从各个方面影响着社会群体和成员的心理活动，甚至驱使人们产生消费的欲望。一旦这些内心的欲望通过市场交易转化成为现实的文化消费行为，就意味着文化认同的"物化"有了一个比较明晰的结果，也说明社会群体和成员文化认同的真正实现，而且，如果"物化"所带来的价值令人满意，下一个"物化"过程又将开始。因此，只要文化消费付诸于现实生活之中，新闻传媒所引起的文化认同的"物化"过程就已完成，而且有可能开启下一轮的"物化"。

三 文化消费：生活方式的符号化

"生活方式"与"文化"是互为解释的，它们是一种互文的关系，它们之间通过价值观得以联系在一起[①]。从某种意义上而言，价值观是文化的核心构件，人们的生活方式则是个人价值观的具体体现，它转化为人的思维和行为，并最终以具有特定形态的符号向外界传达。

如前文所述，文化消费是一种"物化"的文化认同，其核心是一种"物化"的价值观。对一种文化认同或不认同的问题，就变成了受制于物的"消费或不消费"的问题。文化消费作为一种文化认同的表现方式，为消费者宣示自身的文化认同或不认同提供了一条路径。此时，文化消费品包含的社会文化意义变成一种标榜个人生活方式的文化符号。当这种裹挟着文化符号的文化消费品充斥在人们的日常生活中，继而当对它的选择与消费成为生活方式的一部分时，文化消费所携带的文化符号就自然而然融入生活方式之中，给相应的生活方式贴上特定的文化符号标签。具体到新闻叙事学的视域来说，新闻事实的建构过程就是赋予新闻事件以特殊的意义，将其符号化的过程，从而使受众不知不觉受到主导意识形态的引导[②]。

从物质文化消费来看，它主要是指人们生存和发展需要所创造

---

① 何纯、张海寅：《传媒舆论引导与生活方式——多元的文化认同与文化实践》，《湘潭大学学报》（哲学社会科学版）2008年第4期。

② 华进：《新闻叙事语法论》，硕士学位论文，湘潭大学，2007年，第10页。

的物质产品及其所表现的文化而进行的消费活动。人们在饮食、服饰、住房、交通工具、日用品等物质消费活动中，都附带着一定的文化色彩，构成了一个复杂的物质文化消费系统。正如鲍德里亚指出的"消费系统并非建立在对需求和享受的迫切要求之上，而是建立在某种符号（物品/符号）和区分的编码之上……流通、购买、销售、对作了区分的物品/符号的占有，这些构成了我们今天的语言、我们的编码，整个社会都依靠它来沟通交谈。"[1] 在此基础上可以进一步认为，人们日常生活中的物质文化消费，在现代社会都贴有形形色色的标签或者说特定的符号，昭示着特定的社会分层、财富差距、文化差异、知识程度等。

从精神文化消费来看，它主要是指用文化产品或文化服务来满足人们精神需求的一种消费行为，主要包括教育、文艺、休闲娱乐、体育健身、旅游观光、信息沟通等方面。在知识经济和信息社会条件下，精神文化消费增添了新的内涵，呈现出大众化、主流化、高科技化、高端化的特征。从一定意义上来说，精神文化消费是人们日常生活方式最重要的符号。以大众传媒为例，它凭借一定的技术手段，将文化意识的编码传递给广大消费者，促使消费者不自觉地对物品的符号有了内心认同，亦即文化认同。由此可以看出，符号表征着文化的意义，文化是各种符号的凝聚和积淀，以符号消费为标志的当代消费文化代表着一种"地位符号"或"社会分层符号"。也就是说，在当代社会生活中，消费已经由单纯的维持生存的需求转变为一种追求社会认同的欲望。而在信息社会中，在大众传播的背景下，某些商品要成为消费品就必须使自己变成符号，具有某种文化的象征意味，文化消费于是成为大众生活的时尚，成为大

---

[1] ［法］让·鲍德里亚：《消费社会》，刘成富、全志钢译，南京大学出版社2001年版，第70—71页。

众消费时代最典型的生活方式。①

试阅一段以文学为例的博客的描述即可见一斑：

> ……因为，这已经是大话西游时代了；因为，名著和网文已经天涯比邻，文学的地平线早已重新设定，海明威已经进入日常生活，"太阳照样升起""最后一方清净地"成了新楼盘的广告语，旅游公司则会召唤你去看"乞力马扎罗的雪"，去看"白象似的群山"。尊敬的海明威先生早走出经典课堂进入消费时代了，新生代叫人目瞪口呆的同时，的确也让我们发现自己对经典的守卫其实多么保守迂腐。②

四 文化消费是文化认同与生活方式的价值观统一

文化认同体现的是个人与群体在精神文化方面的一致性或趋同性，具体到本著来说，我们认为文化认同指的是——通过新闻叙事所进行的文化的传播、扩散、渗透等作用于受众并在其内心所形成和外在展现出来的认同。生活方式是个人与群体在物质追求方面所表现出来的方式方法。可以看出，文化认同和生活方式大致类似于人们的精神生活和物质生活，二者可以通过具体的消费活动尤其是文化消费实现价值观上的统一。

从文化消费的构成要素来看，根据文化消费的生产和消费流程，可分为文化商品（消费对象）、文化消费市场（消费方式）和文化消费者（消费主体）三大构成要素③。就文化商品来说，包括文化产品和文化服务。文化产品传递着社会思想、符号和人

---

① 何纯、张海寅：《传媒舆论引导与生活方式——多元的文化认同与文化实践》，《湘潭大学学报》（哲学社会科学版）2008年第4期。
② 毛尖：《海明威和……》，博客中国，http://maoj.blogchina.com/86747.html。
③ 王艳：《文化消费的意识形态探讨》，《党史文苑》（下半月学术版）2010年第4期。

们的生活方式，文化服务主要满足人们的文化兴趣和文化需求。从这里可以看出，不论是文化产品还是文化服务，其形成的前提条件都是以个人或者群体意识价值观上的文化认同为内核，这也就是文化消费的原动力所在。同时在交换以后，文化商品对个人和群体都会转变为多种类型生活方式的具体内容和元素，这些内容和元素都为个人或群体追求文化认同提供了载体，文化商品也会不断地充盈于人类的日常生活当中，满足人们的精神需求。就文化消费市场来说，市场是从事商品价值交易的场所，文化消费市场也不例外。具有文化认同的个人与群体，通常在生活方式上也有趋同性或者类似性，他们可以通过文化消费市场，将彼此的文化认同寄托于某种文化商品，借助文化商品与自身的生活方式紧密衔接，从而实现文化认同和生活方式的价值观统一。就文化消费者来说，不论是个人还是群体，其内心活动都存在一定的文化认同现象，当然这种文化认同现象具有比较大的差异性，社会背景、生活经历、风气习俗等对文化认同的影响较大，因此从某种程度来说，文化认同也弥散于个人或群体的日常生活方式之中，二者在特定历史时期、特定社会条件和特定事物之间的价值观统一是内在的，文化消费者恰好充当了这一价值观统一的实现形式和承载主体。总之，基于文化消费三个基本要素的分析，文化消费是文化认同和生活方式的价值观统一。

第二节　新闻叙事对文化消费观念的建构

就消费与消费观念而言，正如被称为"英伦才子"的阿兰·德波顿（Alain de Botton）说的，"新闻与'消费社会'的运作密不可分。每天，这部分内容占据了不容忽视的份额，向我们介绍餐饮、旅游、科技、时尚、汽车和家居用品领域的各种商品和服务。新闻希望在这些方面防止我们犯错，并作出更明智和有成就感的购买选择。"①

传媒是一个浓缩了现实生活的符号，它一方面表现了现实生活，一方面创造了现实生活。这就意味着：它一方面表现了文化，一方面也创造了文化；一方面表现了消费，一方面也创造了消费……

一　新闻叙事的文化意义与文化消费观念

新闻叙事是"有意味"的新闻报道方式，它通过特定的叙事策略来"叙"经过新闻媒体选择的特定的"事"，以此传达包含特定意识形态的文化意义。"无论从什么意义上看，文化和传播总是密不可分，是一枚硬币的两面。"②

关于"文化"这一概念，古今中外有诸多的界定。英国社会学家和传媒研究专家约翰·B. 汤普森（John B. Thompson）在其所著《意识形态与现代文化》中给出了一个古典的描述性定义和一个现代的象征性定义：

> 泰勒在《原始文化》一开始就提出了这个古典定义："文化或文明，按它的人种学广义来看，是一个复杂的整体，它包括知识、信仰、艺术、道德、法律、风俗，以及人类作为一分子所具有的任何其他能力与习惯。"③
>
> 我称之为"象征性概念"的一种文化概念，它的特点可以大致地说明如下：文化是体现于象征形式（包括行动、语言和各种有意义的物品）中的意义形式，人们依靠它相互交

---

① ［英］阿兰·德波顿：《新闻的骚动》，丁维译，上海译文出版社2015年版，第210页。
② 周宪、许钧：《文化和传播译丛·总序》，载霍尔编《表征——文化表象与意指实践》，商务印书馆2003年版，第1页。
③ ［英］约翰·B. 汤普森：《意识形态与现代文化》，高铦等译，译林出版社2005年版，第141页。

流并共同具有一些经验、概念与信仰。①

由美国著名学者约翰·费斯克等编撰的《关键概念：传播与文化研究辞典》中对"文化"一词的解释颇具代表性：文化（culture）是"感觉、意义与意识的社会化生产与再生产。将生产领域（经济）与社会关系领域联系起来的意义领域"。"文化一词属于多重话语：它能在若干不同的话语中游走。这意味着你不能将某个固定定义引入任何文本与所有文本，并指望都讲得通。"② 由此可见，当我们把文化作为分析性概念时，对其内涵的界定需做相应的具体分析。新闻叙事文本通过文字、声音、图像等各种符号来传播信息，"是新闻工作者在一定的社会、政治、文化等语境中运用语言系统叙述与建构新闻事实的产物，即话语，是众多话语形式中的一种。"③ 而"话语永远都充满着意识形态或生活的内容和意义。"④ 新闻叙事所建构的新闻文本同样充满"意识形态或生活的内容和意义"。本章的中心议题是新闻叙事与文化消费的关系，与之相应，"文化"一词的话语属性也被打上新闻叙事学和文化消费的"烙印"。新闻叙事学针对新闻叙事文本"形式的内容"和"内容的形式"进行分析，这就不仅仅只是针对新闻叙事文本比如显在的字面意思等进行研究；与此相对应，新闻叙事的文化生产是指新闻叙事人运用特定的叙事策略通过新闻叙事文本"不经意间"向新闻受述者传达的文化信息，是一种游走其间的意识形态，也并非仅仅是文本所传达的显在的表面含义。以《人民日报》在 2015 年 4 月 29 日刊发的消息

---

① ［英］约翰·B. 汤普森：《意识形态与现代文化》，高铦等译，译林出版社 2005 年版，第 146 页。
② ［美］约翰·费斯克等编撰《关键概念：传播与文化研究辞典》，李彬译注，新华出版社 2004 年版，第 62 页。
③ 曾庆香：《新闻叙事学》，中国广播电视出版社 2005 年版，第 8 页。
④ 李彬：《传播符号论》，清华大学出版社 2012 年版，第 227 页。

《专家学者盛赞影片〈战狼〉》为例：

  本报北京 4 月 28 日电（记者任姗姗）中宣部文艺局、国家新闻出版广电总局电影局今天联合在中国电影资料馆召开国产军事题材电影《战狼》研讨会。中国社会科学院、北京电影学院等学术机构学者，八一电影制片厂等片方主创人员及媒体代表数十人参加研讨。
  国产军事题材电影《战狼》创作历时 7 年，成功塑造了我特种兵的英雄群像。该片自 4 月 2 日上映以来受到观众好评，截至目前票房达 5.3 亿人民币。与会人员认为，《战狼》是近期一部思想性艺术性俱佳、"叫好又叫座"的优秀军事题材影片。
  与会人员充分肯定了《战狼》的意义，该片紧贴军营现实生活，让兵味战味与广大官兵和普通观众心心相印，让军事题材影片富有时代特征。《战狼》的广受欢迎昭示电影工作者，反映现实生活的优秀文艺作品最受人民喜爱。只有坚持现实主义精神，源于生活，高于生活，才能让理想和希望引领文艺，给人以美和向上的力量。①

从新闻叙事学的角度分析这段文字的文化意义，并非解读出"专家学者盛赞影片《战狼》"的字面信息即可，而应对其叙事者、叙事视角、聚焦、叙事话语等元素进行解读，以分析报道潜在的文化意义。该报道第二段的一个"我"字暗示记者作为叙事者的立场，每段都出现的"军事"一词显示叙事者聚焦于《战狼》及其研讨会的视点，最后一句既是总结也是观点，而观点必然具

---

① 任姗姗：《专家学者盛赞影片〈战狼〉》，《人民日报》2015 年 4 月 29 日第 4 版。

有一定文化意义。同时，在 2015 年作为中国人民抗日战争暨世界反法西斯战争胜利 70 周年的背景之下，对这部颂扬抵御外族侵略、保卫祖国领土主权完整的爱国精神的影片进行关注和"充分肯定"，更是意味深长——是一种"体现在象征形式中的意义形式"。

　　新闻叙事的文化意义正是新闻叙事对文化消费观念进行建构与引导的关键所在。由前文已知，文化消费是文化认同与生活方式的当代结合，而这种结合集中体现于二者在人的价值观上的统一。文化消费观念属于这种价值观的范畴，即每个人对于如何进行文化消费的观念。新闻叙事的文化意义与文化消费观念在"文化"二字上产生交集，新闻叙事通过新闻叙事文本建构特定的文化意义来建构具有特定导向的文化消费观念，进而引导文化消费。

二　新闻叙事对文化消费观念建构之"叙什么事"

　　阿兰·德波顿曾解析了多种类别的新闻报道，对"消费新闻"他是这样说的："这一领域的新闻应该提醒我们，在一个竞争激烈的商业社会中，要通过花钱来产生真正的幸福是件多么复杂的事。因此，消费新闻应该巧妙地引导我们，去追求最能满足我们内心深处对于圆满人生渴求的物品和服务，以及相关的精神活动。"[1]

　　文化消费的过程就是消费者消费文化商品的过程，在某种程度上就是消费文化的过程，体现一定的文化认同和文化消费观念。就新闻而言，消费者在浏览新闻、对新闻信息进行解读与思考时，也就成为新闻受众或新闻叙事文本的受叙者。通过新闻叙

---

[1]　[英] 阿兰·德波顿：《新闻的骚动》，丁维译，上海译文出版社 2015 年版，第 231 页。

事来建构特定的文化消费观念,关键在于回答在新闻叙事文本中"叙什么事"和"怎样叙事"这两个问题,简而言之,就是对受叙者(消费者)叙述什么文化消费观念以及如何实现有效传播(通过影响文化消费观念来引导文化消费)的问题。

叙什么事,即选择什么新闻事实来呈现,在某种程度上也就决定了新闻受众能"看见什么"。在新闻叙事中,则主要表现为视角和聚焦的选择问题。视角与聚焦是新闻叙事学中非常重要的研究范畴,二者都是从叙事学"继承"而来的重要概念,在"继承"过程中,它们也被打上新闻学的标签,具备了新闻学要求的特殊属性。在叙事学中,视角与聚焦的所指大体一致,都是指文本中的叙事者观察或叙述世界的眼光和角度,是一种叙事策略。在新闻叙事学中,视角是指新闻叙事人观察和叙述事实的角度;聚焦是基于视角之上的存在,它是视角在新闻叙事文本中的最终"落点",事实上对视角进行了一定限制。两者相较,视角表现的是"谁看",聚焦则强调"什么被看";对二者进行选择与调整的意义也不尽相同,前者尽可能体现的是新闻的客观与公正,力图展示出一个"真实的世界",后者则将叙述眼光投射到新闻事实的"有意味"处,从而叙述出一个"意义的世界",二者相辅相成,并以此引导接受也就是引导舆论[①]。在下文中,著者将聚焦作为视角的最终"落点",即把聚焦视为视角的一部分来进行讨论,不再另行区分。

新闻叙事学对新闻叙事视角的分类也基本上沿用传统的叙事学对叙事视角的分类方法和标准,笔者在拙作《新闻叙事学》[2006;2014(修订版)]中将之归纳为四种主要划分:(1)根据叙事者了解的信息量和人物所了解的信息量的对比情况来划分,前者多于后者则为全知视角,前者少于后者则为限知视角;(2)根据叙事者对情节的参与或目击情况来划分,无参与并无目

---

① 何纯:《新闻叙事的视角与聚焦分析》,《求索》2006年第2期。

击为外视角，参与或目击为内视角；(3)根据叙事者数量来划分，一个叙事者为一元视角，多个叙事者为多元视角；(4)根据叙事者在文本中的人称来划分，叙事者为第一人称则为第一人称视角，叙事者为第三人称则为第三人称视角。在此划分基础之上，笔者认为新闻叙事中没有严格意义上的全知视角，例如"她转过身去，眼泪盈满了眼眶"，这在文学描写中毫无疑义，但在新闻叙事中肯定不行——既然她转过身去了，"眼泪盈满了眼眶"——你怎么看见的？

在新闻报道中，记者所选择的呈现新闻事件的视角往往包含着一定的情感倾向和价值判断。英国文体学家福勒认为的视角三方面含义中就有意识形态含义。意识形态含义指的是由文本中的语言表达出来的价值和信仰体系，其需要考虑的问题是，究竟谁在文本的结构中充当表达意识形态体系的工具？是通过叙述声音说话的作者还是一个人物或者几个人物？是仅有一种占统治地位的世界观还是有多重交互作用的思想立场？[①] 由此可知，新闻叙事文本当中选用的叙事视角并不仅仅彰显着聚焦的差异性，往往还隐含着较为强烈的特定的意识形态。正因为如此，叙事视角才成为新闻叙事建构特定文化意义的有效策略。请看下例：

北京文资办：将大力促进北京文化消费

中国经济网北京3月1日讯（记者刘晨）昨天，在"促进北京文化消费研讨会"上，专家学者、文化创意企业代表和北京文化消费意向合作机构代表围绕促进北京文化消费，特别是如何进一步拓展大众文化消费市场，开发特色文化消费，扩大文化服务消费，提供个性化、分众化的文化产品服

[①] 申丹：《叙述学与小说文体学研究》，北京大学出版社2001年版，第189页。

务，培育新的文化消费增长点，挖掘北京文化消费市场潜在力等问题上都发表自己独到的建议与意见。市文资办主任周茂非在大会最后发表了讲话。

周茂非指出，从政府的层面来讲，下一步将下大力气促进文化消费。出口、投资、消费是拉动经济增长的三驾马车，结合目前形势，当前这三驾马车中消费是最有潜力的。而文化消费作为用文化产品或服务来满足人们精神需求的一种消费。从首都文化建设科学发展的需要来看，一方面，文化消费是拉动文化产业成为国家战略性支柱产业之一，并促进文化要素与各种生产要素融合，推动产业转型升级。另一方面，文化消费有利于提高人民生活幸福指数，对社会核心价值、主流意识形态、公民素质、国家形象等"软实力"的建构至关重要。据市统计局测算，今年具有增长潜力的四大行业中，文化、体育与娱乐业有望较大幅度增长。周茂非表示，如果加以刺激引导，是可以成为新的经济增长点的。而且今年市政府也将促进文化消费作为重点推进的工作之一。[①]

该报道从标题到内容都聚焦于"文化消费"。第一段叙事者从旁观者视角转述了会议内容，也将受叙者的视线引导至关于促进北京文化消费工作的意见和建议上来。第二段直接采用了文化官员周茂非的第三人称人物视角，运用间接引语把人物话语呈现出来，受叙者的观察点只能聚焦于周茂非所说的内容而无法旁顾其他与会人员的发言内容。受叙者只能看见新闻叙事文本中的视角所聚焦的报道内容，也就关注到北京文资办对于促进北京文化消费工作的态度和办法，会不自觉地从北京文资办的官方立场理解

---

① 刘晨：《北京文资办：将大力促进北京文化消费》，2013年3月1日，中国经济网，http://www.ce.cn/culture/gd/201303/01/t20130301_24156011.shtml。

这项工作。该报道通过视角与聚焦流露出一种利好于北京文化消费工作的文化意义。

所有的叙事都是制造意义的机制。在新闻叙事中，叙事人采用什么视角，决定对什么聚焦，都是为了制造意义，也都是为了引导接受。或者说，制造意义的目的是影响受众引导舆论。对于叙事接受者而言，呈现在他眼前的，是叙事人眼光下所表现出的对象：谁在看，看什么。对于叙事人而言，看什么不看什么，张扬什么隐蔽什么，是一种选择，是在一种精神、心理、意愿指导下乃至指使下的选择。这种选择一旦体现在文本中，对文本接受者而言，便成了无选择的选择——你只能看到什么[①]。

这种"看什么不看什么，张扬什么隐蔽什么"的选择同样可以运用于关于文化消费的新闻报道文本当中，同样以前引《专家学者盛赞影片〈战狼〉》一文为例，该文在字里行间通过文本叙述聚焦让受众"看见"了《战狼》这部"思想性艺术性俱佳、'叫好又叫座'的优秀军事题材影片"，而没有聚焦于网络上关于《战狼》的负面评价，正如有人说的：因为这是一个大众媒体的时代，所以如果他们不曾在大众媒体上存在和停留，那么他们就几乎相当于不存在。这也就意味着受众在文本中"看不见"这部电影的不足之处，新闻由此张扬了"紧贴军营现实生活，让兵味战味与广大官兵和普通观众心心相印"的军事题材电影，并且传递了"坚持现实主义精神，源于生活，高于生活，才能让理想和希望引领文艺，给人以美和向上的力量"的电影制作观念，隐蔽了《战狼》的不足之处，甚至可以说隐匿了同类影片中的其他电影。看电影无疑是种文化消费，《人民日报》如此导向鲜明的文章势必对观影者产生一定影响，甚至会使他们在选择其他电影消费或其他文化消费时考虑"美和向上的力量"的评价尺度，也

---

① 何纯：《新闻叙事的视角与聚焦分析》，《求索》2006年第2期。

就是在一定程度上影响了受众的文化消费观念。

再看下例：

港外媒体关注中国打击三俗

　　中国文化领域打击"三俗"，引起港台和外国华文报章的关注，有报道形容，"新道德运动"排闼而来。

　　新加坡《联合早报》8日刊出报道说，继今年上半年整治互联网和手机媒体淫秽色情及低俗信息专项行动后，中国又开始在文化领域掀起一轮打击"三俗（庸俗、低俗、媚俗）"活动。《大公报》7日刊出报道《"新道德运动"排闼而来》。报道说，来势猛烈的"新道德运动"引发各界关注。不少网民热议，社会风气恶化，一些媒体为了吸引眼球恶意炒作低俗内容，为了金钱放弃了应有的社会道德，这种行为应予以严厉打击。[①]

集纳式的陈述，传递和引导的便是一种文化消费行为的规范与指导。而且，若说"消费主义"是一种观念的话，当"社会风气恶化，一些媒体为了吸引眼球恶意炒作低俗内容，为了金钱放弃了应有的社会道德"之时，主流传媒赋予"反三俗"的内容以大面积传播的优势，也势必引发人们文化消费观念的改变。

三　新闻叙事对文化消费观念建构之"怎样叙事"

　　新闻叙事对文化消费观念的建构与引导通过"叙什么事"和"怎样叙事"两个方面来进行。前文探讨了新闻叙事文本可以通过

[①] 唐佳蕾：《港外媒体关注中国打击三俗》，2010年8月10日，中国网，http://www.china.com.cn/news/node_7098301.htm。

对视角与聚焦的选择来选择"叙什么事",即选择特定的新闻叙事内容,引导特定的文化消费观念。以下探讨"怎么叙事"的问题,这也可分"两步走":其一,将通过选择的叙事内容根据新闻叙事语法进行组织,其组织方式必然影响新闻叙事文本的意义建构,即对新闻叙事意义进行组构;其二,新闻叙事的意义最终如何表达即新闻叙事修辞,也是影响意义建构的重要手段。以此达到影响、建构和引导特定文化消费观念甚至文化消费行为的目的。

(一)组构"意义":新闻叙事语法

叙事作品中通常用"故事"和"话语"分别指代表达的对象和表达的方式这两个层次。叙事作品的意义在很大程度上源于这两个层次之间的互相作用①。新闻所叙之事就属于"现实世界中发生的事",在现实生活中真实发生的新闻事件通过各种报道方式得以呈现即再现。在此过程中,不同的新闻媒体可以采用不同的新闻文体来对同一新闻事件进行报道,并通过不同的传播媒介向受众发布。而受众往往能够从报纸、广播、电视、网络等不同媒介叙述的新闻内容中了解并还原出大致相同的新闻事件。这说明新闻所叙述的"故事"具有稳定性,即故事本身具备一个稳定而抽象的结构,这一结构的组构法则就是新闻叙事语法的研究内容,它属于叙事结构层面亦即"所指"层面,也对应上述"故事"层面。

学界对新闻叙事语法的探讨主要基于叙事语法的相关研究。普洛普(Vladimir Propp)可谓是对"故事"的叙事结构或曰叙事语法进行研究的奠基者。他的《民间故事形态学》(1928)一书认为:"童话具有二重性:一方面,它千奇百怪,五彩缤纷,

---

① 申丹、王丽亚:《西方叙事学:经典与后经典》,北京大学出版社2010年版,第13页。

另一方面，它如出一辙，千篇一律。"① 普洛普将"功能"概念引入叙事结构的研究，通过对近两百个俄罗斯童话故事的异同所作的比较，得出了"所有的童话故事在其结构上都属于一个类型"的结论。这一研究为我们所言的"叙事语法"提供了一定的理论基础。随后，该研究结论被列维-斯特劳斯（Claude Levi-Strauss）吸收，他用同样的思维方式研究分析神话故事，提出神话的二元对立关系，并勾勒出神话故事的叙事结构大纲。列维-斯特劳斯的《结构与形式》（1960）掀起了法国叙事结构研究的热潮，布雷蒙、格雷马斯、托多罗夫等学者先后加入叙事结构研究之列。布雷蒙（C. Bremond）于1964年发表《叙述可能之逻辑》，阐述各种可能的叙事模式；格雷马斯（Algirdas Julien Greimas）1969年在《叙述语法的组成部分》中进一步阐释了叙事结构的内容包括：深层结构、叙述结构、话语结构、语言表达。1978年，托多罗夫在《从〈十日谈〉看叙事作品语法》则试图建立一套叙事结构模式。

随着叙事学发展转向，新闻学与叙事学发生交叉融合，新闻叙事学逐渐成为一门独立学科，新闻叙事语法的研究也顺势而为。笔者在拙著《新闻叙事学》中对新闻叙事语法进行了界定，即为新闻事实中事件与事件的组接原则与规律，是一种文本意义上的句法，或曰"宏观规则"②。事件是历史上或社会上发生的不平常的大事情，即常态的转变，主要可分为核心事件与催化事件。核心事件一般在新闻事件当中占据主体地位，发挥主要功能，因而往往是新闻报道的关键或新闻叙事的重心；催化事件通常需要相应的核心事件来进行补充叙事，能够发挥交际性功能，触发新闻事件的整体张力。新闻叙事正是若干核心事件与催化事

---

① 胡亚敏：《叙事学》，华中师范大学出版社2004年版，第173页。
② 何纯：《新闻叙事学》，岳麓书社2006年版，第86页。

件互相组接、补充或催化的结果。事件能够按一定方式结合而成序列，小序列可再结合、丰富为大序列，所有大序列则共同构成一个完整的新闻事实，简单表示如下：

事件→小序列（基本序列）→大序列（复合序列）→新闻事实（故事）

基于以上论述，有研究者提出，对叙事单位的选择与组合正是"制造"新闻叙事的意义的关键所在。叙事单位的选择是指在叙事结构一定的情况下，通过叙事单位的不同选择体现出独特的意义。叙事单位被选择后，必须按照一定的次序加以排列组合，这种次序的安排也体现出一定的语法意义，谁在前谁在后不仅表达了轻重之分，而且回答的问题也是不一样的[①]。需要注意的是，相较于前文中针对"叙什么事"中对新闻文本的视角与聚焦的选择，新闻叙事语法中的"选择"更强调对于"怎样叙事"的影响和建构作用。

选择意味着选择者价值观的介入，必然对意义的建构产生相应的影响。与此同时，新闻是以事实为基础的，新闻只能是对事实的叙述，新闻叙事必须叙述真实之事而且通过叙事反映客观事物的原貌。因此，在新闻叙事中对叙事单位的选择必须以真实和客观为基本原则。为了实现新闻的有效传播，在选择新闻叙事单位时，除了真实与客观，还应考量新闻本身的价值属性，即尽量选择具有重要性、时效性、显著性、接近性和趣味性等新闻价值属性的事件或序列。叙事单位的选择与视角或聚焦对文本的切入点选择可谓殊途同归，从不同的方向抵达"意义"的中心。以《南方都市报》和《京华时报》关于 Uber（一种打车软件的开发公司，中译名"优步"）的两篇报道的导语为例。

---

① 华进：《新闻叙事语法论》，硕士学位论文，湘潭大学，2007年，第22页。

广州昨突查 Uber 公司

南都讯 （记者魏凯 罗苑尹 黄雅熙）Uber 广州公司昨日被广州市工商和交通等多个部门执法查处，该公司一批用于揽客的手机被查封。昨晚广州市交委表示，近期已查获多起利用手机软件揽客的非法经营个案，均被处以 3 万元罚款。广州市开始正式对私家车通过打车软件拉客进行查处，这意味着"专车"被列为非法运营已经从此前的口头警告变成正式动手。①

Uber 创始人来华探讨专车合法化

京华时报讯（记者廖丰）近两天，打车软件鼻祖 Uber（优步）创始人特拉维斯·卡兰尼克低调出席 2015 年贵阳国际大数据产业博览会，在接受媒体采访时，针对优步在中国遇到的政策和法律问题，卡兰尼克表示愿意与地方政府合作，以探索专车规范合规的模式。②

两段导语代表了相应报道的主要内容，不难看出，这两篇报道均是关于 Uber 公司在中国涉及相关法律法规的情况。前者选择呈现的叙事单位为 Uber 公司被我国执法部门查处的情况，Uber 公司在报道中是"违法者"的形象，给受众留下违法乱纪的负面印象；后者选择呈现的叙事单位为 Uber 公司创始人来中国探

---

① 魏凯、罗苑尹、黄雅熙：《广州昨突查 Uber 公司》，《南方都市报》2015 年 5 月 1 日第 A7 版。
② 廖丰：《Uber 创始人来华探讨专车合法化》，《京华时报》2015 年 5 月 28 日第 34 版。

讨专车合法化并"表示愿意与地方政府合作，以探索专车规范合规的模式"，Uber公司在报道中以"合作者"的形象出现，容易给受众留下遵纪守法的正面印象。在我国，社会主义荣辱观自2006年提出后早已深入人心，渗透进社会文化当中，其中第七条便是"以遵纪守法为荣，以违法乱纪为耻"。此外，党的十八大以来，中央高度重视培育和践行社会主义核心价值观，其中的"法治"已然成为中国社会文化所倡导的不容忽视的价值观念，对中国民众的价值标准和接受心理有相当的影响。上述两篇报道分别通过选择不同叙事单位来塑造"违法者"与"合作者"的Uber公司形象，因而流露出违法乱纪可耻的批判倾向与遵纪守法光荣的鼓励倾向，由此传达了负面与正面两种不同的文化意义，可能影响受众对Uber公司的评价和进行Uber专车消费的积极性。

叙事单位的组合是指叙事单位一旦确定，通过将其进行不同的组构获取特定的意义。曾庆香在梵·迪克的假设性新闻图式的基础上总结出新闻叙事的"完构"图式[1]，如下：

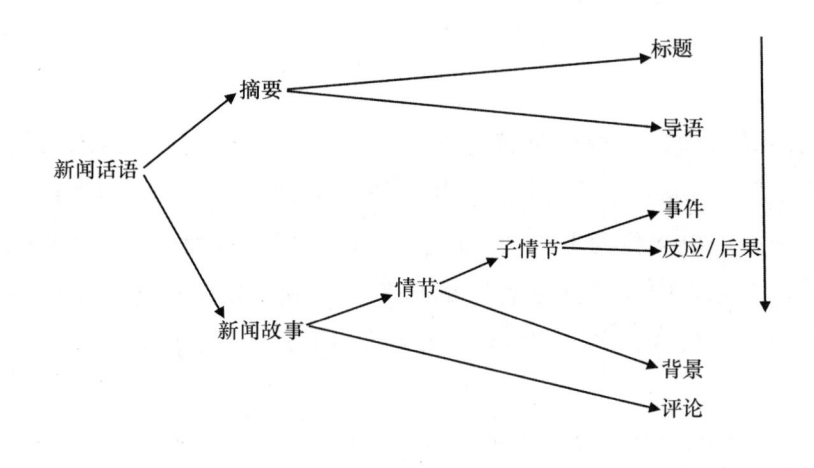

---

① 曾庆香：《新闻叙事学》，中国广播电视出版社2005年版，第41页。

曾庆香认为这一图式中的某些结构成分可以缺失，即呈"非完构"状态，但它也有自己的必备成分：标题和导语，或标题和事件。梵·迪克和曾庆香的研究虽然主要是针对新闻话语进行的，但不难看出，其提出的新闻话语图式事实上也是一种颇为经典并颇具操作性的新闻叙事结构，可以说是新闻叙事单位的一种宏观组构方式。我们认为新闻叙事单位的组合方式除了"核心事件＋催化事件"这种简明的基本序列，主要还有并列式、结合式和包含式三种复杂的组构序列。并列式是指几个基本序列按并列关系结合成事实，以《京华时报》2015年9月4日对我国举行的中国人民抗日战争暨世界反法西斯战争胜利70周年大阅兵进行的专题报道为例，该报当天的前二十一版报道主题均以"铭记"一词领起，分别为铭记之阅兵盛典、铭记之中国裁军、铭记之抗战老兵、铭记之国之重器等，这些报道从各个角度对该次大阅兵进行了呈现，二十一组（版）报道合起来就是对该事件的并列式报道。结合式是比较多样化、复杂化的序列形态，相结合的各序列之间往往有着错综复杂的因果关系或其他逻辑关联。包含式类似于循环组装模式，先概述一系列核心事件，再选取某些核心逐一催化。当然，这些组构模式基本上是针对常规的事件性新闻报道而言的，而非事件性新闻往往被新闻叙事者"化无形为有形"——将非事件事件化、将事件人物化和故事化，即将社会现象和社会问题通过对一个个具体事例、人物或数据等的陈述，表现出"确有其事"，从某种意义上来说已经变成事件性新闻来进行叙事。

叙事单位的各种组合序列本质上是一种孰先孰后的排序，也是叙事者认为事件或序列孰轻孰重的价值观体现，可以说是"选择的选择"，是对"意义"进行一种有意识的组构，以遮着面纱隐而不露的手法自然而然地"塑造"符合新闻叙事者传播目的的特定"意义"，达到叙事效果。

以上新闻叙事语法规则作用在关于文化消费的新闻报道当

中，同样能建构特定的文化意义或者说特定的文化消费观念。请看下例（节选）：

国内游不得不说的几个痛

　　这几年旅居海外，走了几个国家和地区，撇开因文化差异而带来的有趣部分，我时不时也会对某些景观有"不过尔尔"的评价。相比较而言，我泱泱大中华不少自然风光确实让人叹为观止。国内我还有很多地方没有去过，真的也想像徐霞客一样走遍祖国山水，但现在想到国内旅游，我就心生纠结。

　　吵：不受干扰的旅行是不可能完成的任务

　　我们中国人多，国内游拥挤嘈杂自然是躲不过的，不过世界上任何一个著名景点均如是，而我们景点的可怕在于导游的扩音器，每个导游似乎都在尝试用最大音量来招呼团友和介绍资讯。静静地游览，在国内大小景点都是不可能完成的任务。今年5月我游漓江，去之前脑中萦绕着的是几十年前小学课本里《桂林山水》的那句"漓江的水真静啊"，而惨痛的现实却是此起彼伏大呼小叫的移动扬声器，"来，我们看这里……"跟漓江码头入口处相比，一般菜市场绝对算是清静的。尤其令我失望的是，这里是桂林。

　　俗：破坏审美的招牌和缺乏个性的纪念品

　　在著名的阳朔西街，从入口开始就被各种大姐招呼着去吃啤酒鱼，有些大招牌上还用小字标着"著名主持人某某、名导某某曾在此用餐""中央电视台某某栏目推荐""湖南电视台在此取景""啤酒鱼国际金奖"……感觉名人去阳朔没干别的，挨家吃啤酒鱼评金奖去了。在这条著名的街上，我彻底体会到什么叫作"连绵不绝""目不暇接"，扑面而来无处可躲。

　　当然，在游客必经之地设立纪念品商铺并不是我国特色，但是全国各地的纪念品似乎都是亲生的兄弟姐妹，就难免让游客郁闷。逛国内古镇，束河、西塘、平遥……一律都是商铺一家接一家，走多了极其无聊。民族风的围巾、民谣歌手打着非洲手鼓、印有奥巴马头像的"为人民服务"文化衫、来路不明的铜色佛像"古董"……我猜它们的背后都有一个共同的名字：义乌小商品。

坑：多年的旅游顽疾，防不胜防

网上有篇帖子叫《全国景点50大陷阱》，从"不要接近峨眉山的和尚"开始，说到"不要买白洋淀的茶叶蛋"。国内旅游的游客被坑，这是旅游业多年的顽疾，所以我基本不选择团队旅游，全都是自己认认真真做旅游攻略，平时也算比较小心，但仍有防不胜防的感觉。

2012年去香格里拉，所住的酒店老板以及遇到的几个司机都推荐"纳帕海依拉草原"，说"那里美得像天堂"。在网上也看到有人推荐，于是一行人包了一辆汽车前往。车开了半个小时就到了，据说里面有5个经典景点，但门口看进去是一片烂泥地。来都来了，就进去吧。被告知步行烂泥地门票60元/人，骑马，1个小时280/人，那必须选择骑马了。骑了半个小时，眼前的景色跟在外面看到的无二，一条一米多宽的人工水渠就是神秘的"天葬河"，一片烂泥地几朵小花就是传说中的"花海"，而"纳帕海"则完全没看见，心情跌到了谷底。①

旅游更多是为了追求精神文化上的享受，无疑是一种文化消费。相对于我国"十一黄金周"报道不文明游客黑名单、旅游文化活

---

① 蔡慧：《国内游不得不说的几个痛》，《中国青年报》2015年10月8日第11版。

动丰富和各种人文自然景观介绍等的新闻,这篇报道选择呈现"国内游不得不说的几个痛"来叙述旅游的现状。其叙述中分为"吵""俗"和"坑"三大块并列组合,综合听觉、视觉多感官之"痛",从被吵到被坑,"痛感"和伤害由浅入深。叙事者以游客身份对不同景点或肯定或否定,建构了一种旅游消费观念,这势必传递给既是受众又是游客的受叙者,影响其支持或不支持、选择或不选择何种旅游的价值观念,也就对其文化消费观念甚至文化消费行为产生了一定的引导作用。

(二)表达"意义":新闻叙事修辞

新闻叙事修辞属于新闻叙事话语的重要研究内容之一。詹姆斯·费伦就叙事与修辞的关系有《作为修辞的叙事:技巧、读者、伦理、意识形态》一著,仍以前引该著中的"叙事不仅仅是故事,而且也是行动,某人在某个场合出于某种目的对某人讲一个故事"为据,为了达到"某个目的",新闻叙事者必然以某种倾向来进行叙事,修辞作为帮助叙事者"掩饰"或"修饰"某种倾向、意图的表达手段几乎是不可避免的——"修辞无处不在"。梵·迪克则对新闻叙事修辞做了更为具体的内涵阐述:"新闻修辞不仅限于使用常见的修辞手法,相反,它还包括为增加新闻报道的真实性、合理性、正确性、精确性和可信度而使用的策略性手段。"[1] 这也是新闻影响舆论引导舆论的"劝服性"手段。对于如何"增加新闻报道的真实性、合理性、正确性、精确性和可信度",我们也曾总结出"告知以事""服之以势"和"晓之以理"三种修辞手段。新闻在叙事中正是通过"事""势""理"三大修辞资源"不着痕迹"地引导受众"本能"地接受事实真相,从而达到劝服的目的,

---

[1] [荷]托伊恩·A. 梵·迪克:《作为话语的新闻》,曾庆香译,华夏出版社2003年版,第96页。

也就能在达成健康、有效的接受的基础上正确地引导舆论①。在关于文化消费的新闻叙事文本中，叙事修辞的应用能够强化具有特定文化导向的文化消费观念，请看下例：

艺术品市场抄底　慎防低价低质

进入 2015 年秋季，部分往年在市场上叱咤风云的一线画家开始明显体会到作品价格下行的痛感。

笔者最近也趁机抄底买进了几张心仪已久、以前一直因为价格高而舍不得入手的国画。对目前的市场行情，笔者与多位画商有过深入的交流，发现降价最主要的原因是书画市场原来的供求关系发生了改变。以前市场上买的多卖的少，艺术家的作品自然一路走强。现在环境改变了，卖的比买的还多，价格自然要下来。

面对当前的市场回调，价格下行幅度比较大的是一些前期在市场走得比较快的高产画家的画作。这类画家的创作精力比较旺盛，技法娴熟，作品在市场上的供应量本身就很大，当需求骤减，画家又没有像企业那样及时把产量降下来，因而，自身承受着比其他画家更大的"去库存"压力。

……

行情不好，艺术家与经纪人、主力买家等的关系也会变得微妙和紧张。譬如主力买家，手里肯定握有不少画家以前的作品，当以前购进的作品与目前的市场价格发生倒挂的时候，买家心里免不了就有怨气，至少是不舒服。在这种情况下，艺术家稍不注意出台相应的安抚措施，甚或还准备给这些买家施加一定的接盘任务，买家就会压力更大，进而疏远

---

① 华进、何纯：《新闻叙事的修辞》，《当代传播》2007 年第 2 期。

与艺术家的关系。经纪人方面，作品在市场上走不动，经纪人就没有生意做，在这种情况下，经纪人内心当然希望艺术家能够把作品的价格再降一降，以便于在市场上"以价换量"。但是，前面已经讲过，那些前期以高价收进很多作品的藏家，这时候承受的压力已经很大了，必定会集体要求艺术家守住价格底线，不可以轻易让价，否则就是对前面那些买家的伤害。这听起来似乎也是合理的，所以，在降价的问题上经纪人没办法与艺术家达成共识。

……

行情回调，作为投资者，最关心的是市场上流通的画还能不能买。以笔者和身边做艺术品生意的朋友的经验来说，当然是买入的机会。只不过，把握机会的时候心态切不要盲目。毕竟目前艺术品市场的交流交易还不是很透明，一方面要考察，卖家是不是真的因应时势把价格降下来了，另一方面，还要留意当前的价格是否还处在下行通道中，是的话就要判断和寻找最佳的买入时机，避免抄底抄到半山腰。此外，在弱市的环境下，卖家惜售，很多精品可能暂时会退出市场，这种情况下，投资者最需要谨慎的是花钱买回一些劣质艺术品。这类没有任何艺术含量和收藏价值的东西，就算不要钱送给你，也要考虑会不会在家里占地方。（冯善书）①

以绘画作品为代表的艺术品收藏或投资无疑是一种文化消费。这篇发表于《南方日报》而由人民网转载的报道从绘画作品的市场现状这些既定事实入手展开叙事，叙述艺术品收藏的"内行门道"和市场的经济规律，可谓"告之以事"，用事实说明

---

① 冯善书：《艺术品市场抄底 慎防低价低质》，2015年11月2日，人民网，http://art.people.com.cn/n/2015/1102/c206244-27765420.html。

艺术品收藏有风险，文化消费需谨慎的文化消费观念。同时，文章作者冯善书自身作为艺术品投资收藏资深观察者和评论员的发声，本身就具有较好的权威性和说服力，能够"服之以势"；全文由市场行情到业内相关人士之间的利益关系等情况分析都在给受众讲道理，用"晓之以理"来引导受众对于艺术品收藏要有重视藏品的艺术含量与收藏价值和"慎防低价低质"的文化消费观念。

再看下例：

全民践行核心价值　文明新风劲吹神州

在刚刚过去的国庆假期，在游客和各部门的努力下，文明出游已成为广大旅客的新追求。江苏省依托"智慧旅游"平台，以便捷、舒心甚至智能化的景区服务，提升了景区文明环境。河南省创新制定十项涉及文明旅游工作制度，推动文明旅游工作制度化、规范化、常态化。

全国文明单位作为精神文明建设的"火车头"，是社会主义核心价值观的践行者和引领者。黑龙江哈尔滨市直机关文明单位成立了"爱心志愿服务车队"，倡导爱心车队队员利用私家车在特殊时刻提供应急、救援、搭车等力所能及的服务。

在湖北武汉，一个由中国好人侯立新担任群主的"武汉好人圈"微信群备受关注。自今年1月成立以来，该群迅速增加到300余人，这里有愿意提供帮助的好心人，也有需要帮助的人，通过这个平台，爱心在不断凝聚，热量在不断发散，文明也在悄然提升。

不积跬步，无以至千里；不积小流，无以成江海。只要人人都能从身边做起，从小事做起，把做一名文明有德之人内化为自觉追求，崇德向善的文明新风将劲吹神州。[①]

既有面上的叙述，也有典型事例的渲染，还有叙事方法中的评论式干预。简短的文字中，看似是对文明旅游的点赞，其实更是对文化消费的倡导和践行核心价值观的引领。

如前文所述，文化是体现于象征形式（包括行动、语言和各种有意义的物品）中的意义形式，那么对意义的选择、组构与表达在一定程度上就是对文化的选择、组构与表达，对意义的建构本质上就是对文化的建构，而对文化的建构势必影响文化消费观念。大众传媒是意义建构或文化建构的执行者，新闻叙事是其执行手段。同时，大众传媒大范围的传播可以决定性地赋予某种文化以优势，对文化具有强化功能。大众传媒对文化的建构功能和强化功能可以透过文化间接影响受众的文化消费观念，进而引导文化消费。

总之，新闻叙事通过对选择"叙什么事"和决定"怎样叙事"传递特定的文化意义并建构特定的文化消费观念。对新闻叙事的文化意义及其如何建构具有特定舆论导向的文化意义的探讨，均为阐明新闻叙事对于文化的影响力和引导作用。正是因为新闻叙事能够建构文化意义，而文化又能影响受众的文化消费观念或者文化消费行为，因而我们可以通过新闻叙事的手段来建构与引导人们的文化消费观念，进而影响人们的文化消费行为，使其拥有良好的文化消费习惯，培养文明健康科学的生活方式。

第三节　新闻叙事引导文化消费的过程

新闻叙事的文化消费，即对新闻叙事所建构的文化意义的接

[①] 龚亮：《以核心价值观引领道德风尚》，《光明日报》2015年10月9日第3版。

受并由此引发的行动。这是一个包括多重因素交互作用的复杂的过程。分析这一过程的意义在于达成有效接受从而正确地引导文化消费。

一　新闻叙事引导文化消费的起点：文本与受众

新闻叙事接受是由新闻文本和新闻接受者（即受众）所构成的活动，以及两者的相互作用。新闻文本和受众是新闻叙事接受活动的关键影响因素，受众是新闻叙事接受活动的主体。

"文本"的内涵是十分丰富的。在现代诠释学中，文本既可以指语言性文本，如《荷马史诗》等文字书写文本以及言语性的、口耳相传的流传物，又可以指非语言性文本，即指非语言性文本的其他的被理解对象，如人的肢体动作、艺术作品，甚或自然对象[1]。正如胡亚敏所说："一切传达意义的客体都可称为文本，乃至现实世界就是用语言构成的大文本。"[2] 新闻文本是文本的一种类型，一般被视为"语言性文本"。杨保军认为，人们视听新闻文本的目的是想获得新闻事实世界的信息。因此，新闻文本包含的任何其他信息，都必须以事实信息为基础。满足受众这一基本解读期待的文本就叫作新闻文本[3]。

基于以上论述，在新闻叙事学的视域下谈论"新闻文本"，即新闻叙事文本时，是指新闻叙事者对客观世界最新变动的事实和信息进行编码而形成的文本，它是对客观世界的一种符号建构和再现，新闻接受者据此获得对世界的认知，因此它是连接叙事者和接受者的中介和载体。简言之，就是接受者可感知的以事实为基础、以新闻价值和传播价值为组织原则的符号化形式。

---

[1] 潘德荣：《文本理解、自我理解与自我塑造》，《中国社会科学》2014年第7期。
[2] 胡亚敏：《叙事学》，华中师范大学出版社2004年版，第190—191页。
[3] 杨保军：《新闻文本的个性特征》，《当代传播》2004年第2期。

新闻接受者是根据自身的需要，对新闻文本的反应、选择、加工、整合、内化、外化、践行的连续认识和反应过程的个体或群体①。新闻叙事学中的新闻接受者，是有能力对新闻叙事文本进行叙事化解读并从"整体中提炼出意义的人"。新闻叙事的文化意义由新闻叙事文本到达新闻叙事接受者的过程就是新闻叙事的文化接受过程。而且，接受者本身是多重意义产生的根源，接受者主体地位的凸显是多重意义产生的动力，接受者参与是多重意义产生的平台。

二 新闻叙事引导文化消费的途径：观看与模仿

（一）观看与叙事化

观看是文化接受最主要的途径。接受的前提是接触，观看是景观社会与读图时代的最普遍、最重要的接触方式；接受的主要方式则是模仿（觅母）。

我们每天都在观看，看电视、看网页、看手机、看报纸杂志或其他事物，并且在观看内容的潜移默化中形成世界观、人生观和价值观。居伊·德波（Guy Debord）在他的著作《景观社会》中断言："在现代生产条件无所不在的社会里，生活本身展现为景观（spectacles）的庞大堆聚。直接存在的一切全都转化为一个表象（representation）。"②并且，景观是"少数人演出，多数人默默观赏的某种表演"，普通人作为"沉默的大多数"都沦为景观或表象的观看者。"在景象社会中，视觉成为人的特权性感官，从而压倒其他感官，具有了优先性，现代人完全成为观看者。"③

---

① 何纯：《新闻叙事学（修订版）》，岳麓书社2014年版，第228页。
② [法]居伊·德波：《景观社会》，王昭凤译，南京大学出版社2006年版，第6页。
③ 赵慧臣：《观看：知识可视化视觉表征意义解读的方式》，《远程教育杂志》2011年第3期。

观看的重要性也体现在更为具体的日常生活习惯之中。对一般人而言，观看往往是最主要的接触方式。有一个几乎成为常识的结论，那就是人类在进行面对面的沟通时，相比对方所说的话语，人们更相信自己"观看"到的内容，并主要以此形成对对方的认识和评价，正所谓"耳听为虚，眼见为实"。观看通过视觉来引起注意，对大多数人来说更符合关注事物的习惯。

观看对新闻叙事的重要影响更是不言而喻。尤其是在新媒体时代到来之后的当下，新闻图片、新闻视频成为越来越被媒体重视的新闻叙事元素，"有图有真相"成为媒体口号，"博眼球"成为媒体默认的新闻叙事"原则"。从作为观看者的受众来说，其观看需求、观看心理、观看兴趣和观看方式等各种因素也会反馈过来影响新闻叙事。比如近年来，《人民日报》等许多传统纸媒出现网页版、手机版以适应大量网络受众和手机用户的观看需求，媒体融合的多元叙事方式成为新闻叙事的一种发展趋势。观看更是受众接受新闻叙事所传达的文化意义的重要途径。接触是传播的前提，而观看是接触的主要方式。受众通过观看新闻叙事文本来了解其文本意义，也就是说，观看使受众与新闻文本互相关联，是文本意义从新闻文本到达受众的一座"桥梁"。

观看往往涉及"谁看""看什么"和"怎么看"，即观看主体、观看内容和观看方式三个基本问题。观看主体就是新闻叙事接受者即受众，观看内容就是新闻叙事文本。根据观看的受众有无媒介素养尤其是新闻叙事方面的知识，我们将观看方式大体分为专业的"叙事化"观看方式和非专业的"大众化"观看方式。

关于"叙事化"前已有述，于此再次强调一下。"叙事化"就是借助于规约性的叙事阐释框架把文本加以"自然化"的一种阅读策略，对新闻叙事而言，是一种立足于新闻叙事学的阐释规约或叙事框架来解读新闻叙事文本的观看方式。受众运用新闻叙事的相关理论对新闻叙事文本进行解构性的观看，比如关注文本的叙事视角、寻找文本空白、研究内容组接方式或重构叙事时间等方法。以《南方都市报》的报道《女工讨薪被打死 太原市公安局长道歉》为例。

据新华社电 山西省太原市政府2日晚召开"12·13"案件新闻发布会，太原市公安局局长汪凡代表太原市公安局对死者表示沉痛哀悼，向受害人家属和社会诚挚道歉。

汪凡2日晚间在新闻发布会上表示，2014年12月13日发生在该市小店区的一起河南籍周姓民工非正常死亡案件，暴露出太原公安队伍治警不严的积弊，性质极其恶劣。将制定出台正风肃纪责任制，向队伍积弊开刀，向执法乱象亮剑，全面整顿规范执法执勤工作，尽快扭转太原公安形象。

2014年12月13日，太原市公安局小店分局龙城派出所民警在处置"龙瑞苑"工地纠纷警情期间，发生一起河南籍周姓民工非正常死亡案件。案件发生后，一则"警察打死讨薪女民工，倒地后仍遭脚踩头发"的图片消息在网络上广泛传播，引发网民高度关注。12月30日凌晨，太原市检察院对涉案民警王某以涉嫌滥用职权罪批准逮捕。12月31日，涉案民警郭某、任某以涉嫌滥用职权罪被立案侦查并刑事拘留。目前，案件侦查工作正在依法进行中。

新年首日，太原市公安局做的第一件事，就是在全市公安机关部署开展"正风肃纪、规范执法"大整顿。

汪凡说，太原市公安局已决定把每年12月13日作为"执法警示日"，以牢记教训，警钟长鸣。同时从各级领导班子抓起，严明纪律，强化责任。凡是履行主体责任不力的班子，一律调整；凡是搞团团伙伙、拉帮结派的，一律撤换；凡是领导责任不落实的，一律免职；凡是不履行人民警察职责、漠视群众疾苦、侵害群众利益的,一律严处。

太原市公安局还将全面排查执法执勤和窗口服务中存在的突出问题,以"零容忍"的态度整肃警风。

河南籍周姓民工非正常死亡案件,暴露出太原公安队伍治警不严的积弊,性质极其恶劣。

太原市公安局已决定把每年12月13日作为"执法警示日",以牢记教训,警钟长鸣。

————太原市公安局局长汪凡①

这篇报道虽然采用了第三人称见证人叙事视角,但传达的叙事声音几乎都来自太原市公安局局长汪凡,叙事者基本上成了汪凡的"代言人"。报道对周姓女工家人的声音与态度等信息未有提及,把报道重点放在太原市公安局的应对措施和积极反思上,对比中可见报道潜在的叙事倾向。由此观之,受述者在赞扬太原市公安局的"沉痛哀悼""诚挚道歉""牢记教训,警钟长鸣"等积极表现的同时,可能会质疑其是否形式大于内容,接受效果出现了与报道者所期待的效果的差异。

"大众化"观看方式是与"叙事化"观看方式相对而言的概念,可以简单理解为运用相对于新闻叙事"专业眼光"而言的"大众眼光"来观看新闻叙事文本,强调普通受众的群体共性与个体个性对观看的重要影响。比如,运用"大众化"观看方式来观看一个叙事文本的受述者可能始终认为该文本的作者就是文本内容的唯一讲述人,文本内容主要是作者个人意志的主观体现,而不会相信经典叙事学中"作者已死"的论调。

(二)觅母与模仿

1976年,英国生物学家理查德·道金斯(Richard Dawkins)

---

① 新华社:《女工讨薪被打死 太原市公安局长道歉》,《南方都市报》2015年1月3日第A11版。

出版了著作《自私的基因》，书中写道：

> 我们死后可以遗留给后代的东西有两种：基因和觅母。我们是作为基因机器而存在的，我们与生俱来的任务就是把我们的基因一代一代地传下去。但我们在这个方面的功绩隔了三代就被人忘怀……但如果你能为世界文明作出贡献，如果你有一个精辟的见解或作了一个曲子，发明了一个火花塞，写了一首诗，所有这些都能完整无损地流传下去。即使你的基因在共有的基因库里全部分解后，这些东西仍能长久存在，永不湮灭……①

"仍能长久存在，永不湮灭"的"这些东西"就是"觅母"。什么是觅母？觅母是道金斯在《自私的基因》中谈及基因与文化传承的关系时，类比生物学的生物进化单位基因（gene）引入文化传播单位或模仿单位的一个新概念："meme"。"meme"最初被译为"觅母"，后来又出现"文化遗传因子""文化基因""谜米""拟子"和"模因"等多种译法，我们采用最早的译法"觅母"。道金斯进一步揭示了觅母作为文化复制基因的独特性和重要性，将觅母解释为"在诸如语言、观念、信仰、行为方式等的传递过程中与基因在生物进化过程中所起的作用相类似的那个东西"②。他认为"正如基因通过精子或卵子从一个个体转到另一个个体，从而在基因库中进行繁殖一样，觅母通过模仿的过程从一个脑子转到另一个脑子，从而在觅母库中进行繁殖。"③ 他的

---

① ［英］理查德·道金斯：《自私的基因》，卢允中、张岱云译，科学出版社1981年版，第279页。
② 王纯磊：《模因研究评介》，《集美大学学报》（哲学社会科学版）2008年第3期。
③ ［英］理查德·道金斯：《自私的基因》，卢允中、张岱云译，科学出版社1981年版，第268页。

学生苏姗·布莱克摩尔（Susan Blackmore）直接把觅母定义为"任何通过模仿而被传递的东西。"① 由以上阐释可知，觅母的含义可以理解为被传递或被复制的信息，任何包含信息的想法、说法、做法都可以构成觅母，而模仿则是觅母的本质核心。

与基因相比较，觅母的不同之处主要有如下几点：其一，觅母可以在没有血缘关系的两个对象之间传播，属于平行传播；基因传递靠代与代之间的亲子遗传，属于垂直传播。其二，觅母的传播力更强，尤其在互联网时代，它可在瞬间传遍全球，而基因需要一代人的时间。其三，觅母是一种意识形态，主要对人的心理产生影响，也更容易因每个人的个体差异而产生大相径庭的传播效果；基因携带的是生物体的遗传信息，影响人生理特征，影响效果更为稳定。

觅母是非常特殊的"文化基因"，它主要有三个特性：（1）传递性。觅母通过传播而扩散，例如，本由凤凰传奇演唱的《最炫民族风》这首歌曲作为一个觅母，它被传唱至大江南北的过程，也是觅母被传递给人们的过程。（2）变异性。觅母传递的过程并非"一是一，二是二"的简单复制，而是类似老子所讲的"道生一，一生二，二生三，三生万物"，觅母在传递过程中会因为接受者的不同解读而发生变异。（3）选择性。觅母有强势觅母和弱势觅母之分，强势觅母指那些复制能力强、传播范围广的觅母，如前例，歌曲《最炫民族风》因为旋律节奏鲜明、歌词通俗易懂而使整首歌朗朗上口，成为传播能力强的强势觅母。弱势觅母则指那些复制和传播能力弱的觅母，比如流传不广的一些歌曲。

觅母对应的另一端是能够寄存并传播觅母的人，即宿主。模

---

① [英] 苏珊·布莱克摩尔：《谜米机器》，高申春等译，吉林人民出版社 2011 年版，第 79 页。

仿则是连接觅母与宿主的"桥梁",是觅母的主要传递方式。《牛津英语词典》对觅母的解释译成中文为:"文化的基本单位,通过非遗传的方式、特别是模仿而得到传递",强调了模仿作为觅母的传递途径的重要性。模仿使觅母"从一个人的大脑到另一个人的大脑、从一个人的大脑到书本、从书本到一个人的大脑、从一个人的大脑到计算机、从一个计算机到另一个计算机等的方式而传播它们自身"①。

模仿是"一个头脑对隔着一段距离的另一个头脑的作用,一个大脑上的表象在另一个感光灵敏的大脑皮层上产生的类似照相的复写……类似于心际之间的照相术"②。这个"照相"的过程就是觅母传递的过程。弗朗西斯·海拉恩（Francis Heylighen）认为这个过程要经过同化、记忆、表达和传播这四个阶段。同化是指呈现的觅母被宿主注意、理解和接受;记忆是指觅母在宿主的大脑中停留的时间越长,传播和影响其他个体的可能性越大;表达是指觅母如果要传递给其他个体,必须由记忆模式转化为宿主能够感知的有形体。传播是指觅母的传递需要具备有形载体或媒介③。换言之,同化和记忆是觅母"感染"宿主A的过程,表达与传播则是宿主A用自己已经接受的觅母"感染"宿主B的过程,与此同时,宿主B可能开始经历同化和记忆的过程,并继续"感染"宿主C,觅母在由A到B再到C的过程中实现传递和扩散。值得注意的是,觅母的变异性可能会导致A、B、C三个宿主接收到的觅母信息大相径庭。新闻叙事中的文化信息也是一种可以被传递或被复制的信息"文化基因",是一种觅母,受

---

① 戴长征:《觅母、文化进化与文化对外传播》,《国际新闻界》2012年第4期。
② [法]加布里埃尔·塔尔德:《模仿律》,何道宽译,中国人民大学出版社2008年版,第2页。
③ 王宏军:《论析模因论与语言学的交叉研究》,《北京第二外国语学院学报》2007年第4期。

众也就是对应的宿主,他们通过观看接触新闻叙事文本的文化意义,通过模仿接受新闻叙事中传递的文化觅母。

三 新闻叙事引导文化消费的终点:理解与接受

(一)理解与接受

理解与接受是两个不同层次的心理体验和心理状态,理解常常表现为个人对他者的尊重,接受则常常意味着发自内心的认同。既然两者既是体验也是状态,那么,两者也都既是行为也是结果,是通过行为实现的结果。

理解对方的表达却不一定接受对方的观点,正如伏尔泰那句名言:"我不同意你的观点,但是我誓死捍卫你说话的权利",这一现象同样存在于新闻叙事的文化接受过程当中。李彬在《传播符号论》一书中指出,语言问题的发展顺序如下:先是对任何文本的意义进行分析,进而走向"说者与听者"的互相理解,最后进抵互相接受"各自所说的"对话境界[1]。

在从理解走向接受的过程中,伽达默尔(Hans – Georg Gadamer)提出的著名的视域融合理论架起了一座可行的"桥梁"。该理论认为,理解和解释就体现为自己的视域与文本的视域相互融合,通过融合而获得一种新的视域[2]。这是一个持续不断而变动不居的过程,是不同视域的相互对话,这场对话既是历时性的,又是共时性的。自我与他者、主体与客体、过去与现在在不同视域的对话中打破界限,互相融合而达成一定意义上的统一,甚至可以形成一个整体。在新闻叙事接受中,受众的视域必须与新闻叙事文本的视域互相融合才能接受新闻叙事的文化意义,这种融合可能产生一种不同于受众或文本原视域的新视域,但新视

---

[1] 李彬:《传播符号论》,清华大学出版社2012年版,第161页。
[2] 同上书,第204页。

域必然是以受众或文本的原视域为基础的。

梵·迪克在研究新闻话语时,从接受者对新闻文本的理解和再现活动切入,结合心理学的认知理论,得出了新闻理解的理论框架:"新闻理解包括这样几个重要步骤:一是感知和注意;二是阅读;三是解码和解释;四是事件记忆中再现;五是形成、使用和更新情景认知模式;六是使用和改变一般性、社会知识和信息。"①

其中所强调的"更新"与"改变"与伽达默尔提出的"新视域"在一定程度上可谓殊途同归,都考虑了受众自身的主观能动性因素对信息解码和接受的影响。而在受众自身的影响因素中,"文化基因"是不可忽视的一个因素。由前文可知,觅母是被传递或被复制的信息,是一种"文化传播单位",文化既是觅母的传播内容,也是它的重要传播载体之一。有些觅母随着文化根植于受众的原视域之中,成为一种潜意识或者无意识,这种无意识的典型情况就是民族无意识。民族无意识觅母是身处该民族文化之中的人们都无法回避的,人们的心理活动或多或少受其影响,对新闻叙事文本内容的理解和接受活动自然也或多或少受其影响。例如,费孝通先生基于中国乡土社会以宗法群体为本位,结合血缘、地缘、经济水平、政治地位、知识文化水平等提出的"差序格局"。"差序格局"以水面泛开的波纹从自身向周围一圈一圈漫延开去的状态为比喻,形象地阐释了乡土社会中的人们按照离自己距离的远近来划分感情亲疏的状况。这种"差序格局"式的思维方式可视为中国乡土社会的一种民族心理,在新闻叙事的文化接受中,是常常可见的。

文化接受学意义上的"民族无意识"有两层含义:其一指

---

① [荷]托伊恩·A.梵·迪克:《作为话语的新闻》,曾庆香译,华夏出版社2003年版,第144页。

存在于本民族每一成员意识深层的共同的心理结构，类似于荣格提出的"集体无意识"；其二指民族生存方式、思维方式、价值观念、审美情趣等积淀而成的社会群体心理。简言之，"民族无意识"就是一个民族宇宙观、人生观、伦理道德、历史观等观念形态的社会意识在民族思维、民族心理和民族性格上留下的深刻烙印。表现为某种相对稳定的群体的"思维范式""知觉的完形""心理定势""意识场"[1]。这种民族无意识的潜意识心理也与新闻叙事母题相关联，诸如"寻宝"母题、"灾变"母题、"性"母题、"死亡"母题和"异趣"母题等，对于讲故事的人来说，与自己的情感体验和价值判断联系在一起的母题选择必然是一种推动构思和结构文本的力量。事实上，对于受同样的民族无意识的影响的新闻受众来说，这种叙事母题同样"与自己的情感体验和价值判断联系在一起"，因而推动其对叙事文本的理解与接受。

新闻叙事的接受是一个复杂多变的过程，受众对新闻叙事的接受反应往往因人而异。有研究者提出新闻接受者的三种接受模式：群体性的被动接受模式、个性化的主动接受模式和解构性接受模式。群体性的被动接受模式以古斯塔夫·勒庞和奥尔特加·加塞特相关研究为理论基础，核心观点是认为在现实社会中，有一部分人对媒介信息完全信任并轻易接受，这些受众对媒介信息缺乏判断能力而容易被其影响甚至操控；个性化的主动接受模式以"使用—满足"为基础，核心观点是认为媒体受众能根据自身需要来主动搜索信息并主动按自我意志来解读媒介信息传播的文化意义；解构性的接受模式主要指接受者在叙事文本中透过叙事策略与叙事技巧来不断发现和解读出属

---

[1] 庆国安：《"民族无意识"与文化接受机制东西方文化比较研究的方法论转换》，《社会科学研究》1986年第6期。

于自我的意义与乐趣的接受模式,本质上是接受者对叙事者意图的发掘、策反或颠覆①。本文对新闻叙事的文化接受研究主要探讨第三种解构性接受模式,同时又兼顾群体因素或者说社会环境与历史积淀和个人因素等,对接受者的叙事化所产生的影响,以致这种影响如何左右接受者对新闻叙事文本所传递的文化意义的接受活动。

蒋原伦在《观念的艺术与技术的艺术》一著中,从里斯曼强调的"他人导向社会"理论,生发出这样的推论:"大众传媒承担着他人导向的人们的'导师'的角色。正是通过大众传媒,众多不同地区、不同年龄、不同性别的人们才会产生共同的导向性经验。简单地说,大众传媒有可能成为他人导向的人的一种与他人共同的途径和基础。"这段话揭示出:(1)在"他人导向型社会"中,人们是可导的而且是自愿要求被导的(公众有需要);(2)大众传媒比起"他人"来,其导向的作用要大得多(媒介有强引导作用)②。

(二)新闻叙事的文化接受策略

20世纪90年代以来,出现了认知叙事学这一交叉学科,这门学科将叙事学与认知科学相互结合,着力研究叙事语境与读者,聚焦于"认知过程在叙事理解中所起的作用,或读者(观者、听者)如何在大脑中重构故事世界"③。认知叙事学将叙事语境分为"叙事语境"和"社会历史语境"两大类,与之对应的有两种不同的读者,分别为"文类读者"(或"文类认知者")和"文本主题意义的阐释者",后者包括作者的读者、叙述读者

---

① 朱宏力:《论新闻叙事接受者的解构性接受策略》,硕士学位论文,苏州大学,2007年,第16—17页。
② 周志强:《媒介生活批评与技术政治反思》,《读书》2015年第3期。
③ 申丹、王丽亚:《西方叙事学:经典与后经典》,北京大学出版社2010年版,第222页。

和有血有肉的个体读者。"文本主题意义的阐释者"也是本文中讨论的新闻叙事的文化接受策略的主体。正如费斯克所言:"解读乃是战术与战略的相互作用,它是一场空袭,是文化中权力游戏的一部分;而一个读者则是游戏得以在其间进行的领地。"①

从接受者角度来看,"文本主题意义的阐释者"要正确地对新闻叙事文本进行阐释而达到最大限度的理解与接受,需要对新闻叙事文本进行正确的叙事化解读。同时,由前文可知,模仿是觅母传播的主要方式,接受者要最大限度地理解和接受新闻叙事文本传递的文化觅母,通过文本内容对其描述的故事进行"心理演练式"的模仿来"感同身受"文本中的文化意义;或者对新闻叙事者的阐述心理进行"抽丝剥茧式"的模仿,以求更加靠近新闻叙事者的叙事意图,了解其在"为谁说话"才能更接近新闻叙事者所要传递的文化意义。例如,20 世纪 60 年代在美国盛极一时的新新闻主义(new journalism)要求"利用写小说的技巧,把重点放在写作风格和描写方面"②。它有一句口号为"见之而写之"(tell is as you see it),提倡主观性就是真理,现实存在离开了人就毫无意义,人类心理活动同样是真实的客观实在③。新新闻主义对人心理活动的高度重视在一定程度上促进了受众对新闻事件的心理感知,易于受众进行"心理演练式"的模仿来"感同身受"文本中的文化意义,以实现有效传播。

从新闻叙事文本角度来看,为加大新闻叙事文本的文化内容传递,从文化觅母的角度考量,新闻叙事者应使文本内容中的强势觅母比例最大化,这就要求新闻语言简洁明了,新闻内容具有

---

① [美]约翰·费斯克:《理解大众文化》,王晓珏、宋伟杰译,中央编译出版社 2001 年版,第 55 页。
② [美]迈克尔·埃默里、埃德温·埃默里:《美国新闻史》(第 8 版),展江等译,新华出版社 2001 年版,第 495 页。
③ 罗以澄、胡亚平:《挑战现实理性 构建浪漫真实——解读新新闻主义的价值观及其叙事结构》,《现代传播》2004 年第 2 期。

真实性、重要性、接近性和趣味性等。就像当下网络新闻常见的眼球新闻、"标题党"等现象，都是使新闻中的文化觅母更为"强势"、让受众更容易理解和接受、从而达到传播效果一样（当然，"标题党"的做法有诸多可商榷处，不赘）。同理，新闻叙事中充分利用受众的民族无意识心理，靠近"寻宝""灾变""性""死亡"和"异趣"等新闻叙事母题，最大限度地寻求文本与受众的心理共性，引发受众内心深处的潜在共鸣，以促进受众对文本意义的认可、理解和接受。例如，以2014年8月发生的20岁重庆女大学生高渝失联事件为代表的一系列关于女大学生失联的新闻引发了社会高度关注与热议，其中就包含了"性""死亡"和"异趣"等新闻叙事母题，激发了受众的民族无意识，也可以说"性""死亡"和"异趣"等作为长久积累于受众心理的强势觅母，使该类新闻天然具有较强的传播力，容易被受众关注、理解和接受。

本章结语

本章主要探讨了新闻叙事与文化消费的关系，文化消费是文化认同与生活方式的当代结合，也是进行舆论引导的阵地。新闻叙事是进行文化消费引导的有效手段。其通过视角与聚焦、叙事语法和叙事修辞等叙事策略来选择、组构和表达具有特定舆论导向的文化意义。觅母即文化基因影响新闻叙事的文化接受，叙事者要实现有效传播，叙事接受者要进行正确叙事化解读，都受到觅母的影响。无论是对新闻叙事策略的讨论还是对觅母理论的分析，都是为了探究新闻叙事如何有效建构和传达特定的文化意义，来引导人们进行合理的文化消费，进而培养健康文明科学的生活方式。

结语　融媒时代的新闻叙事与舆论引导

2015年2月18日,中央全面深化改革领导小组第四次会议审议通过了《关于推动传统媒体和新兴媒体融合发展的指导意见》,媒体融合已上升到国家战略层面。2016年2月19日,习近平总书记在党的新闻舆论工作座谈会上发表重要讲话,讲话为我们在新形势下做好党的新闻舆论工作提供了强大思想武器和根本遵循。其中指出:新闻舆论工作各个方面、各个环节都要坚持正确舆论导向。

媒体融合极大地改变了新闻叙事的生产形态,也改变了舆情格局。数字技术、互联网、大数据、移动通信技术以及传感技术等一系列传播新技术,带来了新的传播理念和样态,传统的纸质媒体、广播电视媒体向互联网、两微(微博、微信)、公众号、手机移动客户端等新兴媒体平台战略位移,新闻叙事生产与报道机制经历着多媒体资源的兼容性调整与全方位融合。融媒时代的新闻叙事适应时代所需的快速传播来获得的充实感,受众超前获得和迅速捕捉的事实信息成为一个媒介社交关系的内在资源,他们身在其中参与"话题",即媒介社交发展成一个"圈子","话题"的本质就是舆论。融媒时代的新闻在叙事模式上呼唤着创新的形态发展,也呼唤着舆论引导和舆情管理的变革。为此,就理论建构"创造实践"的意义而言,我们有必要分析融媒时代新闻叙事的特征、当代舆论的情境变迁及更为有效的引导方式。

一 融媒时代的新闻叙事特征

叙事人在文本中的叙述方式,决定着叙事文本的特征。而融媒自身的平台属性,决定了它的叙事文本必须采取与传统叙事文本截然不同的编码方式及叙事模式,甚至必须顾及受众对于文本的解读范式。在融合了多种媒介的叙事文本中,把文字为主、图片为辅的报纸文本和图像主导的电视文本机械地移植复制,并不是成熟的融媒新闻叙事方式,而只是传统资源的二手流通。这种流通并不使原本占有的信息产生增值效用。融媒时代的新闻叙事如何赋予其自身的平台属性更有创造性的价值功能,是叙事者所要进行更深入的发挥和实践的。

(一)新闻叙事声音的受众观参与

1. 第一人称的"我"的叙事

在传统的新闻叙事中,我们所说的叙事声音即叙事者,被分为两类:故事外叙事者和故事内叙事者。故事内叙事者即故事中的各色人物,他们从不同的角度不同的侧面都以"我"的身份构建故事;故事外叙事者不参与到故事中去,一般采用旁观的角度甚至是全知全能的所谓"上帝之眼"来讲述故事,而传统的新闻叙事一般采用的是故事外叙事。融媒时代的新闻叙事,因出现了多种媒介形式尤其是自媒体的共同参与,故很多时候,故事外叙事者以第三人称的全知模式即"他"的叙事转变成了第一人称的叙事,构成一个集合了的"我"的叙事,不同身份的群体或个人打破"权威话语"的垄断参与叙事,成为共同的叙事者,且各自都采用第一人称的视角直接呈现观点和意见,成为故事内叙事者。这无疑增加了信息的感染力和可信度,会在受众中获得更为理想的传播效果,舆论引导的力量亦得以提高。

2. "我"的声音的价值凸显

叙事者在传统意义上包括了采写记者、采访对象、编辑和背后的媒体审核方以及被其选择的陈述等,这些声音作为集合体,共同确立了传统新闻叙事中的话语权威。融媒时代的新闻叙事中受众对叙事生产的深度参与,消解着这种绝对权威,构建起舆论的新格局。因为,受众的声音得到更多的重视与呈现。传统新闻叙事把与报道事件相关联的各方意见有选择地呈现在文本中,而融媒时代的新闻叙事通过互联网和手机移动客户端等渠道把公众舆论也纳入在完整的文本之中。受众作为一个更为重要的角色参与叙事,传统的"叙事集合体"所占据的声音渠道开始拓展,深入到受众的舆论之中,提供更有深度和广度的叙事空间,呈现全民的"我"的人格的叙事声音。

"挖掘'新声音'叙事成为叙事内容变革的核心,让新闻即时评论、反馈、争议等成为叙事的一部分,这种对受众'声音'的关注也使得新闻真正实现了对反馈声音的重视。"[①] 融媒时代的新闻运用不同的渠道延伸受众声音的叙事参与途径,充分满足其表达的热情,保证叙事的真实性与舆论的多元性。公众舆论成为了叙事文本视角和框架中的重要组成要素,促进社会多方意见在同一平台的商榷和交流,使表达意见更为明确或分流,从而影响着整个文本的认知、判断和情感倾向,使现有"舆论"进一步影响"深层舆论"。

(二)融媒时代新闻叙事的视听化

传统的新闻叙事逻辑,基本上是采取通用的结构模式如"从

[①] 王子海:《媒介融合背景下的新闻叙事变革》,《唐山学院学报》2015 年第 2 期。

宏观到具体"的倒金字塔结构。在融媒时代的新闻叙事逻辑中，叙事实践的变革也作为当代新闻叙事文本生产的新方向。每一种媒介形态都运用不同的叙事策略和话语表现形式来"把握叙事作品的构架与叙述逻辑"。融媒新闻叙事对于事件报道的组接不断挖掘着丰富的章法句式，具体来说就是如图像、文字、音视频、三维 Flash、H5 制作等多媒体叙事的复合型序列，使新闻内容以不同的形式创新组合呈现，它不再是简单的"文字＋图像"的传统组合序列，而是融合所有媒介符号所构成的话语结构体系。它借助于视觉化动态语言——一是图像化的视觉语言糅合了更为感性化的认知符号，增加了文本与受众的情感黏合度；二是视觉语言的叙事节奏适应着当代受众对眼球刺激的追求和"碎片化"的阅读习惯，使得很多新闻文本生产把画面本身的情绪感染力和叙事时长两个因素作为叙事过程中的重要考量（在有限的时间内吸引更多的注意力）；三是融媒技术促进了信息融合手段的娱乐化、视觉化与互动化，深化了受众在媒介语言方面的受影响程度。

  融媒时代的新闻在叙事话语层面的变革，主要体现在新闻叙事结构的改变。新闻叙事结构统率整个文本的谋篇布局。从外部结构来看，多媒介新闻文本打破了话语时间的线性结构，建构了多维的非线性故事时间和非线性叙事的复合序列模式。比如，通过新技术的编码，各种视觉化手段并置，让每个技术手段都承担起各自最为优势的叙事功能。我们知道，多媒体叙事丰富了文本本身的属性，通过视觉化感染来使画面、声音、文字进行分割和整合的蒙太奇式叙事方法，把整个事件的原始材料进行二次组合，扩大了文本的时空向度，成就一个新闻报道。每一种媒介手段都具备各自的结构特征和叙事功能，营造出一种具有情绪感染力的表意形式。而这种结构并不能随意堆砌而出，它是一个具备叙事逻辑的多手段并置的有机体。在传统的静态语言为主导的新闻叙事文本中，内部结构的情境、句式上的构造都局限于文字所指，而视觉语言的"写作"很大程度上是由画面来完成的，在时序、空间、场景、意义上都与文字语法有很大的不同。因为，在追逐"浅阅读"的时代，相比人们阅读文本的时间和精力消耗程度而言，视觉动态语言比静态语言具有更替不了的优势，也转变了新闻叙事文本的语言风格、节奏和修辞，"充满说服力的新闻叙事显得更加可靠，因而更容易引导接受，也更容易引导舆论。"①

（三）新闻叙事接受的非理性倾向

综合以上技术层面的原因，融媒时代的新闻文本在形式上的多样性也促进了文本内容的差异化，突破了传统新闻叙事的同质化瓶颈，对信息进行"低语境"化加工处理，尽量消除接受障碍，生产出易于受众理解和接受的文本。受众接收文本信息后，形成自己的认知和意见表达，这个理解过程就是新闻叙事的接受行为。接受本身也是舆论产生的根源。多载体、多渠道的发声平台和融媒技术也激发了受众内心的表达欲，过去被传统媒体和权威所垄断的话语权从上而下发生位移。作为受众的舆论也已经参与了新闻叙事文本的生产，"接受者期望满足自己的信息需求，并且还带着预先具有的知识和接受期待来介入新闻文本意义的生产"②。既要求受众的舆论内容参与叙事，也让他们再把这些舆论内容作为周围的意见参照，突出了舆论对文本的建构与结构的双重意义。

但是，舆论是开放式的，很大程度上也是零碎的、无系统的、非理性的形态。作为一种叙事手段，叙事者通过互联网的多个平台获取舆论内容，再进行有选择和有意识的编排与陈述，将

---

① 何纯：《新闻叙事学》（修订版），岳麓书社2014年版，第221页。
② 同上书，第255页。

其以符合当前意识形态或叙事话语系统的形态呈现在文本中。问题是，舆论的发端常常是非理性的、片面的，因为大部分受众并不掌握全面的信息内容，也不太具有足够理性、深刻思考能力和逻辑能力，无法对信息进行深加工，"而这种能力正是支撑我们专注性地获取知识、归纳推理、批判思考、想象以及沉思的关键。"[①] 这就是网络舆论常常出现一股"反智化"言论浪潮的缘起，其表现为颠覆精英话语体系和传统文化道德价值观，强调无意义的娱乐、媚俗和消费。美国传播学者梅罗维茨在《消失的地域：电子媒介对社会行为的影响》中认为：无孔不入的电子媒介，重组了社会空间和场景地理，同时还改变了私人情境与公共情境的界限[②]。以"上海姑娘逃的不是婚，是命"这则社会热点话题为例，某网络社区发表的一篇帖子经过微博大量转发后，继而由各大媒体官方微博参与分享，立刻引起社会热议，甚至将此事上升到"凤凰男"与"孔雀女"之间的"阶级矛盾"性质，"上海女"被标签化，直到这个事件被鉴定为"假新闻炒作"才平息了舆论。可见，融媒传播性质促使私人情境在公共情境中的舆论发酵，又使舆论成为新闻叙事文本框架中的重要组成部分甚至新闻事件本身。

二　融媒时代新闻舆论场域的建构

当代融媒时代的新闻舆论似乎是以新媒体为主流阵地。相对于微博140字的长度与容量，微信对于公众号平台的开发弥补了信息碎片化传播的不足和全局事实信息的缺位。官方公众号进行

[①] 胡泳：《评〈互联网的误读〉：互联网是一片矛盾的海洋》，《人民日报》2014年10月14日第24版。

[②] 林晓光：《传播学的想象与困惑》，《深圳大学学报》（人文社会科学版）2012年第1期。

更为深度权威的新闻发布，自媒体平台也在形成着分众化引导的格局，激发了各种观点和话语之间的博弈与商榷。"传统媒体"转移到"新媒体""自媒体"，网络舆论催生了更为公共化的舆论生态环境，媒介话语的引导力面临着民间话语的"解构"会削弱其引导力，但也在另一个方向上有利于社会思考走向全面理性的辩论，达成社会共识——融媒时代在性质上已经转变了新闻舆论的职能意义。首先，融媒时代的新闻叙事不断吸收着公众表达的话语体系，在网络新闻中不乏出现网络热词作为话题或标题的叙述，便也可窥一斑。其次，舆论引导工作需要深入新闻叙事框架之中，重视叙事文本倾向对于受众的认知判断与影响，尤其是公众话语与社会价值观重建。

　　融媒新闻叙事的视觉化已经重构了传统新闻"文字为主，图片为辅"的格局。图像和文字共存于一个话语空间，并且图像驱逐了文字的中心地位，使文字成为了背景或补充说明。融媒时代的新闻不再是一种逐字的纯粹阅读行为，而是在不断融合着图像化的视听体验。尼尔·波兹曼（Neil Postman）在《娱乐至死》中已论及18世纪至19世纪的印刷术赋予了一个"阅读意义"的时代，也"赋予智力一个新的定义，这个定义推崇客观和理性的思维，同时鼓励严肃、有序和具有逻辑性的公众话语"。"18世纪和19世纪的美国公众话语，由于深深扎根于铅字的传统，因而是严肃的，其论点和表现形式是倾向理性的，具有意味深长的实质内容。"他认为，19世纪末插图和照片的大量使用，使"阐释时代"的语境遭到了彻底摧毁。"在他们的语言中，没有关联，没有语境，没有历史"，"它们拥有的是用趣味代替复杂而连贯的思想"[1]。将其所言衡之于当下也是适用的，甚至可以说有过之

---

[1]　[美]尼尔·波兹曼：《娱乐至死》，章艳译，中信出版集团2015年版，第64—65页。

而无不及，且深刻影响着当下的公众话语。尼尔·波兹曼说："由于电报的发明，再加上后来其他技术的发展，信息和行动之间的关系变得抽象而疏远起来。在人类历史上，人们第一次面对由于信息过程的问题，这意味着与此同时，人们将面对丧失社会和政治活动能力的问题。"① 民间舆论或公众话语充满了这种言说的"无力感"，因为"阐释时代"的远去，也带走了一个以严谨而周密的思想指导行动的理性世界。然而，更深层次的影响还作用于社会价值观。

涂光晋、陈曦看到了中国社会目前正在经历的价值观混乱、困境甚至危机的境况，指出当今网络民意在"悲愤与戏谑"的社会心理导向下呈现出"奇观与扯淡"两种话语形态，表现出中国主流意识形态的深度焦虑。他们认为，这种舆论现象出于社会价值观危机的结构性成因和媒介影响两个方面的原因，并主要在媒介层面来寻找社会价值体系重构的有限途径。"如果说'悲愤'的内核是对旧时价值的一种'乡愁'，那么'戏谑'则是对当下与未来价值抉择的困惑与逃避。"② 换言之，对旧有价值的一种"乡愁"便是回归传统价值秩序的内心呼唤，对当下与未来价值抉择的困惑与逃避则是对"自由"状态的迷失。前者是归属感的忘却，后者是创造力的遗失。自由与归属是建立在人性之上的矛和盾，前者是现代社会的大众面对多重价值选择的差异与冲突所不能承受的"生命之轻"，后者是传统伦理、价值在信息消费过剩的大背景下逐步瓦解的"离魂之痛"。问题是，缺乏系统化的"阐释"和"推理"的新闻语境并无法使公众在中西多元价值观冲击的汪洋里获得一个给予参考价值的"坐标系"。因此，使现

---

① ［美］尼尔·波兹曼：《娱乐至死》，章艳译，中信出版集团2015年版，第84—85页。
② 涂光晋、陈曦：《社会价值观重构中的媒介影响刍议》，《新闻与传播研究》2014年第7期。

代价值观与传统价值观和谐"共生",是当代中国传媒正确引导民意与舆论的关键。

以"快播涉黄案"①为例,庭审内容在网络平台上的直播和庭审之间的双方辩论,引起网民的"看戏"心理,为王欣一方叫好。《人民日报》和新华社进行权威发声,强调"舆论审判"将背离法治的观点,但也被网络舆论的戏谑之言消解,这当然不利于社会主流价值观的建立。

三　新闻叙事策略与舆论引导

新闻叙事的策略也是话语建构的策略。要从社会精神与价值层面寻求"自由"与"归属"的意义,需要落实到媒介在其中的作用上,因为媒介就是作为两种"话语"的隐喻,也就是说,媒介话语形态也创造出了"自由"与"归属"的内容,前者基于理性主义的精英意识,后者源于对乡土社会文化道德价值观念的精神寻根。从形式上来说,就是建立社会契约机制,缓解精英话语和大众话语的对立,构建理性和谐的舆论混合体,完成现代价值观视域下公众话语的构建,同时确立以传统文化道德观念为主流价值观的地位,影响舆论导向。

---

①　"快播涉黄案":2013 年 11 月 18 日,北京市海淀区文化委员会从北京网联光通技术有限公司查获了深圳快播公司托管的服务器四台,后北京市公安局从上述四台服务器中提取了 25175 个视频文件进行鉴定,认定其中属于淫秽视频的文件为 21251 个。案发后,公司法定代表人王欣潜逃境外,公安部协调国际刑警组织发布了红色通报。2014 年 8 月 8 日,王欣在韩国被抓获并被押解回国。2015 年 2 月 6 日,海淀检察院以涉嫌传播淫秽物品牟利罪,对快播公司及王欣等人提起公诉,2016 年 9 月 13 日海淀区人民法院一审宣判:深圳快播公司犯传播淫秽物品牟利罪,判处罚金 1000 万元;被告人王欣犯传播淫秽物品牟利罪,判有期徒刑 3 年 6 个月,罚金 100 万元。该案被告王欣等人均表示认罪悔罪。数次庭审过程尤其是 2016 年 1 月 7 日、8 日的过程被多家新媒体进行了直播,有责与无责、罪与非罪两种声音此起彼伏,庭审内容甚至演变成网络"狂欢"。该案后被评为 2016 年重大传媒事件,对网络从业人员具有警示作用。

（一）协调精英话语与大众话语

陈力丹在其所著《舆论学——舆论导向研究》中运用黑格尔的视角——即精英在舆论形成"理性认识"中的领导作用和影响——"精英人物或团体造就舆论，或者是精英人物从舆论中发现理性（时代精神）"[1]，并据此认为："由此形成的传统的舆论学，虽然会有不同的派别，甚至基本政治观念是对立的，但侧重的都是：问题出现→社会讨论（社会精英在其中起主导作用）→形成强大舆论→以舆论的名义促进社会改革或民主化进程。"毋庸置疑，"舆论是一种群体意见的自然形态"也是"民主的重要因素"[2]，"就舆论的数量、强烈程度和持续性而言，对社会整体感知方面的舆论，社会的最大多数，即社会的中下层公众，经常决定着舆论的发展方向，具有较高文化水平的所谓精英阶层的舆论，有时候并不能左右这种舆论。"[3] "悲愤"与"戏谑"的舆论生态，也恰恰充分证实了"理性主义"的匮乏，可见当代精英的作用发挥得十分有限，甚至我们无论从社会的隐性层面还是显性层面都不难发现，在媒介话语中精英与大众也总是呈现着对立。

举例来说，"屠呦呦获诺奖"与"黄晓明结婚"的新闻在同一时间呈现在公众视野中，而新闻媒体在议程设置上相比于对黄晓明的重视程度大大胜过对屠呦呦获奖意义的关注。屠呦呦作为首位获得诺贝尔科学类奖项的中国科学家和首位获得诺贝尔生理医学奖的华人科学家，其研究成果对于世界的贡献、对科学的进步和这个奖项背后所蕴含在社会、教育层面的深层问题的反映与思考，意义都不言而喻。但媒体报道更多的是"黄晓明婚礼导致

---

[1] 陈力丹：《舆论学——舆论导向研究》，中国广播电视出版社1999年版，第31页。
[2] 同上书，第22页。
[3] 同上。

浦东机场几近瘫痪""黄晓明婚礼出席明星阵容""黄晓明婚礼奢华耗费2亿元"等内容,造成"全民围观"之势。前者是精英文化的典型象征,后者是大众娱乐的人物代表。以至于后来网民大量转发《屠呦呦:一生努力不敌黄晓明一场秀!》一文形成一股舆论,还表达了"做科研的不如演戏的;卖技的不如卖艺的;搞实的不如作秀的;救命的不如搞笑的"等愤慨激昂的对抗言论。实际上,作为科学家的屠呦呦和作为明星的黄晓明分属于不同的领域,并不存在横向的可比性,因为两者都分别作为各自分属的领域里的"优异者"。真正的问题是,表面来看,媒体导向导致了两者"敌对"的话语形态,并促使其观点的"流行";从深层论,媒体所应该反思的并不是屠呦呦和黄晓明谁更应该拥有话语权,谁更应该占据舆论高地,而是如何引导大众把娱乐消遣的热情上升为更理性的社会思考并成为主流议题,也鼓励精英如何在大众文化中发挥其理性引导的作用,在非理性的层面媒体导向如何向精英话语做适当的倾斜,促进民主化进程。

具体来说,在新闻叙事话语策略上,呈现精英话语和大众话语的分量与方式,对于舆论引导是极为重要的。当然,正如陈力丹所指出的,"即使是精英阶层的舆论,也是自在的形态,同样会受到各种现实和历史的政治制度、经济制度、文化环境、自身利益的影响,并非总是社会理智的代表。"[1] 这时,便可能会出现以精英为代表的"自由"与以大众为代表的"民主"之间的舆论冲突。倘若媒体完全导向精英,就会伤害大众;若完全导向大众,追求绝对的"民主",群众的品质如不足以驾驭这种"民主",又可能带来社会意见的分裂。舆论如何引导,既要看精英在舆论中所占的理性成分多少,也要看大众是否具有相符的

---

[1] 陈力丹:《舆论学——舆论导向研究》,中国广播电视出版社1999年版,第22页。

能力。

因此，新闻叙事话语策略，不是让精英与大众"各人自扫门前雪"，更不是互相怀疑，盲目仇视，让"谍战""宫斗"思维在社会上大行其道，而是把两者的声音都进行有益的呈现，鼓励他们充分表达并看到彼此的社会良知、相关利益的社会契约机制。运用合理的叙事策略和模式来整合大众与精英的意见，促进两者之间的协商共议，发挥舆论引导作用，是使舆论氛围趋向澄明、开放的途径。

（二）重申传统文化道德价值观

李普曼说："舆论基本上就是对一些事实从道德上加以解释和经过整理的一种看法。"① 这和陈力丹的观点基本吻合："在考察舆论的一般形成过程中，虽然不能直接感触到，但提供了各种舆论最深层结构的传统文化与道德，需要予以关注。"② 近几年一些引起舆论哗然的新闻事件，如"小悦悦事件""扶老人被讹事件"等，新闻报道都采用道德上"二元对立"的叙事框架引起公众舆论的"集体站队"，形成口诛笔伐之势，导致公众在内心里形成对摔倒老人是"扶"还是"不扶"的道德矛盾，助长了一些不利舆论的影响。甚至最近还出现《"扶老人险"上线3天卖两万余份 买家多为90后》这种无助于传统道德观重建的"商业营销"式新闻报道。在诸多与道德立场相冲突的新闻叙事中，公众的舆论通常是站在貌似正义的一方抨击报道事件中的道德失范行为，表面上是正义的彰显，实则只是一些社会负面情绪在匿名受众群体中的过度宣泄。这种"正义"的情绪很快会在网

---

① ［美］沃尔特·李普曼：《舆论学》，林姗译，华夏出版社1989年版，第82页。
② 陈力丹：《舆论学——舆论导向研究》，中国广播电视出版社1999年版，第56页。

络中迅速传染，然后形成一股强大的舆论攻势。古斯塔夫·勒庞《乌合之众：大众心理研究》所揭示的群体情绪和行为的传染性已充分印证了互联网中"蝴蝶效应"式的舆论传播效应，一些群众情绪的表达快速形成充满暗示性的优势意见被夸张放大，使许多人在情绪感染之下用一栏一栏的评论踊跃"盖楼"，最终看见"大厦"。可是，这座由舆论盖起来的"大厦"常常意味着失去道德和文化传统根基的虚假繁荣之象。可见，舆论容易受到这些"喧闹"的群体意见影响，而且一旦性质相似的事件再次呈现于报道，舆论便会被进一步激化，形成刻板成见。舆论的"道德失范"现象，需要理智力量的引导，即让当下慢慢流失的主流价值观重新确立在公众的认知与信念之中。

如陈力丹所言："强调舆论导向的目的，即在于希望各种非主流的思想观念，以及其他一些属于主流思想的形式不一的思想观念，能够同现实的意识形态协调，趋向于它，至少不要影响现实意识形态对全局的控制，以保持社会的稳定。"[①] 新闻叙事要巩固主流意识形态的框架，重申传统文化道德价值观。同时，避免只是使用正义与邪恶的"二元对立"的叙事框架，更多地寻求当事者不良行为背后的成因，深化社会层面的反思与自省，而不是一味挑起公众的"正义"情绪使其成为舆论的"道德打手"。媒体舆论导向既要为公众提供更多元的理性意见作为参考，又要确立主流价值观念的核心地位，确保受众不会因此抛弃了原有的传统道德规范，党的十八大提出的"社会主义核心价值观"及其后所提倡的"文化自信"，正是应对传统价值危机的观念机制。

舆论引导的目的在于一种良好的社会秩序的建立。一个国家的舆论环境取决于公众的品格，通过精英与大众的意见协商机制

[①] 陈力丹：《舆论学——舆论导向研究》，中国广播电视出版社1999年版，第27页。

和文化道德价值观念的重建塑造公众品格、认知结构和信念体系，提高舆论质量，促进社会民主建设。新闻叙事话语必须引导群体舆论向这个有利的方向发展，反映社会理性思考，同时保护个体独立的思考，整合多元意见，弥合立场的"对立"，形成社会共识。

参考文献

一 著作类

（一）国内著作

1. 艾丰：《新闻写作方法论》，人民日报出版社2010年版。
2. 陈力丹：《舆论学：舆论导向研究》，中国广播电视出版社1999年版。
3. 陈力丹、闫伊默：《传播学纲要》，中国人民大学出版社2007年版。
4. 陈建宪：《神话解读：母题分析方法探索》，湖北教育出版社1997年版。
5. 陈然兴：《叙事与意识形态》，人民出版社2013年版。
6. 戴元光等：《当代文化消费与先进文化发展》，上海人民出版社2009年版。
7. 丁伯铨等：《新闻舆论引导论》，中国社会科学出版社2001年版。
8. 董小英：《叙述学》，社会科学文献出版社2001年版。
9. 方汉奇：《中国新闻传播史》，中国人民大学出版社2002年版。
10. 方心清等：《现代生活方式前沿报告》，社会科学文献出版社

2006 年版。

11. 费孝通：《乡土中国·生育制度》，北京大学出版社 1998 年版。

12. 甘绍平：《应用伦理学前沿问题研究》，江西人民出版社 2002 年版。

13. 郭光华：《舆论引导艺术论》，湖南人民出版社 2000 年版。

14. 何纯：《新闻叙事学》，岳麓书社 2006 年版。

15. 胡春阳：《话语研究的新路径》，上海人民出版社 2007 年版。

16. 胡亚敏：《叙事学》，华中师范大学出版社 2004 年版。

17. 胡钰：《新闻与舆论》，中国广播电视出版社 2001 年版。

18. 黄旦：《传者图像：新闻专业主义的建构与消解》，复旦大学出版社 2005 年版。

19. 季水河：《新闻美学》，新华出版社 2001 年版。

20. 蒋原伦：《媒体文化与消费时代》，中央编译出版社 2004 年版。

21. 蒋原伦：《观念的艺术与技术的艺术》，新星出版社 2014 年版。

22. 黎明洁：《新闻写作与新闻叙述：视角主体结构》，复旦大学出版社 2007 年版。

23. 李彬：《传播符号论》，清华大学出版社 2012 年版。

24. 李彬：《中国新闻社会史》，清华大学出版社 2008 年版。

25. 李凌燕：《新闻叙事的主观性研究》，东方出版中心 2013 年版。

26. 李霞：《生活方式的变迁与选择》，人民出版社 2012 年版。

27. 李希光：《新闻学核心》，南方日报出版社 2002 年版。

28. 李希光、刘康等：《妖魔化中国的背后》，中国社会科学出版社 1996 年版。

29. 刘中望：《理论范式与意义实践：当代传媒文化前沿问题研

究》，湘潭大学出版社 2015 年版。

30. 罗钢、王中忱主编：《消费文化读本》，中国社会科学出版社 2003 年版。

31. 裴文：《索绪尔：本真状态及其张力》，商务印书馆 2003 年版。

32. 邵道生：《中国社会的困惑》，社会科学文献出版社 1996 年版。

33. 申丹、王丽亚：《西方叙事学：经典与后经典》，北京大学出版社 2010 年版。

34. 谭君强：《叙事理论与审美文化》，中国社会科学出版社 2002 年版。

35. 王辰瑶：《嬗变的新闻——对中国新闻经典报道的叙述学解读（1949—2009）》，中国传媒大学出版社 2009 年版。

36. 王雅林：《生活方式概论》，黑龙江人民出版社 1989 年版。

37. 许正林：《欧洲传播思想史》（第 1 版），上海三联书店 2005 年版。

38. 颜雄主编：《百年新闻经典》，湖南大学出版社 2000 年版。

39. 杨保军：《新闻事实论》，新华出版社 2001 年版。

40. 杨保军：《新闻真实论》，中国人民大学出版社 2006 年版。

41. 杨保军：《新闻活动论》，中国人民大学出版社 2006 年版。

42. 于文秀：《"文化研究"思潮导论》，人民出版社 2002 年版。

43. 曾庆香：《新闻叙事学》，中国广播电视出版社 2005 年版。

44. 赵承钢、周立颖：《21 世纪中国新闻奖精品选读》，清华大学出版社 2012 年版。

45. 赵毅衡：《当说者被说的时候：比较叙述学导论》，中国人民大学出版社 1998 年版。

46. 《中共中央关于构建社会主义和谐社会若干重大问题的决定》，人民出版社 2006 年版。

47. 中共中央文献研究室：《十七大以来重要文献选编》，中央文献出版社 2009 年版。

48. 中共中央文献研究室、新华通讯社编：《毛泽东新闻工作文选》，新华出版社 2006 年版。

49. 周笑冰：《消费文化及其当代重构》，人民出版社 2010 年版。

（二）译著

50. ［英］阿兰·德波顿：《新闻的骚动》，丁维译，上海译文出版社 2015 年版。

51. ［英］阿雷德·鲍尔德温等：《文化研究导论》，陶东风等译，高等教育出版社 2004 年版修订版。

52. ［法］埃米尔·涂尔干：《社会分工论》，渠东译，上海三联书店 2000 年版。

53. ［英］安东尼·吉登斯：《现代性的后果》，田禾译，译林出版社 2000 年版。

54. ［瑞典］奥维·洛夫格伦、乔纳森·弗雷克曼：《美好生活：中产阶级生活史》，赵丙祥、罗杨等译，北京大学出版社 2011 年版。

55. ［美］伯格：《通俗文化、媒介和日常生活中的叙事》，姚媛译，南京大学出版社 2000 年版。

56. ［法］茨维坦·托多罗夫：《散文诗学：叙事研究论文选》，侯应花译，百花文艺出版社 2011 年版。

57. ［美］大卫·里斯曼等：《孤独的人群》，王崑、朱虹译，南京大学出版社 2002 年版。

58. ［英］大卫·休谟：《人性论》，关文运译，商务印书馆 1980 年版。

59. ［英］戴维·巴特勒：《媒介社会学》，赵伯英、孟春译，社会科学文献出版社 1989 年版。

60. ［英］戴维·米勒、韦农·波格丹诺：《布莱克维尔政治学百科全书》，邓正来译，中国政法大学出版社1992年版。

61. ［英］戴维·英格利斯：《文化与日常生活》，张秋月、周雷亚译，中央编译出版社2010年版。

62. ［荷］托伊恩·A. 梵·迪克：《作为话语的新闻》，曾庆香译，华夏出版社2003年版。

63. ［瑞士］菲尔迪南·德·索绪尔：《普通语言学教程》，高名凯译，商务印书馆2002年版。

64. ［以］盖伊·多伊彻：《话/镜：世界因语言而不同》，王童鹤、杨捷译，清华大学出版社2014年版。

65. ［美］盖伊·塔奇曼：《做新闻》，麻争旗、刘笑盈、徐扬译，华夏出版社2008年版。

66. ［匈］格奥尔格·卢卡奇：《历史和阶级意识》，杜章智、任立、燕宏远译，商务印书馆1992年版。

67. ［法］古斯塔夫·勒庞：《乌合之众：大众心理研究》，冯立克译，中央编译出版社2005年版。

68. ［法］加布里埃尔·塔尔德：《模仿律》，何道宽译，中国人民大学出版社2008年版。

69. ［法］居伊·德波：《景观社会》，王昭风译，南京大学出版社2006年版。

70. ［德］卡尔·曼海姆：《意识形态与乌托邦》，黎鸣、李书崇译，商务印书馆2000年版。

71. ［英］理查德·道金斯：《自私的基因》，卢允中、张岱云译，科学出版社1981年版。

72. ［英］马克·柯里：《后现代叙事理论》，宁一中译，北京大学出版社2003年版。

73. 《马克思恩格斯文集》（第1卷），人民出版社2009年版。

74. 《马克思恩格斯文集》（第10卷），人民出版社2009年版。

75. [英]迈克·费瑟斯通：《消费文化与后现代主义》，刘精明译，译林出版社2000年版。

76. [美]迈克尔·埃默里、埃德温·埃默里：《美国新闻史》，展江等译，新华出版社2001年版第8版。

77. [美]迈克尔·舒德森：《新闻社会学》，徐桂权译，华夏出版社2010年版。

78. [英]尼克·史蒂文森：《认识媒介文化：社会理论与大众传播》，王文斌译，商务印书馆2013年版。

79. [英]诺曼·费尔克拉夫：《话语与社会变迁》，殷晓蓉译，华夏出版社2006年版。

80. [法]皮埃尔·布尔迪厄：《言语意味着什么——语言交换的经济》，褚思真、刘晖译，商务印书馆2005年版。

81. [法]皮埃尔·布尔迪厄：《关于电视》，许钧译，辽宁教育出版社2000年版。

82. [美]乔·萨托利：《民主新论》，冯克利、阎克文译，东方出版社1998年版。

83. [法]让·波德里亚：《消费社会》，刘成富等译，南京大学出版社2000年版。

84. [法]热拉尔·热奈特：《叙事话语》，王文融译，中国社会科学出版社1990年版。

85. [英]鲁珀特·布朗：《群体过程》，胡鑫、庆小飞译，中国轻工业出版社2007年版。

86. [英]斯图尔特·霍尔编：《表征——文化表象与意指实践》，徐亮、陆兴华译，商务印书馆2003年版。

87. [英]苏珊·布莱克摩尔：《谜米机器》，高申春等译，吉林人民出版社2011年版。

88. [美]沃尔特·李普曼：《公众舆论》，阎克文、江红译，上海人民出版社2006年版。

89. ［美］希拉里·普特南：《事实与价值二分法的崩溃》，应奇译，人民出版社 2006 年版。

90. ［古希腊］亚里士多德：《诗学》，陈中梅译，商务印书馆 2005 年版。

91. ［英］约翰·B. 汤普森：《意识形态与现代文化》，高铦等译，译林出版社 2005 年版。

92. ［美］约翰·费斯克：《理解大众文化》，王晓珏、宋伟杰译，中央编译出版社 2001 年版。

93. ［美］约翰·费斯克：《关键概念：传播与文化研究辞典（第二版）》，李彬译注，新华出版社 2004 年版。

94. ［美］约书亚·梅罗维茨：《消失的地域：电子媒介对社会行为的影响》，肖志军译，清华大学出版社 2002 年版。

95. ［美］詹姆斯·费伦：《作为修辞的叙事：技巧、读者、伦理、意识形态》，陈永国译，北京大学出版社 2002 年版。

96. ［美］詹姆斯·W. 凯瑞：《作为文化的传播："媒介与社会"论文集》，丁未译，华夏出版社 2005 年版。

（三）外文著作

97. Fiske John, Hartley John, *Reading Television*, New York： Methuen, 1985.

98. Hall Stuart, Culture, *the Media and the Ideological Effect*, In Curran, J. (Eds.), *Mass Communication and Society*, Beverly Hills. Ca：Sage, 1977.

99. Lippmann, *W. Public Opinion.* New York：MacMillan, 1922.

二 论文类

(一) 期刊论文

100. 卞冬磊：《社会世界的更新：新闻与现代性的发生》，《国际新闻界》2014 年第 2 期。

101. 陈刚：《全球化与文化认同》，《江海学刊》2002 年第 5 期。

102. 曹俊文：《精神文化消费统计指标体系的探讨》，《上海统计》2002 年第 4 期。

103. 陈霖：《新闻叙事的叙事者初论》，《苏州大学学报》2005 年第 2 期。

104. 陈立生：《谁在叙事——论新闻的叙事主体》，《中国矿业大学学报》2001 年第 4 期。

105. 陈阳：《框架分析：一个亟待澄清的理论概念》，《国际新闻界》2007 年第 4 期。

106. 陈岳芬等：《话语的建构与意义的争夺——宜黄拆迁事件话语分析》，《新闻大学》2012 年第 1 期。

107. 崔新建：《文化认同及其根源》，《北京师范大学学报》（社会科学版）2004 年第 4 期。

108. 戴长征：《觅母、文化进化与文化对外传播》，《国际新闻界》2012 年第 4 期。

109. 丁柏铨：《自媒体时代的舆论格局与舆情研判》，《天津社会科学》2013 年第 6 期。

110. 丁和根：《梵·迪克新闻话语结构理论述评》，《江苏社会科学》2003 年第 6 期。

111. 樊娟：《新生代大学生文化认同危机及其应对》，《中国青年研究》（调查研究版）2009 年第 7 期。

112. 龚天平：《社会共识与经济伦理》，《齐鲁学刊》2014 年第

4 期。

113. 郭淑娟：《新闻话语中的意识形态建构》，《当代传播》2011 年第 1 期。

114. 何纯：《关于新闻叙事学研究的构想》，《湘潭大学社会科学学报》2003 年第 4 期。

115. 何纯：《新闻叙事人的叙事态度与叙事功能略论——从"湖南槟榔报道"说起》，《新闻界》2005 年第 6 期。

116. 何纯、张海寅：《传媒舆论引导与生活方式——多元的文化认同与文化实践》，《湘潭大学学报》（哲学社会科学版）2008 年第 4 期。

117. 何纯、肖小亮：《简论唐湘岳人物通讯叙事倾向的"流露"》，《湖南社会科学》2015 年第 1 期。

118. 何平立：《认同政治与政治认同——"第三条道路"与西方社会政治文化变迁》，《江淮论坛》2008 年第 4 期。

119. 华进、何纯：《新闻叙事的修辞》，《当代传播》2007 年第 2 期。

120. 黄波：《鲍德里亚符号消费理论述评》，《青海师范大学学报》（哲学社会科学版）2007 年第 3 期。

121. 姜望琪：《Harris 的语篇分析》，《外语教学》2011 年第 4 期。

122. 李德全、杨全海：《坚持以社会主义核心价值体系凝聚社会共识》，《思想理论教育导刊》2013 年第 11 期。

123. 李军林：《浅析话语理论的基本内涵及作用》，《传媒观察》2008 年第 8 期。

124. 李朗、欧阳宏生：《民生新闻中的社会主义核心价值观表征——兼评"中国新闻奖"部分获奖作品》，《新闻战线》2014 年第 7 期。

125. 李萍：《社会共识是管理伦理的规范基础》，《学习与探索》

2007 年第 3 期。

126. 李希光：《再论妖魔化中国》，《国际新闻界》1997 年第 10 期。

127. 刘少杰：《发展的社会意识前提——社会共识初探》，《天津社会科学》1991 年第 6 期。

128. 刘辛未：《论电视新闻的叙事话语及意识形态建构》，《新汉时代，与世界的沟通/战争与和平——第 16 届韩中教育文化论坛暨第 4 届世界汉语修辞学会年会论文集》2014 年第 10 期。

129. 陆俭明：《隐喻、转喻散议》，《外国语》2009 年第 1 期。

130. 罗晓玲：《近年我国文化消费研究述评》，《华中农业大学学报》（社会科学版）2004 年第 3 期。

131. 罗以澄、胡亚平：《挑战现实理性　构建浪漫真实——解读新新闻主义的价值观及其叙事结构》，《现代传播》2004 年第 2 期。

132. 吕鹏：《儒学现代化的根本方向》，《孔子研究》2011 年第 5 期。

133. 欧翠珍：《文化消费研究述评》，《经济学家》2010 年第 3 期。

134. 欧阳英、程晓萱：《在知识、意识形态与政治之间——关于曼海姆知识社会学的深层次剖析》，《武汉大学学报》2009 年第 1 期。

135. 潘德荣：《文本理解、自我理解与自我塑造》，《中国社会科学》2014 年第 7 期。

136. 彭剑：《社会化媒体舆论引导的基本策略》，《新闻与写作》2014 年第 10 期。

137. 秦开凤：《文化消费内涵辨析》，《经济研究导刊》2011 年第 26 期。

138. 庆国安：《"民族无意识"与文化接受机制东西方文化比较研究的方法论转换》，《社会科学研究》1986 年第 6 期。

139. 施涛：《文化消费的特点和规律探析》，《广西社会科学》1993 年第 3 期。

140. 宋翠芬：《新闻事实选择刍议》，《青年记者》2003 年第 1 期。

141. 孙静怡、王和平：《中国新闻话语：现状与趋势》，《编辑之友》2012 年第 11 期。

142. 涂光晋、陈曦：《社会价值观重构中的媒介影响刍议》，《新闻与传播研究》2014 年第 7 期。

143. 王纯磊：《模因研究评介》，《集美大学学报》（哲学社会科学版）2008 年第 3 期。

144. 王宏军：《论析模因论与语言学的交叉研究》，《北京第二外国语学院学报》2007 年第 4 期。

145. 王可园：《国家治理现代化与社会共识之构建》，《思想政治课研究》2014 年第 4 期。

146. 王锁明：《凝聚社会共识的重要性及路径思考》，《人民论坛》2014 年第 4 期。

147. 王雅林：《生活方式研究评述》，《社会学研究》1995 年第 4 期。

148. 王雅林：《生活方式研究的理论定位与当代意义——兼论马克思关于生活方式论述的当代价值》，《社会科学研究》2004 年第 2 期。

149. 王艳：《文化消费的意识形态探讨》，《党史文苑》（学术版）2010 年第 4 期。

150. 王玉波：《生活方式浅探》，《晋阳学刊》1983 年第 6 期。

151. 吴世文、石义彬：《我国受众的媒介接触与其中国文化认同——以武汉市为例的经验研究》，《新闻与传播研究》

2014 年第 1 期。

152. 徐淳厚：《关于文化消费的几个问题》，《北京商学院学报》1997 年第 4 期。

153. 夏德勇：《新闻叙述者研究述评》，《新闻界》2010 年第 6 期。

154. 徐桂权：《新闻：从意识形态宣传到公共知识——知识社会学视野下的媒介研究及其理论意义》，《国际新闻界》2008 年第 2 期。

155. 徐庆华：《谈谈新闻事实的选择与新闻的导向性》，《新闻知识》1997 年第 8 期。

156. 杨保军：《新闻文本的个性特征》，《当代传播》2004 年第 2 期。

157. 杨生平：《知识社会学视野下的意识形态——曼海姆意识形态理论评析》，《东岳论丛》2010 年第 6 期。

158. 俞可平：《治理理念与公共管理（笔谈）》，《南京社会科学》2001 年第 9 期。

159. 于卓尔：《新闻话语的意识形态建构》，《科教文汇》2009 年第 2 期。

160. 赵慧臣：《观看：知识可视化视觉表征意义解读的方式》，《远程教育杂志》2011 年第 3 期。

161. 赵月枝：《为什么今天我们对西方新闻客观性失望》，《新闻大学》2008 年夏季号。

162. 张荣华：《"新闻是如何可能的"：现代新闻话语生产的形式与逻辑》，《阅江学刊》2014 年第 2 期。

163. 周纪兰：《文化与生活方式》，《兰州学刊》1987 年第 2 期。

164. 周庆安、卢朵宝：《西方传媒"3·14"事件报道的选择框架与意识形态偏见》，《新闻与传播研究》2008 年第 3 期。

（二）学位论文

165. 程洪宝：《当代中国共产党意识形态建构问题研究》，博士学位论文，中共中央党校，2013年。

166. 华进：《云之话语，钟之逻辑：叙事学视域下的网络新闻研究》，博士学位论文，华中科技大学，2013年。

167. 华进：《新闻叙事语法论》，硕士学位论文，湘潭大学，2007年。

168. 李薇：《普利策特稿写作奖作品的文学性研究》，博士学位论文，湘潭大学，2015年。

169. 沈丽琴：《论广告对当代生活方式的影响》，硕士学位论文，湘潭大学，2010年。

170. 曾庆香：《试论新闻话语》，博士学位论文，中国社会科学院，2003年。

171. 张振华：《当代中国社会共识形成研究》，博士学位论文，武汉大学，2014年。

（三）译文

172. ［法］阿尔都塞：《意识形态和意识形态国家机器》，孟登迎译，载李恒基、杨远婴主编《外国电影理论文选》，上海三联书店2006年版。

173. ［阿根廷］恩内斯特·拉克劳：《话语》，吴冠军译，载陶东风、金元浦、高丙中等：《文化研究》（第五辑），广西师范大学出版社2005年版。

174. ［德］沃尔夫冈·凯瑟：《谁是小说叙事人》，白钢、林青译，载王泰来等编译《叙事美学》，重庆出版社1987年版。

175. ［法］茨维坦·托多罗夫：《叙事作为话语》，朱毅译，载张寅德编选《叙述学研究》，中国社会科学出版社1989年版。

三 其他

（一）报纸

176. 陈力丹：《深刻地理解新闻》，《中国新闻出版报》2004年2月3日。
177. 程京武：《循序渐进构建社会主义核心价值观践行机制》，《光明日报》2015年5月24日。
178. 程伟礼：《今天我们需要什么样的社会共识》，《文汇报》2011年4月18日。
179. 刘春荣：《培育和践行核心价值观的思考》，《光明日报》2013年11月23日。
180. 杨宜音：《作为社会共识表达方式的社会心态》，《光明日报》2014年4月2日。
181. 尹世杰：《加强对消费文化的研究》，《光明日报》1995年4月30日。

（二）网页

182. 胡运炽：《新闻话语的本质的刍议》，http://blog.sina.com.cn/s/blog_4c6fe6b5010008ol.html。
183. 人民论坛问卷调查中心：《当前社会病态调查分析报告》，http://www.21ccom.net/articles/china/gqmq/20140911112976.html。
184. 吴潜涛：《学习十八大报告 贯彻十八大精神 深刻理解社会主义核心价值观的内涵和意义》，http://theory.people.com.cn/n/2013/0522/c40531-21565926.html。

后　　记

　　本著是国家社会科学基金一般项目"新闻叙事学视域下舆论引导研究"（项目编号：12BXW005）的结项成果。

　　做学问于我而言系"半路出家"。我在2006年出版的《新闻叙事学》"后记"中说道，我是在本科毕业（1982年）教过中学、作过报纸电视二十年之后以四十多岁的"高龄"而入高校的。这不是丑事，当然更非荣耀，说明的只是一种经历一个过程。这种经历对于做学问而言，一方面是"既敬且畏"，一方面，或许又有别样的理解与思考、眼光与态度。

　　学中文出身的人，又一直寄身于本土乡土，可能对传统的文字多读了一些，又因了传统文字的"文史一家"，可能对诸多学科源头的书也读了一些。在我看来，《论》《孟》之类，就是一个"言简意赅"，放在那个时代的语境中，或许还有一个"浅显生动"。而于其他旧时典籍，又偏好明人归有光的小品，在乎他"以清淡的文笔写平常的人事而自一往情深"。我也曾与同仁一道主编过高校的基础写作教材，主张过刘勰所主张的"摹体以定习，因性而练才"。凡此种种，便作成了我作新闻传播学研究及为文的底子或曰精气神——我也弄不出什么宏大的深奥的东西来，更遑论"与国际接轨"。

　　刚从农贸市场推车挑担的农人手中买了几把青翠欲滴的家常

小菜，我喜欢这类蔬菜的鲜活与泥土味——我的学术努力大约也就是这个品种这个品味——这又让我想起沈从文先生说他自己的作品：他只想建造的是希腊小庙，里面供奉的是人性。

  本著绝非我一人之力。就新闻叙事学研究而言，湘潭大学文学与新闻学院华进副教授，这些年一直作着这方面的努力，包括她的博士学位论文和国家课题；博士研究生肖小亮，也有意把叙事理论引入广告分析；2014级新闻传播学硕士研究生朱玲玉、郭湘颖、邓江爱、周丹、高乔婕于此也兴趣颇浓——我们之间既有师生名分，更有相互的启发与砥砺。他们都做了大量的工作，奉献了心智与精力。谨此我深表谢忱！

  湘潭大学文学与新闻学院副院长刘中望教授一直关心着本著的进展与出版，我心存感激；湘潭大学2016级新闻传播学硕士研究生帅男勋按图书编辑体例规范校订了书稿，我表示感谢；中国社会科学出版社责任编辑刘艳女士为本书的出版付出了充满智慧的劳动，我们用手机、QQ、微信和电子邮箱这种当代的生活方式进行了多次的沟通与交流，正是在这一过程中，她的儒雅与亲和、她的专业素养和敬业精神予我以深刻的印象和深深的感动！

何　纯

2016年12月18日于湘潭八仙桥寓所